GUIDE POUR LE CHOIX

D'UNE

PROFESSION

A L'USAGE DES

JEUNES FILLES

ET DES DAMES

PAR

F. DE DONVILLE

PARIS

GARNIER FRÈRES, LIBRAIRES-ÉDITEURS

6, RUE DES SAINTS-PÈRES, 6

GUIDE POUR LE CHOIX

D'UNE PROFESSION

A L'USAGE DES JEUNES FILLES

IMPRIMERIE DE SAINT-DENIS. — BOUILLANT, 20, RUE DE PARIS.

GUIDE POUR LE CHOIX

D'UNE

PROFESSION

A L'USAGE DES

JEUNES FILLES

PAR

F. DE DONVILLE

PARIS

GARNIER FRÈRES, LIBRAIRES-ÉDITEURS

6, RUE DES SAINTS-PÈRES

PRÉFACE

A la suite de la publication de notre *Guide pour le choix d'une profession*, consacré aux jeunes gens, il nous a été demandé de rédiger un semblable recueil à l'usage des jeunes filles et des dames. Nous avons reconnu que ce désir était justifié, car nombre de femmes sont aujourd'hui forcées de chercher des occupations en dehors du foyer. Nous ne répéterons pas ici les considérations auxquelles nous avons dû nous livrer à ce sujet dans le cours de notre travail : nous nous bornerons à manifester l'espoir qu'il remplira le but que nous nous sommes proposé, et qu'il pourra parfois éclairer nos lectrices à l'heure critique où elles seront forcées de choisir leur voie.

Aux professions dites libérales, nous avons cru devoir ajouter quelques renseignements sur les professions manuelles, car nous désirons que ce livre soit utile aux plus humbles comme aux plus distinguées.

LES
PROFESSIONS DES FEMMES

ADMINISTRATIONS

Ce n'a point été sans protestations qu'on a vu, depuis une dizaine d'années, un certain nombre d'administrations — quelques administrations de l'État en tête — offrir des emplois aux femmes. Le monde des employés s'est plaint amèrement de cette concurrence qui diminuait le nombre d'admissions, et parfois même arrêtait l'avancement.

Nous avouons que cette amertume était un peu justifiée, car la lutte pour la vie devient de plus en plus difficile. Mais est-ce à dire qu'on a tort en créant de nouvelles ressources pour les femmes, en leur permettant d'appliquer leur intelligence à certains travaux de bureau qui n'exigent que de l'ordre et de la régularité, qualités qui sont, en général, inhérentes à leur nature? Les envoyer faire le ménage est chose aisée, mais ont-elles toujours un ménage à diriger, et, même en ce cas, peuvent-elles ainsi suffire à leurs besoins et aux besoins de ceux dont les circonstances les ont faites l'appui?

Cette sorte d'émancipation des femmes par le travail, à laquelle nous assistons, inspirait récemment les lignes suivantes à un de nos publicistes les plus distingués[1] :

« La vie compliquée que la société contemporaine fait aux hommes comme aux femmes ne permet pas toujours à celles-ci de rester sans bouger à ce foyer où manque parfois le feu, et qu'elles ont la fonction d'alimenter.

« Les femmes qui sont dans le négoce et qui font des affaires préféreraient sans doute être des créatures de luxe et de parade, de délicieuses perruches caquetant chez les bons faiseurs ; mais pour la plupart, c'est la nécessité qui les force à travailler, sous la forme d'un mari malade ou occupé ailleurs, de fils à élever, de filles à marier.

« C'est ce qui rend, notamment, infiniment respectable la cause des femmes, auxquelles le Sénat vient de donner le droit électoral en matière de commerce.

« Comme elles paient patente aussi bien que les hommes, continuer à le leur refuser eût été une injustice flagrante et choquante ; il en est quelquesunes qui se perpétuent ainsi d'âge en âge, sans autre raison que la difficulté de faire ce qui n'a pas été fait encore.

« Et pourtant si l'on essayait ! Si l'on osait vouloir ! Si nos propres préjugés et plus encore ceux des autres ne nous empêchaient pas de parler !... Ce serait peut-être l'aurore d'un monde différent et meilleur, sinon nouveau. »

[1] M. Francis Magnard.

On ne peut qu'applaudir à cette appréciation : elle est marquée au coin du bon sens. Si d'ailleurs les hommes sont forcés d'abandonner aux femmes, dans les administrations et dans le commerce, certains postes secondaires, ce ne sera peut-être pas un mal. Cela les obligera à en conquérir de plus élevés ; cela en forcera peut-être un certain nombre à chercher leur voie dans le grand commerce, surtout dans le commerce extérieur, et dans certaines branches de l'industrie où se trouvent de nombreux postes accessibles seulement à l'homme.

Et si, d'un autre côté, les hommes tiennent autant à faire revenir les femmes au foyer, n'en ont-ils pas en général les moyens : qu'ils s'appliquent à enrichir ce foyer et à y garantir, autant que possible, une existence indépendante à leurs femmes et à leurs filles.

Les principales administrations qui ont admis jusqu'ici les femmes dans leur personnel sont celles des Postes, Télégraphes et Téléphones, le service des Poids et Mesures, les compagnies de Chemins de fer, le Crédit Foncier, la Banque de France et plusieurs Sociétés financières, telles que le Crédit Lyonnais, la Société Générale et un certain nombre de banques. Nous consacrons un article spécial, ci-après, à chacun de ces établissements.

POSTES, TÉLÉGRAPHES ET TÉLÉPHONES

Receveuses des Postes.

Les recettes à bureau simple, c'est-à-dire qui n'emploient pas de commis de l'Administration des Postes peuvent seules être accordées aux dames.

Ces recettes sont accordées :

Aux femmes, filles ou sœurs des anciens serviteurs de l'État, mais dont les services ont eu une durée de dix ans au moins, et qui sont morts en activité de service. Les veuves avec enfants sont admises à faire valoir les services du père de leur mari.

Aux fonctionnaires publics non rétribués comptant cinq années de service, ainsi qu'à leurs femmes, filles ou sœurs, s'ils comptent dix années d'exercice.

Aux personnes qui ont acquis des titres personnels par des services rendus pendant au moins trois années consécutives, soit comme gérants de bureaux de poste, soit comme auxiliaires ou aides.

Nulle ne peut être nommée titulaire d'une recette de poste, si elle n'est âgée de vingt-cinq ans au moins et de trente-cinq ans au plus. Toutefois, en ce qui concerne les aspirantes dont les services antérieurs sont valables pour la retraite (les anciennes institutrices communales par exemple), cette limite peut être reculée d'un nombre d'années égal à la durée des dits services, jusqu'à la limite extrême de quarante-cinq ans.

Les demandes de recettes doivent être adressées au préfet et au directeur des Postes du département où la postulante désire être nommée.

La postulante doit produire les pièces suivantes :

1° Sa demande, établie sur une feuille de papier timbré à 60 centimes ;

2° Un extrait de son acte de naissance, dûment légalisé ;

3° Un certificat du maire de sa commune, constatant qu'elle est Française, de bonne vie et mœurs ;

4° Un état authentique indiquant la nature, la durée et les motifs de cessation des services de son mari, de son père ou de son frère ;

5° Un relevé de ses services personnels, si elle appartient ou a appartenu à une autre administration publique ;

6° Enfin, un extrait négatif de son casier judiciaire, délivré par le greffe du tribunal civil de l'arrondissement où elle est née.

Aux pièces ci-dessus indiquées, les femmes mariées joindront une expédition en forme de leur acte de mariage ; les veuves, un extrait de l'acte de décès de leur mari.

Les aspirantes aux recettes de poste doivent en outre subir un examen analogue à celui que nous indiquons plus loin pour les dames-employées.

Toute postulante est tenue, en outre, de justifier de la connaissance du service télégraphique par la production d'un certificat d'aptitude délivré par l'Administration des Postes et Télégraphes. Pour se familiariser avec ce service, les aspirantes devront demander à l'Administration des Postes et Télégraphes, l'autorisation de travailler pendant quelques mois, à titre gratuit, dans un bureau télégraphique.

Les receveuses des postes touchent en débutant un traitement qui, avec l'indemnité de logement qui leur est allouée et les remises sur les timbres-poste, peut s'élever à 1,100 ou 1,200 francs par an. Dans les localités où le service du télégraphe leur est confié, elles touchent encore un supplément de traitement. Elles peuvent ensuite obtenir de l'avancement, et arriver au chiffre de 1,800 francs par an. Mais c'est là le chiffre maximum, car les emplois supérieurs du service des Postes sont réservés aux hommes, lesquels doivent subir un nouvel examen, dit du second degré, avant de monter en grade.

Les receveuses des Postes sont astreintes à une retenue sur leur traitement. Elles ont droit à une pension de retraite, soit à trente ans de service et soixante ans d'âge, soit en cas d'infirmités contractées dans l'exercice de leurs fonctions.

Aides et Gérantes.

On a vu plus haut que les recettes des Postes peuvent être accordées aux personnes qui ont participé durant trois ans consécutifs, en qualités d'aides ou de gérantes, à la gestion d'un bureau de poste.

Les aides et gérantes sont employées soit comme intérimaires dans les bureaux, en cas d'absence ou de maladie de la titulaire, soit comme auxiliaires dans les bureaux où le personnel ordinaire ne peut suffire à certaines époques de l'année. Dans le premier cas, les intérimaires reçoivent les émoluments attribués au titulaire du bureau; dans le second, les auxiliaires sont rétribuées par le receveur ou la receveuse, qui pour ces travaux extraordinaires reçoit une allocation dite *frais d'aide*. Notons que cette rétribution est généralement peu importante.

Les aides ou gérantes sont nommées par l'administration des Postes. Les conditions d'âge et d'aptitude sont à peu près celles requises des aspirantes aux recettes de poste. Toutefois, l'Administration peut accorder des dispenses d'âge lorsqu'elle se trouve en présence de candidates instruites et qui paraissent devoir rendre de sérieux services.

Les demandes d'admission aux emplois d'aide ou de gérante doivent être adressées au directeur des Postes du département.

Cours pratique pour les candidates aux recettes de début. — Il est ouvert chaque année dans les chefs-lieux de département, et, lorsqu'il y a lieu, dans d'autres villes, des cours élémentaires pour initier au service télégraphique les postulantes aux recettes de début dont la candidature a été agréée.

A l'issue du cours, dont la durée est de deux mois, des certificats d'aptitude sont délivrés aux candidates qui ont justifié de connaissances suffisantes sur chacun des points suivants :

1° Installation d'un poste télégraphique. Entretien de la pile;

2° Mécanisme du manipulateur, du récepteur, du paratonnerre et des accessoires. Recherche des dérangements les plus fréquents;

3° Exercices de transmission et de lecture;

4° Règles de service. Tarifs et applications.

En cas d'urgence, des candidates peuvent être

admises à subir isolément les épreuves indiquées ci-dessus.

Font partie du comité d'examen :

1° L'inspecteur-ingénieur ou le contrôleur ;

2° L'inspecteur ou le sous-inspecteur de l'exploitation ;

3° Le receveur ou un commis principal.

Cours de langues étrangères. — Des cours d'anglais, d'allemand, d'italien et d'espagnol peuvent être établis dans les grands centres pour les agents du service des Postes.

Ces cours sont facultatifs. Les agents y sont admis sur leur demande.

Employées du service des Postes.

Les dames employées dans l'Administration des Postes ne peuvent être admises qu'aux conditions suivantes :

Elles doivent être âgées de dix-huit à vingt-cinq ans, posséder l'aptitude physique nécessaire, et justifier, si elles ne sont pas mariées, d'une existence honorable chez des parents ou chez des personnes offrant de sérieuses garanties.

Sont d'abord appelées à passer l'examen, sans condition de stage préalable, les femmes, filles ou sœurs d'agents ou de sous-agents de l'Administration des Postes en activité, retraités ou décédés, ou ayant accompli au moins dix années de service.

Lorsque cette première catégorie ne fournit pas un contingent suffisant de postulantes admissibles, il est fait appel :

1° Aux aides justifiant de trois années de service effectif;

2° Aux aides qui ne comptent qu'une année de stage, mais femmes, filles ou sœurs de serviteurs de l'État comptant au moins dix années de service;

3° Aux aides qui ne comptent qu'une année de stage, mais femmes, filles ou sœurs d'anciens serviteurs de l'État, retraités, infirmes ou décédés.

Les postulantes concourent respectivement entre elles; l'examen comprend :

Une dictée, un exercice graphique, la rédaction d'une lettre, l'arithmétique, la géographie de la France, et des notions générales sur les cinq parties du monde.

Les postulantes admissibles entrent dans le service en qualité de stagiaires, et sont astreintes à des exercices professionnels. Elles ne reçoivent aucune rémunération pendant le stage; une fois déclarées aptes, elles sont nommées au fur et à mesure des vacances; les stagiaires reconnues insuffisantes après six mois de stage sont congédiées.

Les dames-employées reçoivent au début une rétribution de 800 francs, qui peut aller jusqu'à 1,800 par augmentations de 100 francs; une indemnité de séjour de 200 francs est accordée aux dames attachées au service de Paris.

Les demandes d'emploi dans le service des Postes de Paris, doivent être adressées au directeur des Postes et Télégraphes à Paris; en province, au directeur du département.

Dames télégraphistes et téléphonistes.

Les emplois de dames télégraphistes et téléphonistes à Paris et dans les grandes villes, sont accordés à des jeunes filles âgées de dix-huit à vingt-cinq ans, qui habitent dans leurs familles ou chez des personnes honorables.

Les aspirantes doivent remplir les mêmes conditions et subir les mêmes examens que les candidates aux emplois du service des Postes.

Lorsqu'elles sont appelées à l'activité, ces employées touchent un traitement de 800 francs, auquel vient se joindre, à Paris, une indemnité de résidence de 200 francs.

Les personnes étrangères à l'Administration qui sont admises à concourir ne touchent aucune indemnité pendant leur stage, dont la durée est de trois mois environ.

Les emplois de la direction de la Caisse d'épargne et ceux du service de la comptabilité sont réservés à des employées comptant déjà un certain temps d'activité et en possession d'un traitement minimum de 1,000 francs.

INSPECTRICES DU TRAVAIL
DES ENFANTS ET DES FILLES MINEURES
EMPLOYÉES DANS L'INDUSTRIE.

Il existe un certain nombre de places d'inspectrices départementales du travail dans les manufactures.

Le recrutement des inspectrices départementales a lieu exclusivement par la voie du concours.

Nulle n'est admise à concourir : 1° si elle ne justifie de la qualité de française ; 2° si elle n'a accompli sa vingt-sixième année au moins et sa quarantième année au plus au 1ᵉʳ janvier de l'année pendant laquelle s'ouvre le concours.

Les concours ont lieu suivant les besoins du service ; le nombre des places mises au concours et la date des examens sont fixés par arrêté ministériel. Les demandes d'admission doivent être adressées au ministre du Commerce et de l'Industrie, un mois au moins avant l'époque fixée pour le concours.

Ces demandes doivent être accompagnées des pièces suivantes :

1° Une expédition authentique de l'acte de naissance de l'aspirante, et, s'il y a lieu, un certificat constatant qu'elle possède la qualité de française ;

2° Un certificat d'un médecin désigné par le préfet, constatant que l'aspirante est d'une bonne constitution et exempte de toute infirmité la rendant impropre à remplir un service actif ;

3° Un certificat de bonne vie et mœurs et l'extrait du casier judiciaire ;

4° Une note signée de l'aspirante et faisant connaître ses antécédents, ses titres et les études auxquelles elle s'est livrée ;

5° Les diplômes, brevets ou certificats qui auraient pu lui être délivrés, ou des copies dûment certifiées de ces pièces ;

6° Si l'aspirante a appartenu ou appartient encore à un service public, un état certifié de ses services ;

7° L'indication du centre de circonscription dans lequel l'aspirante désire subir les épreuves écrites du concours.

Le ministre du Commerce et de l'Industrie arrête, après avis de la commission supérieure, la liste des aspirantes admises à concourir.

L'examen se compose d'épreuves écrites qui sont éliminatoires, et d'épreuves orales.

Les *épreuves écrites* comprennent :

1° Un rapport sur une question se rattachant à l'application de la loi du 2 novembre 1892 sur le travail des enfants, des filles mineures et des femmes. Cette composition est également jugée au point de vue de la connaissance de la langue française ;

2° Une composition sur une question relative à l'hygiène industrielle ou à la sécurité des ateliers;

Nulle ne peut être admise à subir les épreuves orales si elle n'a obtenu, pour la première composition et l'ensemble des épreuves, la moitié au moins du maximum de points.

Les *épreuves orales* se composent de deux interrogations : l'une, sur l'hygiène industrielle et la sécurité du travail; l'autre, sur les matières énumérées ci-dessous :

Loi du 2 novembre 1892 sur le travail des enfants, des filles mineures et des femmes, dans les établissements industriels, et règlements d'administration publique rendus pour l'exécution de cette loi.

Loi du 9 septembre 1848 relative aux heures de travail dans les usines et manufactures, et règlements d'administration publique rendus pour l'exécution de cette loi.

Loi du 16 février 1883 tendant à assurer l'application de la loi du 9 septembre 1848.

Loi du 4 mars 1851 relative aux contrats d'apprentissage.

Loi du 7 décembre 1874 relative à la protection des enfants employés dans les professions ambulantes.

Éléments de droit pénal et d'instruction criminelle relatifs à la répression des délits et des contraventions à la législation du travail.

Chaque note est multipliée par le coefficient attribué à chaque matière. La somme des différents produits obtenus forme le total des points des épreuves.

Les coefficients sont ainsi fixés :

Pour les épreuves écrites : Rapport sur une question se rapportant à l'application de la loi du 2 novembre 1892 : 3 ; — la même composition jugée au point de vue de la connaissance de la langue française : 2 ; — composition relative à l'hygiène industrielle et à la sécurité du travail : 2.

Pour les épreuves orales : Interrogation sur les matières relatives à la législation : 3 ; — interrogation sur l'hygiène industrielle et la sécurité des ateliers : 2.

Il est attribué en outre à chaque aspirante une note dont le coefficient est 4, et dans laquelle la commission tient compte des antécédents, de la valeur morale de l'aspirante et des garanties qu'elle présente pour exercer avec tact et autorité les fonctions d'inspectrice.

Nulle ne peut être déclarée admissible si elle n'a obtenu à la fois plus du quart de chaque maximum partiel, et un total d'au moins 65 pour 100 du maximum, soit : **208 points.**

Le traitement des inspectrices départementales du travail des enfants et des filles mineures dans l'industrie varie entre 3,000 et 5,000 fr.

Programme des matières exigées pour l'examen des candidates a l'emploi d'inspectrice du travail des enfants et des filles mineures employées dans l'industrie.

I. *Eléments d'hygiène industrielle.*

1° Atmosphère du travail. — *Air confiné :* Dangers de l'encombrement; nécessité de l'aération et de la ventilation. — Divers modes employés dans les établissements industriels.

Air comprimé : Dangers de la compression et de la décompression brusques. — Règles d'hygiène applicables aux appareils à air comprimé. — Fonctionnement des sas à air.

Vapeurs, gaz et poussières mêlés à l'air : Vapeurs et gaz irrespirables, irritants et toxiques. — Poussières minérales, végétales et animales. — Influence sur le développement de la phtisie. — Intoxications. — Infections. — Moyens de remédier aux dangers des matières gazeuses ou pulvérulentes mêlées à l'air : hottes, cheminées d'appel, ventilation générale, ventilation localisée par aspiration. — Gaz et poussières lourdes (ventilation par descensum).

2° Température du milieu. — Action de la chaleur et du froid. — Règles d'hygiène applicables.

3° Matières mises en œuvre. — *Matières irritantes :* Acides, alcalis. Brûlures qu'ils déterminent.

Matières toxiques : Mercure, plomb, arsenic, sulfure de carbone, phosphore, etc. — Principales industries qui font usage de ces substances. — Conditions légales de l'emploi des enfants et des femmes dans ces industries.

Matières infectieuses : Chiffons, peaux, poils, etc.

4° Dangers résultant de l'outillage. — *Notions sur les accidents des machines et mécanismes :* — Brûlures, plaies simples et contuses, plaies par arrachement, fractures.

5° Premiers soins a donner en cas d'accident.

II. *Notions de droit pénal et d'instruction criminelle.*

Du délit en général. — Définitions et distinctions des crimes. — Délits. — Contraventions, — Tentatives et commencement d'exécution. — Des peines en matière criminelle et correctionnelle, et de leurs effets. — Notions sur la culpabilité et la non-culpabilité. — Éléments constitutifs du délit. — Circonstances aggravantes. — Excuses. — Circonstances atténuantes. — Complicité. — Connexité. — Auteurs. — Coauteurs. — Complices. — Action publique et action civile.

Police judiciaire. — Officiers de police judiciaire. — Moyens d'information. — Procès-verbaux. — Constatations. — Instruction dans les cas ordinaires ou dans les cas de crimes ou de délits flagrants. — Attributions et devoirs des inspectrices du travail considérées comme officiers de police judiciaire.

Notions générales sur l'organisation et la composition des juridictions pénales.

INSPECTRICES DU DÉPARTEMENT DE LA SEINE

Le service des inspectrices du travail des enfants et des filles mineures employées dans l'industrie du département de la Seine, se compose de 13 inspectrices et de 6 suppléantes.

Les candidates doivent être âgées de plus de trente ans et de moins de quarante-cinq ans. Elles subissent un examen écrit comprenant un rapport administratif sur les lois et règlements relatifs aux contrats d'apprentissage et au travail des enfants dans les manufactures, et un examen oral portant sur les mêmes matières.

Les candidates doivent justifier qu'elles demeurent dans le département de la Seine depuis au moins cinq ans.

Le traitement annuel des inspectrices titulaires est de 3,000 francs. Elles touchent en outre 300 francs de frais de déplacement pour Paris et 600 francs pour la banlieue.

Les inspectrices suppléantes touchent, lorsqu'elles remplacent les titulaires, une rétribution basée sur un traitement annuel de 1,500 francs, plus 300 francs pour frais de déplacements.

Jusqu'ici elles n'ont pas droit à une pension de retraite.

BANQUE DE FRANCE

La Banque de France emploie un certain nombre de femmes. Elles sont principalement chargées du classement des billets, du classement des coupons et de quelques travaux d'imprimerie et de reliure.

Ces employées sont divisées en titulaires et en auxiliaires. Les auxiliaires ne sont guère occupées que pendant six semaines, en janvier et juillet, et pendant quinze jours, en avril et en octobre, pour la délivrance et le classement des coupons.

Les dames employées à la Banque de France sont payées au début 3 fr. 50 par journée de six heures de travail; elles peuvent arriver, par augmentations triennales, à un salaire maximum de 5 fr. 50.

Par exception, les employées qui comptent plus de vingt ans de services, peuvent recevoir 6 francs par jour.

Ces employées laissent 1 p. 100 sur leur gain pour la caisse des retraites de la Banque. Au bout de vingt ans de service, elles peuvent obtenir une pension de 400 francs; au bout de vingt-cinq ans, de 500 francs; au bout de trente ans, de 600 francs.

Pour les travaux d'imprimerie et de brochage, il faut accomplir une année d'apprentissage avant de pouvoir être admise comme employée.

Les aspirantes ne sont reçues qu'après avoir produit un certificat d'études primaires ou après avoir subi un examen équivalent. Elles doivent être âgées de dix-huit ans au moins et de trente-cinq ans au plus.

De sérieuses recommandations sont, en outre, nécessaires.

CHEMINS DE FER

Depuis quelques années, les compagnies de chemins de fer ont admis des femmes dans leurs bureaux.

Elles sont principalement employées aux titres, à la statistique, à la comptabilité et à la distribution des billets.

Les administrations accordent de préférence ces emplois aux femmes, filles ou sœurs de leurs employés, mais cette condition n'a rien d'absolu.

Les aspirantes subissent un examen portant sur l'écriture, l'orthographe, l'arithmétique et la géographie.

Les brevets ne dispensent pas de cet examen, mais il est évident que celles qui en possèdent ont généralement plus de chances de succès.

Traitements. — Les femmes employées dans les administrations de chemins de fer sont presque toujours rétribuées à la journée. Elles gagnent au début 3 francs par jour, et obtiennent des augmentations progressives qui peuvent aller jusqu'à 4 fr. 50.

Les employées principales sont, dans plusieurs compagnies, payées à l'année, et reçoivent des traitements variant de 1,200 à 1,800 francs.

Les employées de chemins de fer définitivement admises dans l'administration ont droit à une pension de retraite. Elles subissent à cet effet une retenue de 3 à 5 p. 100 sur leurs appointements.

Mentionnons pour mémoire les emplois de garde-barrières, qui sont le plus souvent confiés aux femmes d'employés de la compagnie. Ces employés touchent alors, en plus de leur traitement, une indemnité qui varie de 100 à 250 francs, suivant le service, et sont logés gratuitement.

CRÉDIT FONCIER

Le Crédit foncier emploie dans ses bureaux un grand nombre de femmes, environ 2,000, paraît-il. Ces personnes sont principalement chargées du service des coupons et du classement de la correspondance.

Les candidates à ces emplois doivent être âgées de seize ans au moins et de trente-cinq ans au plus, être françaises ou naturalisées.

Elles ont à produire à l'appui d'une demande écrite : un extrait de leur acte de naissance et de leur casier judiciaire, un certificat de bonne vie et mœurs, et, si elles ont déjà occupé un autre emploi, un certificat émanant des personnes qui les ont eues sous leurs ordres.

Celles dont la demande est agréée subissent un examen portant sur l'écriture, l'arithmétique, l'orthographe et la rédaction. Cet examen a lieu en janvier et en juillet, mais seulement lorsqu'il y a des vacances.

Les traitements des dames employées au Crédit foncier sont de 3 francs par jour de présence pour les auxiliaires, et de 1,000 francs par an pour les titulaires. Des augmentations de 100 francs peuvent être accordées à ces dernières, jusqu'à ce que leur traitement ait atteint le chiffre de 1,700 francs.

Une retenue de 4 p. 100 est pratiquée sur les appointements des titulaires pour alimenter la Caisse des Retraites. Après vingt ans de service, elles ont droit à une pension.

CRÉDIT LYONNAIS

Le Crédit Lyonnais emploie des femmes dans ses principaux bureaux.

Les candidates peuvent être admises de seize à vingt-cinq ans.

Elles ne subissent pas d'examen spécial, mais elles ne sauraient évidemment réussir si elles n'étaient pourvues d'une bonne instruction primaire.

Les dames employées sont principalement occupées aux coupons, aux carnets d'échéances, au classement des titres, etc.

Quelques dames remplissant les fonctions de caissières touchent des appointements variant de 2,000 à 2,400 francs. Mais les autres employées, titulaires ou auxiliaires, reçoivent 3 francs par journée de présence.

Les auxiliaires ne sont appelées qu'un mois par trimestre.

Quant aux titulaires, elles sont continuellement employées, sauf les dimanches et jours fériés, et leur salaire peut s'élever jusqu'à 5 francs par jour.

Le Crédit Lyonnais n'a pas jusqu'ici de Caisse des Retraites pour les dames qu'il emploie.

SOCIÉTÉ GÉNÉRALE

La Société Générale admet également les femmes dans ses bureaux.

Les candidates doivent être âgées de dix-huit ans au moins, de trente ans au plus, et être françaises ou naturalisées.

Leur demande doit être accompagnée de certificats établissant leurs antécédents.

Celles dont la demande est accueillie subissent un examen portant sur les matières de l'enseignement primaire.

Les jeunes personnes pourvues du brevet de capacité sont dispensées de cet examen.

Les candidates définitivement admises sont d'abord employées comme auxiliaires, quinze ou vingt jours par trimestre.

Elles deviennent ensuite titulaires, au fur et à mesure des vacances.

Les auxiliaires reçoivent 3 francs par journée de présence.

Les titulaires peuvent arriver graduellement au chiffre de 5 francs par jour (jours fériés exceptés).

AUTRES BANQUES

Plusieurs autres banques ou sociétés financières de Paris et des grandes villes de province ont admis des dames dans leurs bureaux. La plupart sont chargées du service des coupons.

Elles gagnent de 2 fr. 50 à 4 francs par jour.

POIDS ET MESURES (Service des)

La vérification des alcoomètres occupe à Paris, en outre d'un directeur et d'un commis aux écritures, un personnel fixe de :

Une dame, chef d'atelier , aux appointements de 2,100 francs ;

Et sept dames auxiliaires qui ont un salaire de 4 francs par jour.

TIMBRE (Atelier du)

L'atelier du Timbre, qui dépend de l'administration des Domaines, n'emploie qu'un petit nombre de femmes (une centaine environ). Aussi n'en parlons-nous guère que pour mémoire.

Les dames employées sont divisées en auxiliaires et en commissionnées ou titulaires.

Les auxiliaires ne sont employées que trois ou quatre mois par an. Elles touchent de 3 à 4 francs par journée de présence.

Quant aux titulaires, elles débutent à 800 francs.

Il n'y a pas d'examen à passer pour obtenir ces rares emplois ; mais il est indispensable d'être sérieusement appuyée.

COPISTES

A Paris et dans les grandes villes, les dames ayant une belle écriture peuvent trouver à s'occuper chez elles comme copistes.

Le travail le plus facile en ce genre est celui de

la confection d'adresses. Celui-ci n'exige d'ailleurs qu'une écriture lisible.

Les adresses sont payées de 2 à 3 francs le mille. Il faut travailler assidûment pendant dix à douze heures pour en faire un mille. Ce n'est donc une occupation ni bien agréable ni bien payée. Ce sont généralement des entrepreneurs spéciaux qui se chargent de faire copier les adresses.

Manuscrits. — Les manuscrits sont payés par rôle de deux pages, de 50 à 75 centimes. Mais il s'agit de découvrir ce travail.

Les notaires et avoués ne paient guère le rôle plus de 25 à 30 centimes. Il est vrai que les pages sont peu remplies. D'un autre côté, ces fonctionnaires donnent de moins en moins des copies à faire hors de leurs études.

Musique. — La première condition pour pouvoir copier de la musique est d'être musicienne, c'est-à-dire de savoir lire la musique. Il faut aussi s'être exercée et avoir une copie nette, et ayant même du coup d'œil. Ce sont généralement les éditeurs ou les sociétés musicales qui fournissent ce genre de travail. Ajoutons qu'il est peu payé, et que les copistes ne gagnent guère plus de 25 à 30 centimes l'heure.

Autographie. — L'autographie se fait au moyen d'une encre grasse et d'un papier spécial. Lorsqu'on a une belle écriture (l'écriture dite *petite ronde* est la meilleure pour l'autographie), on peut se mettre assez rapidement au courant auprès d'une personne déjà experte. Certains imprimeurs ou éditeurs travaillant pour les cours des Facultés et pour les tribunaux peuvent procurer du travail aux auto-graphistes.

Les autographistes habiles peuvent gagner de 5 à 6 francs par journée de dix heures.

BEAUX-ARTS

Voici certainement les carrières les plus séduisantes pour nombre de jeunes filles. Le dessin, la peinture et tous les arts qui en dérivent, la musique, l'art dramatique même, toutes ces études, tous ces travaux sont de nature à passionner la plupart de nos jeunes lectrices.

Mais dans toutes ces carrières, il y a, nous devons le constater, beaucoup d'appelées et peu d'élues. En général, les jeunes filles sont tentées d'oublier qu'un joli talent d'amateur diminue considérablement d'importance lorsqu'il s'agit d'en faire un gagne-pain. Pour arriver à conquérir dans les arts une place non seulement honorable, mais encore lucrative, il faut beaucoup de dons naturels, beaucoup d'études, et surtout aussi... beaucoup de chance.

Il est vrai qu'en se bornant à employer son talent, soit dans un professorat modeste, soit dans certaines branches de l'industrie, la femme peut arriver à subvenir à ses besoins, ou, du moins, à augmenter un peu ses ressources. Le grand point, ici, comme dans bien d'autres situations, est de savoir s'apprécier soi-même.

2

ARTISTE DRAMATIQUE

Nous ne pouvons que répéter ici ce que nous avons dit dans notre précédent ouvrage sur les Professions[1] :

Cette profession, pour laquelle se passionnent un certain nombre de jeunes gens, ne saurait être envisagée avec trop de défiance par les personnes sérieuses. Pour un artiste qui arrive à la célébrité, combien sombrent lamentablement et cherchent en vain à reconquérir une autre situation dans la société ! C'est particulièrement pour les jeunes filles qu'une telle carrière est scabreuse. Elles y courent de nombreux dangers, et, lancées dans la voie, il leur est bien difficile de revenir en arrière. Les plus brillantes, les plus applaudies elles-mêmes, ont souvent des regrets. Que dire de celles qui n'arrivent ni à la gloire, ni même à la réputation?

Il est toutefois des vocations contre lesquelles on ne saurait résister. Pour ceux qui se sentent des dispositions assez grandes pour aborder la carrière théâtrale, et l'âme assez forte pour lutter contre les dangers qu'elle offre, nous allons donner les quelques indications qui suivent :

Un certain nombre d'artistes dramatiques se sont, pour ainsi dire, formés eux-mêmes, en commençant d'abord par jouer de petits rôles, pour prendre l'habitude *des planches*, et en étudiant le jeu de ceux de leurs camarades qui tenaient les premiers em-

[1] *Guide pour le choix d'une Profession.* (Garnier frères, éditeurs.)

plois. Beaucoup de comédiens de province procèdent encore ainsi, mais bien peu d'entre eux arrivent à la réputation.

La meilleure voie à suivre est, sans contredit, de se faire admettre au Conservatoire de musique et de déclamation, où nos artistes les plus estimés donnent leurs précieuses leçons. (Voir *Conservatoire de musique et de déclamation.*)

La plupart des élèves sortis de cette école avec distinction sont immédiatement demandés par les directeurs des t éâtres nationaux : Théâtre-Français, Odéon, Opéra et Opéra-Comique pour la musique ; les autres se placent généralement avec facilité dans les grands théâtres de Paris et des principales villes de province.

L'ambition de beaucoup d'artistes dramatiques est d'arriver au Théâtre-Français ; malheureusement les places y sont peu nombreuses, et sont vivement disputées.

Les emplois du Théâtre-Français sont, en général, enviables. Sans y faire fortune, les artistes qui sont attachés à la « Maison de Molière » échappent aux vicissitudes dont souffrent les comédiens forcés d'émigrer de théâtre en théâtre, et ceux qui arrivent au sociétariat ont une situation à la fois honorable et lucrative.

L'organisation actuelle du Théâtre-Français est due à Napoléon Ier. Voici les principales dispositions du décret signé par lui, à Moscou, le 15 octobre 1812, et qui fait encore loi de nos jours dans quelques-unes de ses parties :

« Les comédiens de notre Théâtre-Français continueront d'être réunis en Société, laquelle sera administrée selon les règles ci-après :

« Le produit des recettes, tous les frais et dépenses prélevés, sera divisé en vingt-quatre parts.

« Une de ces parts sera mise en réserve pour être affectée par le surintendant aux besoins imprévus ; si elle n'est pas employée en entier, le surplus sera distribué à la fin de l'année entre les sociétaires.

« Une demi-part sera mise en réserve pour augmenter le fonds des pensions de la Société.

« Une demi-part sera employée annuellement en décorations, ameublements, costumes du magasin, réparations de loyer et entretien de la salle, d'après les ordres du surintendant.

« Les vingt-deux parts restantes continueront d'être réparties entre les comédiens sociétaires, depuis un huitième de part jusqu'à une part entière, qui sera le maximum.

« Les parts ou portions de parts vacantes seront accordées ou distribuées par le surintendant.

« Tout sociétaire qui sera reçu contractera l'engagement de jouer pendant vingt ans, et après vingt ans de services non interrompus il pourra prendre sa retraite, à moins que le surintendant ne juge à propos de le retenir. Les vingt ans dateront du jour des débuts lorsqu'ils auront été immédiatement suivis de l'admission à l'essai et ensuite dans la Société.

« Le sociétaire qui se retirera après vingt ans aura droit à une pension viagère de quatre mille francs. Si le sociétaire continue son service au delà de vingt ans, il sera ajouté, quand il se retirera, cent francs de plus par an à sa pension. »

Un décret du 27 avril 1850 a apporté les modifications suivantes au décret de Moscou :

« Chaque sociétaire a droit à une allocation annuelle, à des feux, à une quotité dans les bénéfices nets, à une représentation à son bénéfice, à une pension.

« L'allocation, calculée proportionnellement à la quotité de la part sociale, ne peut dépasser le maximum des allocations fixes précédemment accordées aux sociétaires ; elle sera payable par douzième. La quotité des feux, suivant les services et les emplois, sera déterminée par le règlement.

« La quotité dans les bénéfices nets est proportionnée à la part ou portion de part de chaque sociétaire.

« Une moitié est mise en réserve et soumise aux dispositions du décret de Moscou (15 octobre 1812).

« La représentation à bénéfice est accordée au sociétaire à l'époque de sa retraite définitive, après vingt ans au moins de service en qualité de sociétaire.

« La pension de retraite ne sera acquise à l'avenir qu'après vingt années de service, à partir du jour de l'admission au titre de sociétaire. Elle est fixée et liquidée conformément au décret de Moscou.

« Après une période de dix années de service à partir du jour de la réception, il sera statué de nouveau sur la position de chaque sociétaire reçu postérieurement à la promulgation du présent décret. Le ministre, après avoir pris l'avis de l'administrateur et du comité d'administration, pourra prononcer la mise à la retraite, conformément à l'article 16 du décret du 15 octobre 1812, lequel dit qu'en cas d'incapacité de servir, le sociétaire pourra être mis à la retraite avant ses vingt ans de service. Il n'est stipulé d'exception qu'au profit du sociétaire qu'un accident ayant pour cause immédiate le service du Théâtre-Français obligerait de se retirer avant d'avoir accompli ses vingt ans, auquel cas il aurait droit à sa pension entière.

« Tout sociétaire qui, après vingt ans de service, n'aura pas été mis en demeure de continuer à jouer sur le Théâtre-Français, sera libre de jouer sur les théâtres des départements. Il ne pourra jouer sur les théâtres de Paris qu'avec l'autorisation du ministre de l'Intérieur, et sauf interruption du payement de sa pension de retraite pendant la durée des engagements qu'il aura contractés sur ces théâtres.

« Les acteurs sont tenus, sous les peines qui seront déterminées par le règlement, de se soumettre aux ordres de service donnés par l'administrateur. Ils ne peuvent, sous les mêmes peines : 1° refuser aucun rôle de leur emploi, ni s'opposer à ce qu'un autre acteur le partage avec eux ; 2° s'absenter sans congé, ni dépasser le terme du congé obtenu. »

Voici un aperçu des appointements payés actuellement aux artistes des théâtres nationaux :

GRAND-OPÉRA. — *Artistes :* De 3,000 à 150,000 fr.

Danseuses : Premiers sujets, de 40,000 à 50,000 fr.; autres : de 1,000 à 8,000 francs.

OPÉRA-COMIQUE. — *Artistes :* De 3,000 à 50,000 et 60,000 fr.

Danseuses : De 500 à 2,200 fr.

COMÉDIE-FRANÇAISE. — Ainsi qu'on l'a vu plus haut, chaque artiste ayant le rang de *sociétaire* a droit à une allocation annuelle, à des feux, à une part dans les bénéfices nets, à une représentation à bénéfice lorsqu'il se retire du théâtre, et enfin à une pension de retraite.

L'allocation annuelle est calculée proportionnellement à l'importance de la part sociale ; elle ne peut dépasser 12,000 francs.

Le traitement des artistes dits *pensionnaires* est de 2,400 francs au minimum et ne dépasse guère le maximum de 10,000 francs.

ODÉON. — Les artistes sont généralement recrutés parmi les élèves lauréats du Conservatoire. Leurs appointements varient entre 1,800 francs et 12,000 francs.

Nous ne citerons pas de chiffres pour les autres théâtres : ils sont excessivement variables et dépendent non seulement du talent des artistes, mais encore d'une vogue plus ou moins justifiée.

CORRESPONDANTS DES THÉATRES

Il existe à Paris, sous le nom de *correspondants*, un certain nombre d'agents de placements qui servent d'intermédiaires entre les directeurs des troupes de province et les artistes en quête d'emploi. Ces agents se font généralement payer une commission, plus une prime de tant pour cent sur les appointements des artistes auxquels ils ont procuré un engagement.

SOCIÉTÉ DES ARTISTES DRAMATIQUES

Sous ce nom, le baron Taylor a fondé une Société de secours mutuels qui rend aux artistes les plus grands services. Elle sert des pensions de retraite à ceux de ses membres âgés de plus de soixante ans, et accorde des secours ou des pensions temporaires à ceux qui, par suite de maladie, sont obligés d'interrompre l'exercice de leur profession. Cette Société possède actuellement plus de 100,000 francs de rente.

CONSERVATOIRE NATIONAL DE MUSIQUE ET DE DÉCLAMATION

Le Conservatoire national de musique et de déclamation, situé à Paris, rue du Faubourg-Poissonnière, 15, est consacré à l'enseignement gratuit de la musique vocale et instrumentale et de la déclamation dramatique et lyrique.

L'enseignement du Conservatoire se divise en neuf sections :

1° Solfège et théorie musicale ;

2° Harmonie, orgue et composition ;

3° Chant, déclamation lyrique ;

4° Piano, harpe ;
5° Instruments à archet ;
6° Instruments à vent ;
7° Classes d'ensemble ;
8° Lecture à haute voix, diction et déclamation dramatique ;
9° Histoire générale de la musique ; histoire et littérature dramatique.

ENSEIGNEMENT.

Solfège. — L'enseignement du solfège est distinct et séparé pour les chanteurs et les instrumentistes.

Il y a quatre classes pour les chanteurs, dont deux pour les élèves-femmes, et huit classes pour les instrumentistes, dont cinq pour les élèves-femmes.

Harmonie, Orgue, Composition. — Il y a six classes d'harmonie écrite, dont deux pour les femmes, et une classe d'accompagnement au piano.

Cet enseignement comprend l'accompagnement de la basse chiffrée, du chant donné, de la grande partition et la transposition à première vue.

On ne peut être reçu dans la classe d'accompagnement qu'après avoir été admis à concourir pour l'harmonie écrite.

Il y a une classe d'orgue et d'improvisation.

Il y a trois classes de composition.

Cet enseignement comprend le contre-point et la fugue, la composition et l'instrumentation.

Chant et déclamation lyrique. — Il y a huit classes de vocalisation et de chant.

Il y a trois classes de déclamation lyrique : une pour l'Opéra et deux pour l'Opéra-Comique.

Les élèves de ces classes suivent obligatoirement une classe de maintien et une classe de diction.

Il est attaché à chaque classe de déclamation lyrique un accompagnateur chargé de l'étude des rôles.

Piano et Harpe. — Il y a cinq classes de piano, dont trois pour les femmes, et six classes préparatoires de piano, dont quatre pour les femmes. On ne peut être admis dans ces classes après l'âge de quinze ans.

Il y a deux classes d'étude du clavier, dont une pour les femmes. Ces classes sont destinées exclusivement aux élèves du chant.

Il y a une classe de harpe.

Instruments à archet. — Il y a quatre classes de violon, deux classes de violoncelle. Il y a en outre deux classes préparatoires pour le violon, dans lesquelles on ne peut être admis au delà de seize ans.

Classes d'ensemble. — Il y a une classe d'ensemble vocal, obligatoire pour tous les élèves de classes de chant, et une classe d'ensemble instrumental pour la musique de chambre.

Cette classe est obligatoire pour les lauréats des classes de piano et d'autres instruments.

Il y a également une classe d'orchestre obligatoire pour les élèves des classes d'instruments.

Déclamation dramatique. — Cet enseignement comprend la lecture à haute voix, la diction et la déclamation.

Il y a au Conservatoire quatre classes de déclamation dramatique.

Les élèves de déclamation suivent obligatoirement une classe de maintien.

Cours d'histoire. — Il y a aussi un cours d'histoire de la musique par semaine. Ce cours est obligatoire pour les élèves des classes de composition et d'harmonie.

Il y a en outre un cours d'histoire et de littérature dramatique par semaine, le cours est obligatoire pour les élèves des classes de déclamation dramatique.

CONDITIONS D'ADMISSION

On n'est admis élève au Conservatoire que par voie d'examen et de concours. Les examens et concours d'admission ont lieu du 15 octobre au 15 novembre.

Les aspirantes doivent se faire inscrire au Secrétariat du Conservatoire, cinq jours au moins avant la date fixée pour le concours d'admission, en déposant un extrait de leur acte de naissance et un certificat de vaccination. Les aspirantes étrangères sont tenues, en outre, de joindre à leur acte de naissance une traduction dudit acte, faite par un interprète-expert.

Chaque aspirante aux classes de déclamation dramatique doit remettre une liste des trois scènes sues par elle, tragédie ou comédie, selon le genre auquel elle se destine, soit six scènes si elle se présente pour les deux genres

Les aspirantes inscrites sont prévenues, par lettre, du jour de l'examen.

Les épreuves du concours comprennent :

1° Pour les classes de *chant* et d'*instruments*, exécution d'un morceau au choix de l'aspirante, et lecture à première vue (leçon de solfège ou fragment manuscrit) ;

2° Pour les classes de *déclamation dramatique*, le concours comprend deux épreuves :

Pour la première épreuve, l'aspirante récite une scène à son choix.

Les aspirantes jugées admissibles sont seules appelées à passer la seconde épreuve.

Pour cette seconde épreuve, le jury décide, d'après la liste présentée par l'aspirante, dans quelle scène celle-ci sera entendue à nouveau.

Les admissibles qui n'ont pas été reçues élèves titulaires sont, de droit, reçues auditrices.

Le directeur du Conservatoire peut faire venir une aspirante des départements : celle-ci reçoit, en ce cas, une indemnité de frais de voyage et de séjour à Paris ; et, si elle n'est pas admise, la même indemnité de frais de voyage lui est accordée pour le retour.

Aucune aspirante ne peut être admise si elle a moins de neuf ans ou plus de vingt-deux ans. Au delà de cette limite, l'admission n'a lieu que dans le cas où l'aspirante est jugée assez avancée pour terminer ses études en deux ans, ou douée de dispositions exceptionnelles.

Les élèves ne sont d'abord admises que provisoirement ; leur admission définitive n'est prononcée qu'après l'examen semestriel qui suit celui de leur admission provisoire.

Le directeur répartit dans les diverses classes les

élèves admises par les jurys. Il peut faire passer
une élève d'une classe dans une autre, lorsqu'il
juge ce changement utile à ses progrès. Il peut
admettre, sans le concours des jurys, les aspirantes
aux classes de solfège, d'étude du clavier, d'harmonie et de composition. Après chaque examen
semestriel, il place dans les classes d'opéra et
d'opéra-comique les élèves de chant dont les études
ont été jugées assez avancées pour qu'elles puissent
suivre les classes de déclamation lyrique.

Le directeur peut admettre dans toutes les
classes, mais seulement pour la durée de l'année
scolaire, des auditrices choisies parmi les aspirantes qui montrent le plus de dispositions.

Nulle ne peut être admise dans une classe de
solfège au delà de l'âge de seize ans. Il n'est dérogé
à cette règle qu'en faveur des élèves suivant déjà
une classe de chant ou d'instrument.

Toute élève admise dans une classe de chant ou
de déclamation, contracte, par le fait même de son
entrée au Conservatoire, l'obligation de ne s'engager avec aucun théâtre avant que ses études
soient jugées complètes et terminées. Elle s'oblige
en outre, à la fin de ses études, à donner, pendant
deux années, son concours aux théâtres subven-
tionnés, si elle est réclamée par l'un des directeurs.

PENSIONS

Douze pensions, de 1,200 à 1,800 francs chacune,
sont attribuées, par voie de concours, aux élèves
des deux sexes qui suivent les classes de chant et
se destinent spécialement aux théâtres lyriques.

Dans le cas où elles ne sont pas données en totalité, la somme disponible peut être distribuée dans l'année en encouragements.

Dix pensions de 600 francs chacune sont attribuées par voie de concours aux élèves des deux sexes qui suivent les cours de déclamation dramatique.

Examens et concours. — A chaque examen semestriel, le Comité se prononce sur le maintien ou le renvoi des élèves. En outre, à l'examen du mois de juin, le Comité désigne les élèves qui seront appelées à prendre part aux concours, et celles dont les études doivent être considérées comme terminées.

Les concours ont lieu dans le mois de juillet. Les sujets de concours sont déterminés, chaque année, par les Comités d'examen, sur la proposition du directeur.

Les élèves du même sexe et de la même spécialité, quel que soit le nombre des classes ou celui des concurrents, concourent ensemble. Les élèves des deux sexes sont réunis seulement dans les concours de déclamation dramatique; mais il y a des récompenses distinctes pour les élèves-hommes et pour les élèves-femmes.

Les élèves des classes préparatoires de piano et de violon ne sont pas admises à concourir au delà de l'âge de dix-huit ans.

Ne peuvent être admises à concourir les élèves qui ont moins de six mois d'études, ou celles qui, ayant débuté sur les théâtres, sont néanmoins conservées dans les classes pour s'y perfectionner.

Toute élève qui, après trois années d'études, n'a pas été admise à concourir, est rayée des contrôles. Cessent également de faire partie du Conservatoire les élèves qui, ayant concouru trois fois, n'ont pas remporté de prix ni d'accessit, et celles qui, après avoir obtenu une nomination, ont concouru deux fois sans succès.

Les récompenses se divisent en *premier prix, second prix, premier accessit* et *deuxième accessit.*

Pour le solfège et les classes préparatoires de piano et de violon, il est décerné des *premières,* des *deuxièmes* et des *troisièmes médailles.*

Dans les jurys de concours, la présence de sept membres au moins est nécessaire pour que les délibérations soient valables.

La distribution des prix a lieu immédiatement après les concours. Chaque lauréat reçoit un diplôme. Des médailles en argent sont remises aux premiers et aux seconds prix.

Il y a tous les ans des exercices publics. Quatre de ces exercices sont consacrés à la déclamation dramatique. Les élèves désignés par le directeur pour prendre part à un exercice ne peuvent s'en dispenser, sous peine de radiation.

Ecoles de musique, succursales du Conservatoire.

Le Conservatoire national de musique et de déclamation a des succursales à Avignon, Dijon, le Havre, Lille, Lyon, Nancy, Nantes, Rennes et Toulouse.

Ecoles nationales de musique.

Il y a des écoles nationales de musique dans les villes suivantes : Aix, Angoulême, Bayonne, Boulogne-sur-Mer, Caen, Cette, Chambéry, Digne, Douai, Le Mans, Nîmes, Perpignan, Roubaix, Saint-Étienne, Saint-Omer, Tours, Valenciennes.

DU DESSIN

Nous ne saurions trop recommander l'étude du dessin à nos jeunes lectrices, et particulièrement à celles qui se sentent de sérieuses dispositions pour se perfectionner dans cet art.

Le dessin est en effet devenu d'une importance capitale. Il n'est guère de profession où il ne soit utile, surtout pour les femmes. A côté du professorat, qui demande aujourd'hui un nombreux personnel, généralement bien rétribué, combien de travaux se rattachant aux Modes ou à l'Industrie exigent la connaissance plus ou moins approfondie du dessin ! On pourra s'en convaincre en parcourant ce petit volume.

Toutes les grandes villes de France ont compris qu'après l'Instruction primaire, le dessin devait tenir la première place dans l'Enseignement moderne. Toutes ont organisé des cours destinés à compléter ceux des Écoles primaires, qui n'ont pu recevoir partout le développement désirable. Paris avait d'ailleurs donné l'exemple en faisant des sacrifices énormes pour généraliser cet enseignement.

Un de nos publicistes les plus écoutés écrivait

récemment à propos des cours de dessin de la ville de Paris :

« Nous ne sommes plus au temps, pas très éloigné encore, où le dessin était considéré comme un art d'agrément.

« Cette hérésie, trop longtemps établie en principe, a disparu, grâce aux efforts intelligents des hommes de grand talent tels que MM. Gréard, Guillaume, Thorel, Daviaud, Viollet-le-Duc, etc., qui dès longtemps avaient reconnu la nécessité d'enseigner à l'enfant les grandes lois du dessin, et qui sont parvenus à faire admettre cet enseignement comme une des bases les plus nécessaires de l'instruction.

« Le budget de la ville de Paris comporte à l'heure présente une somme de 757,600 francs pour le traitement du personnel enseignant.

« Le matériel de l'enseignement du dessin est inscrit au budget pour une somme de 160,000 francs.

« Voilà donc cette grande œuvre, autrefois considérée comme l'apanage exclusif de quelques-uns, devenue le droit de tous, et présentant pour Paris seulement une dépense de près d'un million.

« Mais si la dépense est lourde, combien sont importants les résultats obtenus !

« La France est la terre privilégiée des artistes ; mais nulle part autant qu'à Paris, les manifestations de l'art ne sont aussi étendues, aussi variées, aussi intimement liées à la production ouvrière.

« Dans les plus humbles produits de son travail, l'ouvrier parisien sait introduire ce quelque-chose d'ingénieux, de fin, de délicat, d'artistique, qui lui a valu sa juste réputation de bon goût, et qui le met hors de pair dans toutes les luttes internationales.

« Il y a là évidemment une question de milieu, une sorte d'entraînement par l'exemple et par la vue des belles collections que renferment nos musées.

« Mais fallait-il compter sur cette initiative individuelle pour maintenir à sa hauteur la suprématie de nos industries grandes et petites ?

« Évidemment non. Il fallait organiser à fond l'enseignement du dessin, faire mieux que permettre à quelques natures spécialement disposées d'acquérir l'habileté qui fait les hommes de génie. Il fallait, en créant l'obligation, provoquer en quelque sorte l'éclosion artistique de talents qui se seraient ignorés.

« C'est dans ce but et avec cette préoccupation que l'enseignement des beaux-arts a été organisé à Paris.

« Cet enseignement prend l'enfant pour ainsi dire au berceau. C'est un curieux spectacle que de voir les bambins des écoles maternelles, à peine sortis des langes, s'initiant progressivement à cette science du dessin qui donne à leur intelligence la fermeté, à leurs yeux la précision, à leurs petites mains l'assurance.

« Tout cela est pour l'enfant une grande avance, une sorte de semence qui germera sans fatigue pour lui, et dont il retrouvera les fruits un peu plus tard, lorsque viendra le moment d'appliquer à une industrie quelconque ces principes dont l'utilité n'est plus contestable.

« L'enseignement suit l'enfant progressivement, grandissant avec lui, l'accompagnant à l'école primaire, puis aux cours du soir, où il acquiert le développement le plus étendu.

« Au moment de choisir une carrière, l'enfant est armé de toutes pièces. Une irrésistible vocation le pousse-t-elle vers les plus hautes manifestations artistiques, si souvent décevantes, hélas! il a devant lui l'École des Beaux-Arts.

« Est-ce vers l'industrie, cette source féconde et rémunératrice, qu'il se dirige? Il saura apporter à l'atelier ce sens artistique, cette vue juste, cette délicatesse de main, qui produiront les merveilles que le monde entier admire avec envie dans toutes les expositions. »

Nous ne pouvons rien ajouter à cette appréciation : elle nous paraît des plus convaincantes.

Dessin professeurs de).

Un diplôme primair et deux diplômes secondaires ont été créés pour l'en eignement du dessin.

Le diplôme primaire t exigé pour les professeurs de dessin des écoles n rmales primaires et pour ceux des écoles primaires upérieures ou des écoles professionnelles des gran s villes.

Pour les écoles des ville le moindre importance, le droit d'enseigner le des in est provisoirement accordé aux personnes muni du certificat d'aptitude à l'enseignement du trav il manuel, à la condition qu'elles aient satisfait à de épreuves relatives à l'enseignement élémentaire du dessin.

L'examen pour l'obtention du diplôme primaire se compose de trois séries d'épreuves, savoir :

1° D'une épreuve écrite et d'épreuves graphiques ;

2° D'épreuves orales ;

3° D'épreuves pédagogiques.

L'épreuve écrite et les épreuves graphiques sont éliminatoires.

Ces épreuves comprennent :

1° Le relevé géométral et la mise en perspective d'un objet simple, tel que solide géométrique, fragment d'architecture, vase simple, etc. ;

2° Une rédaction d'un genre simple ;

3° Le dessin à vue d'un ornement en relief : rinceau, rosace, chapiteau ;

4° Le dessin d'une tête d'après l'antique (plâtre).

Les épreuves orales sont également éliminatoires.

Elles comprennent :

1° Un examen sur les projections en général, sur la représentation géométrale et sur la mise en perspective d'un objet simple ;

2° Des questions élémentaires sur l'histoire de l'art avec dessin au tableau ;

3° Des questions sur la structure et les proportions de l'homme, ainsi que sur l'anatomie.

Les épreuves pédagogiques comprennent :

1° La correction d'un dessin d'ornement ;

2° La correction d'un dessin de tête ;

3° Une leçon au tableau, sur un sujet emprunté au programme du dessin géométrique dans les écoles normales ou primaires supérieures.

L'épreuve écrite et les épreuves graphiques sont

subies au chef-lieu de l'Académie; les épreuves orales et les épreuves pédagogiques à Paris.

L'examen a généralement lieu sur la fin de l'année scolaire, aux jours fixés par le Ministre.

Les candidates doivent se faire inscrire, à Paris, à la Sorbonne, et dans les départements, au bureau de l'Inspecteur d'Académie, un mois au moins avant l'ouverture de la session. Elles doivent, en outre, justifier qu'elles ont dix-huit ans révolus au moment de leur inscription.

Les appointements des professeurs des écoles normales primaires sont d'environ 900 francs pour six heures par semaine.

Dans les écoles primaires supérieures de province, ils vont de 800 à 1,500 ou 1,600 francs par an, suivant l'importance de l'école.

ENSEIGNEMENT SECONDAIRE

Le certificat d'aptitude à l'enseignement du dessin exigé pour l'enseignement dans les collèges et lycées comprend deux degrés : le premier degré et le degré supérieur.

Le diplôme du degré supérieur donne le droit d'être professeur titulaire dans un lycée.

Les examens pour l'obtention de ces diplômes, dont nous ne pouvons donner ici le détail, se composent :

1° D'épreuves graphiques qui sont éliminatoires;

2° D'épreuves orales;

3° D'épreuves pédagogiques.

Les examens ont lieu à Paris, généralement en juillet. La date en est fixée par un arrêté ministériel.

Les candidates doivent se faire inscrire dans les délais indiqués par cet arrêté, soit au Ministère de l'Instruction publique (direction de l'Enseignement secondaire, 1ᵉʳ bureau), soit à la direction des Beaux-Arts.

Ces examens exigent une instruction artistique assez développée, que l'on ne peut acquérir que dans les écoles des Beaux-Arts de Paris et de la province.

(Pour les traitements des professeurs de dessin dans les Lycées et Collèges de jeunes filles, voir les articles consacrés à ces établissements.)

BREVETS DE LA VILLE DE PARIS

La Ville de Paris délivre un diplôme de professeur de dessin d'art pour les femmes.

Les examens pour ce brevet sont analogues à ceux du diplôme secondaire du deuxième degré. On exige en plus une composition décorative. Ils ont lieu suivant les besoins et sont annoncés par des affiches et dans les journaux. Les candidates doivent adresser leur demande à la Préfecture de la Seine (Direction de l'enseignement primaire, 3ᵉ bureau).

Les professeurs de dessin d'imitation dans les écoles primaires de Paris ont 800 francs de traitement pour quatre heures par semaine. La plupart des professeurs enseignent dans plusieurs écoles, ce qui augmente notablement leur traitement.

ÉCOLE NATIONALE DE DESSIN
POUR LES JEUNES FILLES

Cette école, fondée en 1803, est installée à Paris, rue de Seine, 10. Elle a pour but de former les jeunes filles à l'enseignement du dessin et à l'exercice des industries relevant de l'art.

L'enseignement est gratuit; il est ainsi divisé :

1° *Division élémentaire :* Dessin linéaire, dessin à main levée des figures géométriques et d'ornement au trait;

Dessin d'après les solides géométriques et objets usuels. —Dessin géométral. — Étude pratique de la perspective et des ombres. — Lavis à teintes plates;

Dessin d'après la bosse (ornements, fleurs, figures, têtes et fragments).

2° *Division supérieure :* Dessin de la figure d'après l'antique, de la tête d'après nature, de la figure costumée, des animaux et des fleurs d'après nature;

Anatomie comparée;

Dessin d'ornement d'après la grande bosse et des modèles empruntés aux industries d'art, bronzes, vases céramiques, meubles, tapisseries, étoffes, etc.;

Étude de l'architecture, y compris les ordres et ordonnances;

Compositions d'ornement;

Cours d'histoire générale de l'art.

3° *Cours spéciaux :* Sculpture;

Peinture à l'eau, à l'huile et à la colle;

Peinture sur porcelaine, sur faïence, sur verre, en émail;

Gravure à l'eau-forte;

Gravure sur bois, etc.

L'École nationale de Dessin est régie par une directrice nommée par le ministre.

Pour être admises à l'École, les jeunes filles doivent avoir douze ans révolus, au moins, et vingt-cinq ans au plus.

L'inscription des élèves à lieu tous les jours non fériés, au secrétariat de l'École, rue de Seine, 10, de une heure à deux heures.

Les jeunes filles doivent être présentées à l'inscription par leurs père, mère, correspondant ou chef d'atelier.

Il est institué pour chacune des facultés de l'enseignement de l'École un concours annuel, à la suite duquel sont distribuées des récompenses (médailles d'or, de vermeil, d'argent et de bronze).

Afin de faciliter le séjour à Paris des élèves sans fortune, il a été fondé des bourses. Moitié de ces bourses est réservée à celles des élèves qui se destinent à l'Enseignement.

Les bourses sont de 200, 300 et 400 francs.

Pour prétendre aux bourses, il faut être Française, âgée de quinze ans, être inscrite à l'École depuis une année au moins. Nulle ne peut prétendre à une bourse si elle n'a suivi avec succès les cours de la division élémentaire, et si elle n'est inscrite à un, au moins, des cours spéciaux.

Nulle ne peut obtenir le renouvellement de sa bourse au delà de quatre ans.

ÉCOLE NATIONALE DES BEAUX-ARTS
DE BOURGES

L'École nationale des Beaux-Arts de Bourges est instituée en vue de former des jeunes gens et des jeunes filles à la pratique des arts et à l'enseignement du dessin; elle comporte un enseignement spécial aux professions des élèves.

L'enseignement est gratuit. Il comprend :

1° Le dessin linéaire et géométrique;

2° Le dessin d'architecture, les mathématiques, la construction et la perspective;

3° Le dessin d'ornement et de figure, la composition d'ornement et de figure, la composition;

4° L'architecture;

5° La sculpture;

6° La peinture;

7° La peinture et la sculpture appliquées à la céramique;

8° L'anatomie;

9° L'histoire de l'art.

Pour être élève de l'École et participer aux récompenses qu'elle décerne, il faut justifier de la qualité de Français. Toutefois, les étrangers peuvent être admis par autorisation spéciale du ministre; mais ils ne peuvent prétendre au prix d'honneur, non plus qu'aux bourses instituées pour les élèves de l'établissement.

L'inscription a lieu au secrétariat de l'École, tous les jours non fériés, aux heures des cours.

Pour être admis à l'École, les élèves doivent avoir au moins dix ans révolus, savoir lire, écrire et calculer ; ils doivent être présentés par leur père, mère, correspondant ou chef d'atelier. En entrant à l'École, tous les élèves doivent être munis des instruments nécessaires à leurs études.

L'enseignement de l'École est réparti en trois divisions : division élémentaire, division supérieure, cours spéciaux. Les épreuves pour le passage d'un cours dans le cours supérieur consistent à obtenir dans l'ensemble des matières une notation moyenne d'au moins 16 points (maximum 20 points), sans que, pour chacune d'elles, la notation puisse être inférieure à 14 ; à cet effet, tous les travaux ainsi notés par chaque professeur de cours, sont revisés par le jury, qui prononce chaque mois sur le passage d'un cours dans un autre.

Un concours annuel, donnant lieu à des prix et à des mentions, est institué pour chacune des facultés de l'enseignement de l'École, dans le dernier trimestre de l'année scolaire ; peuvent seuls y prendre part les élèves inscrits à l'École et qui ont suivi régulièrement les cours.

Des bourses d'études sont accordées aux élèves qui se distinguent le plus dans l'École. Un tiers est réservé à ceux ou celles qui se destinent à l'enseignement ; elles ne peuvent se partager ; pour y prétendre, il faut être Français, avoir au moins quinze ans, et être inscrit à l'École depuis une année au moins. Nul ne peut en obtenir le renouvellement au delà de quatre ans.

ÉCOLE NATIONALE DES BEAUX-ARTS D'ALGER

L'ancienne École de Dessin d'Alger, érigée en École nationale des Beaux-Arts, est instituée en vue de former les jeunes gens et les jeunes filles à la pratique des arts, à l'enseignement du dessin et à l'exercice des industries relevant de l'art. L'enseignement est gratuit.

Pour être élève de l'École et participer aux récompenses qu'elle décerne, il faut justifier de la qualité de Français ; toutefois les étrangers peuvent y être admis par autorisation spéciale délivrée sur la demande du représentant de leur nation, après l'avis du directeur de l'École.

L'inscription des élèves a lieu tous les jours non fériés au secrétariat de l'École, aux heures des cours ; pour être admis à l'École, les candidats doivent être présentés par leur père, mère, correspondant ou chef d'atelier, savoir lire, écrire et calculer.

L'enseignement de l'École est divisé, pour chacune des sections, filles et garçons, en première division, deuxième division, division supérieure, cours spéciaux.

Il est institué près de l'École nationale des Beaux-Arts d'Alger des bourses au profit des élèves qui se distinguent le plus dans l'École. Un tiers de ces bourses est réservé, s'il y a lieu, pour ceux ou celles des élèves qui se destinent à l'enseignement : elles sont accordées tous les ans au mois de janvier, sont payables à la fin de l'année scolaire et ne peuvent se partager. Nul ne peut y prétendre s'il n'est inscrit à l'École depuis une année au moins; et ne peut en obtenir le renouvellement au delà de quatre ans.

ÉCOLE NATIONALE DES ARTS DÉCORATIFS

Section des jeunes filles.

La création de cet établissement remonte à 1803. Il fut fondé par Mme Frère de Montizon qui l'établit à Paris, dans la cour de Rohan. En 1890, il a été rattaché à l'École nationale des Arts décoratifs des garçons, rue de l'École-de-Médecine, 5.

Les cours de la section des jeunes filles ont lieu toute la journée. L'enseignement est gratuit.

Pour être admises comme élèves, il faut que les jeunes filles soient âgées d'au moins douze ans, et au plus de vingt-cinq ans. Les dispenses d'âge ne peuvent être accordées que par le ministre, et on les obtient difficilement.

La durée normale de l'enseignement est de trois ans. Le passage d'une division dans une autre a lieu après examen, mais une élève qui n'est pas en état de subir l'examen pour monter dans la division supérieure peut prolonger son séjour à l'École au delà de trois années.

Les candidates doivent se faire inscrire au secrétariat de l'École; elles doivent alors être accompagnées de leur père, mère ou correspondant.

Elles doivent se munir de tous les instruments utiles pour leurs travaux.

Elles doivent, pendant le cours de leurs études, avoir un livret signé de leurs parents constatant, chaque jour l'heure de leur départ de chez elles, et mentionnant si elles viennent pour un seul cours ou pour la journée.

L'enseignement se divise en trois parties :

1° Division élémentaire ; 2° division supérieure, 3° cours spéciaux.

La *division élémentaire* comprend :

1° Le dessin linéaire et le dessin à main levée des figures géométriques et d'ornement au trait ;

2° Le dessin d'après les solides géométriques, la perspective, les ombres, les lavis à teintes plates ;

3° Le dessin d'après la bosse (ornements, fleurs, figures, têtes et fragments).

La *division supérieure* comprend :

1° Le dessin de la figure d'après l'antique ; de la tête d'après nature ;

2° L'anatomie comparée ;

3° Le dessin d'ornement, d'après la grande bosse et les modèles empruntés aux industries d'art : bronzes, vases céramiques, meubles, tapisseries, étoffes, etc. ;

4° L'étude de l'architecture, y compris les ordres et ordonnances ;

5° La composition d'ornements ;

6° Le cours d'histoire générale de l'art.

Les *cours spéciaux* comprennent le modelage, la peinture à l'eau, à l'huile et à la colle, la peinture sur porcelaine, sur faïence, sur verre et émail ; la gravure sur bois.

Tous les cours inscrits dans chacune des deux divisions sont obligatoires pour l'élève qui fait partie de cette division, et qui peut, en outre, suivre un des cours spéciaux de son choix.

Indépendamment des concours annuels pour chacune des facultés de l'enseignement, il est institué trois grands concours : dessin, sculpture et composition d'ornement. Les récompenses consistent en livres d'art, médailles d'argent et de bronze, et en une médaille d'or décernée par le ministre de l'Instruction publique et des Beaux-Arts à l'élève la plus méritante. En outre, les élèves françaises âgées d'au moins quinze ans, étant à l'École depuis plus d'une année, et qui se distinguent par leur zèle, leurs aptitudes, leur mérite, peuvent prétendre à l'obtention d'une bourse.

Ces bourses sont au nombre de six, savoir : deux bourses de 200 francs, deux bourses de 300 francs, deux bourses de 400 francs; trois d'entre elles sont réservées aux jeunes filles qui se destinent à l'Enseignement.

ÉCOLE NATIONALE D'ART DÉCORATIF D'AUBUSSON

Cette école comprend une division de jeunes filles et une division de jeunes gens. L'enseignement y est gratuit.

Les matières enseignées sont : le dessin linéaire et géométrique, le dessin d'après l'ornement, la figure et la plante, les éléments d'architecture, d'anatomie et de composition décorative.

Des cours spéciaux sont en outre institués en vue de l'application des arts du dessin aux industries locales ; ce sont des cours de tissage, de savonnerie, de mise en cartes, de broderie et de chimie tinctoriale.

L'École est administrée par un directeur, présidant l'assemblée des professeurs et des jurys, chef de tous les services, assisté d'un conseil présidé par le Directeur des Beaux-Arts.

Les jeunes filles sont reçues à l'École d'Aubusson à l'âge de douze ans révolus.

Aucune élève n'est admise aux cours spéciaux si elle n'a passé par les cours de dessin ou si elle ne fait encore partie du cours supérieur.

Chaque faculté donne lieu à un concours de fin d'année auquel sont attachées des récompenses (prix et accessits).

Il y a de plus quatre grands concours pour le dessin, le tissage, la savonnerie et la broderie. Deux grands prix sont offerts par le ministre à l'élève, fille ou garçon, de la division supérieure qui a obtenu le plus de nominations.

ÉCOLE NATIONALE D'ART DÉCORATIF DE LIMOGES

L'École de Limoges est ouverte aux jeunes gens des deux sexes. L'enseignement y est gratuit.

Les jeunes filles sont admises à l'École de Limoges si elles justifient de moins de douze ans révolus.

Les conditions d'admission sont identiques à celles requises pour les autres écoles d'art décoratif.

L'enseignement de la section des jeunes filles de

cette école se divise en : une division élémentaire, une division supérieure et des cours spéciaux.

Les matières enseignées sont : le dessin linéaire et géométrique, la perspective et des éléments d'architecture ; le dessin, le modelage et l'anatomie comparée ; la composition d'ornements ; le dessin de peinture de fleurs et des cours spéciaux relatifs aux applications du dessin à l'industrie (peinture céramique, gravure à l'eau-forte, chimie industrielle, etc.).

Les concours portent sur le dessin, la sculpture, la composition d'ornements et la peinture céramique.

Les récompenses consistent en médailles d'argent et de bronze. En outre, il est accordé des bourses aux élèves qui se sont distingués le plus dans le courant de leurs études.

ORPHELINAT DES ARTS

Cet orphelinat a été créé en 1880, par une société de dames appartenant pour la plupart au théâtre, et qui choisirent comme présidente, une artiste aussi renommée par sa générosité que par son talent : Mme Marie Laurent.

L'Orphelinat fut ouvert à Paris (rue de Vanves, 69), il est aujourd'hui installé dans un immeuble plus vaste, à Courbevoie.

L'Orphelinat des Arts, qui recueille les orphelines d'artistes, et particulièrement d'artistes dramatiques, a été reconnu comme établissement d'utilité publique en 1882.

Une cinquantaine d'orphelines reçoivent dans ce établissement une éducation pratique. Outre les matières de l'enseignement primaire, elles apprennent la couture, la tapisserie, le dessin, la musique, la peinture sur porcelaine, etc. Elles peuvent ainsi arriver à devenir des professeurs, des artistes, même des artistes dramatiques, si on leur reconnaît les dispositions nécessaires.

Les ressources de l'institution consistent dans des dons particuliers, des subventions des ministères, mais surtout dans les produits des fêtes, représentations et concerts auxquels les artistes les plus célèbres ne manquent jamais de prêter leur concours.

GRAVURE SUR BOIS

La gravure sur bois était, il y a quelques années encore, un art dont on pouvait conseiller la pratique aux jeunes filles sachant bien dessiner et capables de s'attacher aux travaux intelligents et délicats. Malheureusement les procédés de photogravure ont fait de tels progrès depuis lors, que la gravure sur bois n'offre plus que très peu de ressources. Disons-en, cependant, quelques mots pour les jeunes personnes qui se croiraient assurées d'obtenir des commandes en ce genre.

La gravure sur bois s'exécute aujourd'hui sur des rondelles de buis, en bois debout, ayant environ comme épaisseur la hauteur des caractères d'imprimerie, et pouvant par conséquent être intercalées dans le texte.

Après avoir parfaitement dressé et poncé une

des surfaces du bois, on y étend une légère couche de blanc gommé : la planche est ainsi prête à recevoir le dessin. Ce dessin exécuté, généralement par un dessinateur spécial, le graveur enlève, au moyen du burin et d'échoppes, les blancs du dessin, en épargnant les lignes. Quant aux tons, ils sont rendus par les hachures ou tailles, plus ou moins larges et plus ou moins serrées. C'est surtout dans cette dernière partie de l'interprétation que se révèle le talent du graveur.

L'apprentissage est d'environ trois ou quatre ans, tout à fait improductifs. Les ouvrières faites peuvent ensuite gagner de 5 à 6 francs par jour.

L'outillage est peu coûteux et permet de travailler chez soi. Il ne revient guère qu'à une trentaine de francs.

GRAVURE DE LA MUSIQUE

Un certain nombre de femmes s'occupent avec succès, à Paris et dans quelques grandes villes de province, de la gravure de la musique.

On se servait autrefois pour ce genre de gravure, de planches de cuivre; mais on remplace aujourd'hui ce métal par l'étain, lorsque le tirage ne doit pas être très important. Les poinçons seuls et les burins sont alors en cuivre, afin d'offrir la résistance nécessaire pour frapper sur l'étain.

Chacun de ces poinçons porte à son extrémité, et gravé en relief, un des signes de musique. Le nombre des poinçons est donc égal à celui des divers caractères de la musique, des chiffres et des lettres de l'alphabet.

Pour graver, l'ouvrière prend une planche d'étain, et, à l'aide d'une griffe spéciale, marque d'un coup les cinq lignes. Elle trace ensuite le nombre de parties qui doivent entrer dans la page, en observant de laisser entre chacune d'elles l'espace nécessaire. Puis elle dessine légèrement, à la pointe du burin, les diverses phrases musicales, marque la division des mesures, et se borne, à l'égard des notes, à indiquer avec les *o* les places que leurs têtes doivent occuper.

Cette première partie du travail terminée, l'ouvrière s'empare des poinçons, prend tour à tour chacun d'eux, le pose sur la ligne ou l'espace, à l'endroit précis où le premier tracé a été fait, et lui fait marquer son empreinte en frappant dessus avec un petit marteau. Elle ne quitte un poinçon que lorsqu'il a gravé tous les caractères de son espèce qui doivent se trouver sur la planche, et frappe donc successivement tous les *accidents*, les têtes blanches, les têtes noires, les pauses, demi-pauses, soupirs, etc. La tâche du poinçon terminée, vient le tour du burin avec lequel sont tracées les queues des notes, les barres des mesures, les crochets des croches, etc. Enfin, avec une onglette, l'ouvrière marque les barres qui réunissent les différents groupes de croches, les reprises, les barres d'abréviations, les barres finales, etc. Les indications en lettres d'imprimerie et les paroles qui accompagnent les morceaux de chant sont gravées ensuite, en changeant bien entendu de poinçon à chaque nouvelle lettre.

La gravure terminée, l'ouvrière plane la planche

au marteau, la polit à l'aide d'un brunissoir afin de faire disparaître les aspérités laissées par le poinçon et le burin, et tire une première épreuve sur laquelle l'auteur ou le correcteur indique les fautes. Elle reprend alors sa planche, repousse par derrière tous les signes défectueux, de façon à les effacer entièrement, puis elle grave sur la surface repolie les signes ou les notes réclamés par le manuscrit.

Trois années d'apprentissage sont nécessaires pour arriver à bien graver de la musique. L'ouvrière peut ensuite gagner 4 à 5 francs par jour, quelquefois davantage.

On est généralement obligé de se procurer l'outillage nécessaire à la gravure, ce qui occasionne une dépense de 1,000 à 1,200 francs environ.

PEINTURE SUR PORCELAINE

La peinture sur porcelaine a longtemps été réservée aux hommes. Mais nombre de femmes commencent depuis quelques années à exécuter ce travail artistique, qui convient tout particulièrement à leur goût délicat.

Deux ou trois ans d'apprentissage sont nécessaires avant d'aborder ce genre de peinture, même à une jeune fille sachant déjà très bien dessiner.

Un grand nombre d'écoles professionnelles de jeunes filles, et en particulier toutes celles de la ville de Paris, possèdent une section de peinture céramique.

Nous ne pouvons indiquer ici de gain fixe. Le

prix payé est excessivement variable, suivant la difficulté du travail ou la capacité de l'artiste.

A Paris et dans quelques villes de province, les dames qui s'occupent de la décoration de la porcelaine gagnent de 2 à 3 francs par jour. Mais quelques-unes, recherchées pour leur talent, atteignent des prix beaucoup plus élevés.

Petits travaux artistiques

AQUARELLES POUR ÉDITEURS

Les dames sachant faire de l'aquarelle et ayant de l'imagination peuvent, à Paris surtout, et parfois dans certaines grandes villes, employer leur talent à l'illustration des couvertures de brochures, des manuscrits de pièces de théâtre et des morceaux de musique.

Ces dessins et aquarelles sont généralement bien payés.

PHOTOGRAPHIE (RETOUCHES DE)

Des dames sont occupées dans les grands ateliers de photographie à la retouche des clichés et des portraits.

Il faut nécessairement savoir dessiner pour entreprendre ce travail.

Les apprenties débutent généralement en payant une trentaine de francs par mois, puis elles sont payées aux pièces et peuvent gagner de 4 à 5 francs par jour. On peut souvent travailler à domicile.

On emploie aussi les dames pour les reproductions photographiques de gravures de modes et de catalogues illustrés (ici les connaissances en dessin ne sont pas indispensables). Elles gagnent de 3 à 3 fr. 50 par jour.

COLORIAGE DE GRAVURES DE MODES

Il n'est guère besoin de savoir dessiner et peindre pour entreprendre ce genre de travail. Il se fait, en effet, au moyen de patrons en zinc découpé qui laissent à jour la partie de la gravure destinée à recevoir telle ou telle couleur. Il n'y a donc qu'à brosser, au moyen d'un pinceau, la partie décou-verte. Un apprentissage de quelques mois est cependant nécessaire pour arriver à colorier rapidement et sans bavures. Les ouvrières habiles gagnent à ce métier de 2 fr. 50 à 2 fr. 75 par jour. Il y a un chômage d'environ trois mois par an, de juin à août.

COLORIAGE DE LITHOGRAPHIES, DE GRAVURES ET DE PHOTOGRAPHIES

Ce genre de coloriage se fait au pinceau et exige du goût et de l'habitude. Un apprentissage de 2 à 3 ans est nécessaire à la jeune fille qui n'a pas appris la peinture. Elle pourra ensuite gagner de 2 fr. 50 à 3 francs par jour.

COLORIAGE DES IMAGES RELIGIEUSES

Le coloriage des images religieuses exige à peu près les mêmes aptitudes et procure un gain à peu près égal à celui du coloriage des autres gravures. Les artistes qui créent des sujets gagnent naturel-lement beaucoup plus.

DESSIN POUR TAPISSERIE

Les dessins pour tapisseries, dessinés à l'encre sur canevas ou sur toile, peuvent rapporter de 3 à 3 fr. 50 par jour. Un an ou deux d'apprentissage, sont nécessaires, même lorsqu'on sait bien dessiner.

COMMERCE

Les femmes qui ont des aptitudes pour le commerce les possèdent souvent à un degré plus élevé que la plupart des hommes. Nous entendons parler ici, bien entendu, du commerce de détail, de celui qui met le plus directement en rapport avec les clients. Le soin que la plupart des femmes apportent aux moindres choses, leur assiduité au travail — dont le désir de distractions les détourne rarement, — leur économie bien ordonnée, sont les premiers éléments du succès dans la carrière commerciale. Ajoutons que l'accueil aimable, empressé qu'elle savent faire aux personnes, même les plus difficiles, l'intelligente persuasion qu'elles mettent dans leurs offres attire et retient souvent la clientèle.

Toutefois, pour qu'une jeune fille puisse s'adonner utilement au commerce, il faut qu'elle y ait été préparée, soit dans sa famille, soit par un stage assez long dans une maison bien tenue.

Quelques genres de commerce conviennent plus spécialement aux femmes. Nous en parlons dans le cours de ce livre.

Nous nous occuperons plus particulièrement ici des jeunes filles qui débutent comme employées.

EMPLOYÉES DE COMMERCE

C'est surtout dans les grandes maisons de nouveautés que ces jeunes personnes peuvent arriver à se créer une situation avantageuse. Mais ces maisons ne prennent généralement pas de débutantes. Aussi, faut-il commencer par s'initier aux détails du commerce dans un magasin de moindre importance.

Les jeunes filles peuvent débuter dans le commerce vers l'âge de seize ans. Une bonne instruction primaire est très utile pour arriver aux emplois supérieurs; le certificat d'études est d'ailleurs presque partout exigé.

Les débutantes sont au pair la première année, c'est-à-dire qu'elles sont simplement nourries et logées. Elles gagnent ensuite de 30 à 50 francs par mois, selon l'importance de la maison et selon leurs capacités.

Dans les grands magasins, quelques employées débutent comme *auxiliaires*, et ne sont occupées qu'à certaines époques de l'année, où les employées ordinaires ne suffisent pas au travail. Ces auxiliaires sont nourries et reçoivent 25 à 30 francs par mois.

Les *demoiselles de magasin*, déjà au courant de la vente, ont des appointements qui varient de 600 à 1,500 francs, selon leur ancienneté dans la maison. Elles augmentent leurs appointements au moyen de la « guelte », petit bénéfice qui leur est accordé sur la vente de certains articles défraîchis ou d'un placement peu facile.

Les chefs de rayon ou *premières* gagnent de 2 à 5,000 francs par an. Dans certaines grandes maisons, quelques-unes reçoivent même de 10 à 12,000 francs. Elles ont en outre le logement, la nourriture, et un intérêt dans le chiffre d'affaires fait par leur rayon. Mais ce sont là des postes difficiles à conquérir. On ne saurait y arriver sans être très heureusement douée pour le commerce et sans avoir fait preuve d'un zèle remarquable.

Notons que sans appartenir aux grands établissements de nouveautés, une jeune fille active et possédant les aptitudes nécessaires peut se faire une situation avantageuse dans des maisons bien achalandées, mais qui ne s'occupent que de certaines spécialités. Et ceci est vrai non seulement pour Paris, mais encore pour les grandes villes de province. Nombre de maisons de commerce ont d'ailleurs pris le parti d'accorder un intérêt dans la vente à leurs meilleures employées. C'est une sage mesure, qui n'amoindrit aucunement les bénéfices des patrons, car elle a presque toujours le don de décupler l'activité de leur personnel.

CAISSIÈRES

A Paris, les caissières sont surtout employées dans les boucheries, les grands magasins d'épicerie, les bazars et les cafés.

Pour remplir ces fonctions, une jeune fille doit avoir au moins vingt ans ; il est préférable qu'elle en ait vingt-cinq.

Dans les boucheries, les caissières sont nourries, mais elles ne sont généralement pas logées. Elles sont employées de huit heures du matin à sept heures du soir, ont quelques heures de congé dans l'après-midi du dimanche, et gagnent de 25 à 30 francs par semaine.

Dans les cafés, elles ont de 18 à 25 francs et sont occupées de onze heures du matin à onze heures du soir ou minuit. Elles sont également nourries et ne sont pas logées.

Les conditions sont analogues dans les autres établissements. Quant aux heures de travail, elles varient suivant le genre de commerce.

Une bonne instruction primaire, l'habitude de calculer, surtout oralement, et de compter rapidement, sont les qualités nécessaires pour occuper ces emplois.

COURS D'ENSEIGNEMENT COMMERCIAL
DE LA VILLE DE PARIS

Ces cours ont été institués en 1881. Ils ont pour but de préparer au commerce les jeunes gens et les jeunes filles déjà pourvus d'une bonne instruction primaire.

Les cours destinés aux jeunes filles sont au nombre de dix-huit. Ils ont lieu le soir, de sept heures et demie à neuf heures et demie. Pour y être admises, les élèves doivent produire un certificat d'études primaires ou un certificat constatant qu'elles possèdent une instruction au moins égale à celle des élèves pourvues du certificat d'études primaires. Aucun âge n'est fixé pour l'admission.

L'enseignement comporte trois années, dont deux pour le degré élémentaire, et une pour le degré supérieur. Des certificats d'études commerciales sont délivrés, après examen, aux élèves âgées de plus de seize ans qui ont suivi les cours au moins une année. La liste des élèves diplômées est adressée à la Chambre de Commerce, aux Chambres syndicales des différentes industries et aux grandes maisons de banque ou de commerce.

Les matières enseignées sont ainsi divisées :

Première année. — Ecriture, arithmétique pratique, tenue des livres, français, géographie, technologie industrielle et commerciale de la France (étude des matières premières et leurs applications, soit à l'industrie, soit aux usages de la vie), langues vivantes (anglais, allemand, espagnol ou italien).

Deuxième année. — Suite des mêmes programmes, avec la législation usuelle (éléments de droit civil et notions de droit commercial en plus).

Troisième année. — Arithmétique, comptabilité, français, géographie agricole, industrielle et commerciale, échanges internationaux, droit commercial, notions d'économie politique, langues vivantes.

Les organisateurs se sont préoccupés de disposer les programmes de cet enseignement de façon que les élèves puissent, lorsqu'ils possèdent les connaissances nécessaires, aborder immédiatement les cours du degré supérieur, afin de terminer plus rapidement leurs études.

Les diplômes délivrés aux jeunes personnes qui ont suivi ces cours avec succès sont fort appréciés par le commerce parisien.

Un grand nombre de jeunes filles ont pu, grâce à cet enseignement, se procurer des emplois avantageux. Les grandes sociétés financières, et notamment le Crédit Lyonnais, comptent, dans leurs bureaux, un certain nombre d'élèves diplômées des cours d'enseignement commercial de la ville de Paris.

ENSEIGNEMENT INDUSTRIEL ET COMMERCIAL
(PROFESSORAT)

Il a été institué, en 1893, un certificat d'aptitude au professorat industriel et un certificat d'aptitude au professorat commercial.

Chaque année, le ministre du Commerce et de l'Industrie fixe, par voie d'arrêté, le nombre de certificats qui pourront être délivrés, soit pour le professorat industriel, soit pour le professorat commercial. Ces certificats sont obtenus par voie de concours. Le concours est ouvert aux jeunes gens des deux sexes.

Les candidates doivent être âgées de vingt et un ans au moins au moment de leur inscription, et justifier soit d'un stage dans une section normale organisée par arrêté ministériel, soit de deux ans d'enseignement au moins dans les écoles publiques ou dans les écoles privées.

Les candidates sont tenues d'adresser chaque année, avant le 1er juin, au ministère du Commerce et de l'Industrie (direction de l'Enseignement industriel et commercial) leur demande d'inscription écrite sur papier timbré. Cette demande, pour celles qui n'ont pas passé par une section normale, doit être accompagnée :

1° De leur acte de naissance ;

2° De l'indication des lieux où elles ont résidé et des situations qu'elles ont occupées depuis cinq ans ;

3° D'un certificat de l'autorité compétente attestant qu'elles ont exercé pendant deux années au moins des fonctions d'enseignement.

Le concours a lieu à la fin de l'année scolaire, aux jours fixés par le ministre. Il comprend des épreuves écrites et des épreuves orales et pratiques qui ont lieu à Paris.

Les candidates admises aux épreuves, dans la limite du nombre de certificats mis au concours, sont pourvues, au fur et à mesure des vacances, d'emplois de maîtresses adjointes avec le titre de professeurs stagiaires dans les écoles pratiques de commerce ou d'industrie, suivant le certificat qu'elles ont obtenu.

Elles sont définitivement pourvues du titre et du traitement de professeur, au fur et à mesure des vacances dans les cadres, et sans que leur stage puisse jamais excéder trois années à compter de leur admission au concours. Les nominations au professorat sont effectuées dans l'ordre d'ancienneté et de rang des admissions.

PROFESSORAT INDUSTRIEL

Pour le professorat industriel des aspirantes, les épreuves écrites comprennent :

1° Une composition française portant sur un sujet de littérature ou d'histoire ;

2° Une composition de mathématiques ;

3° Une composition sur une question d'économie domestique ;

4° Une composition de dessin d'ornement appliqué aux travaux à l'aiguille.

Les épreuves orales et pratiques comprennent :

1° Une leçon sur un sujet d'arithmétique ou d'économie domestique ;

2° Une correction de devoir d'élève portant sur une question de littérature ou d'histoire ;

3° Une épreuve pratique de travail manuel.

Il est accordé deux heures de préparation pour la leçon, une demi-heure pour la correction du devoir. Ces préparations ont lieu à huis clos.

L'usage de tout secours, autre que celui des dictionnaires, atlas ou livres autorisés par la commission, est interdit.

Les sujets de compositions écrites sont choisis par le ministre et adressés sous plis cachetés au président du jury d'examen. Le temps accordé aux candidats pour chaque composition est déterminé par le ministre, en même temps que le choix du sujet.

Les sujets de leçons orales sont tirés au sort sur une liste préparée par le jury.

L'épreuve du travail manuel est la même pour tous les candidats.

PROFESSORAT COMMERCIAL

Pour le professorat commercial, les épreuves sont subies en deux sessions, à une année d'intervalle.

Les épreuves écrites de la première session comprennent pour les aspirantes :

1° Une composition française portant sur un sujet de littérature ou d'histoire;

2° Un exercice de correspondance commerciale (lettre d'affaires comportant un tableau);

3° Une composition de comptabilité;

4° Une composition d'arithmétique commerciale;

5° Une composition de langue anglaise, espagnole ou allemande (thème et version sans dictionnaire).

Les épreuves orales et pratiques comprennent :

1° Des interrogations sur la géographie commerciale;

2° Des interrogations sur la législation;

3° Une leçon portant sur l'arithmétique commerciale ou la comptabilité;

4° Une leçon portant sur la géographie commerciale ou la législation :

5° La correction d'un devoir de comptabilité.

La composition de correspondance commerciale donne lieu à l'attribution d'une note spéciale d'écriture.

Les aspirantes peuvent demander à subir une

épreuve facultative de sténographie et de machine à écrire, à laquelle il est attribué une note unique de 0 à 10.

Les aspirantes reconnues admissibles par le jury à la suite de ces épreuves dans la limite du nombre annuellement fixé par le ministre, sont pourvues d'une bourse d'études en Angleterre, en Espagne ou en Allemagne, suivant la langue dont elles ont justifié la connaissance. Elles doivent quitter la France dans les deux mois qui suivent la clôture du concours, et résider dix mois pleins dans la ville qui leur est assignée.

Un comité de surveillance et de patronage, dont la composition est déterminée par arrêté ministériel, est spécialement chargé d'assigner aux boursières leur résidence, de diriger et de suivre leurs travaux, de prendre communication de leurs rapports bimensuels en langue étrangère, et de donner en fin de séjour un avis motivé sur leurs études et leurs progrès.

A leur retour de l'étranger, et à la date fixée par le ministre, les aspirantes subissent devant le jury les épreuves de la seconde session. Ces épreuves comprennent :

1° Une leçon en langue étrangère sur un sujet de géographie commerciale (avec quatre heures de préparation à huis clos),

2° Des interrogations sur les éléments de l'économie politique ;

3° Des interrogations sur l'histoire du commerce.

ÉCOLE SOPHIE-GERMAIN

9, RUE JOUY, (PARIS)

L'École Sophie-Germain donne aux jeunes filles une instruction primaire supérieure et les prépare en même temps aux emplois de l'industrie, du commerce et des grandes administrations (Postes, Télégraphes, Téléphones, Timbre, etc.).

Toutes les élèves sont externes.

La coupe des vêtements et la composition décorative sont enseignées à toutes les élèves.

La durée de l'enseignement est généralement de trois années. Il existe cependant une quatrième année préparatoire au commerce ou à l'exercice d'un métier. On y enseigne l'écriture commerciale, la géographie commerciale et industrielle, la correspondance commerciale en français, en anglais et en allemand, le dessin industriel, la composition décorative, la coupe, la confection des vêtements, les modes.

COURS COMMERCIAUX DE LA CHAMBRE DE COMMERCE DE PARIS

Les cours gratuits d'enseignement commercial pour les femmes et les jeunes filles, fondés par la Chambre de Commerce de Paris, remontent à 1874.

Ils ont lieu le soir, à l'École commerciale de l'avenue Trudaine, de 7 heures et demie à 9 heures et demie.

Les élèves sont reçues à treize ans. Elles doivent être munies du certificat d'études primaires ou d'un certificat équivalent.

Les études durent trois années. L'enseignement est divisé en cours élémentaire, cours moyen et cours supérieur.

Le programme d'enseignement est ainsi composé : calligraphie, arithmétique commerciale, tenue des livres, législation commerciale, économie politique, anglais et allemand avec application spéciale au commerce.

Des cours de couture et de confection sont ajoutés à cet enseignement.

Le cours élémentaire et le cours moyen préparent à la pratique du commerce. Le cours supérieur est surtout destiné à former le personnel enseignant des cours commerciaux de la ville de Paris.

Les élèves ayant suivi ces cours sont généralement placées par la Direction et peuvent gagner de 1,000 à 1,800 francs par an.

Celles qui possèdent le certificat de l'École de l'avenue Trudaine peuvent arriver à des traitements variant de 1,200 à 3,000 francs.

ÉCOLE DE COMMERCE DE JEUNES FILLES DE LYON

La ville de Lyon a eu l'honneur de fonder la première l'enseignement commercial des femmes. En 1856, la Chambre de Commerce de cette ville établit des cours de comptabilité et de droit commercial, à côté des cours d'écriture et de grammaire. En 1872, ces cours furent transformés en École de Commerce ; la physique, l'étude des matières premières, de l'économie politique et des langues vivantes, furent ajoutées à l'enseignement déjà existant.

En 1880, une section de télégraphie fut en outre créée dans cette école. Les professeurs de cette section appartiennent à l'administration des Postes et Télégraphes, et les leçons théoriques sont accompagnées de manipulations avec les appareils employés sur les lignes françaises.

Tous les cours de l'École sont gratuits.

Les élèves sont admises à l'âge de quinze ans. La durée des études est de trois années. Durant les deux dernières années, les élèves exécutent des opérations commerciales simulées en langues étrangères.

Des cours spéciaux sont faits, le jeudi, aux jeunes filles qui se destinent au professorat.

Nombre de maisons de commerce importantes, de banques et de grandes administrations, accueillent avec empressement dans leurs bureaux les jeunes filles diplômées de l'École de Commerce de Lyon.

L'Administration des Postes et Télégraphes admet aussi de préférence dans son personnel féminin les élèves de la section télégraphique de cette école.

AGRICULTURE

L'agriculture n'offre pas, à proprement parler, de carrière aux femmes; un certain nombre occupent cependant une place importante dans les exploitations agricoles, mais elles y ont été appelées par les circonstances. Élevées au sein d'une famille d'agriculteurs, elles se sont initiées de bonne heure aux travaux qui occupaient leurs parents; arrivées à un certain âge, elles ont pu remplacer leur père ou leur mère dans la direction de la maison, et elles se sont ainsi préparées graduellement à devenir des fermières habiles, expérimentées et capables, de précieux auxiliaires pour leurs maris.

Il est évident que pour arriver à un tel résultat, il faut d'abord que la femme aime la vie du village, les travaux des champs, les soins de la ferme. Ce qu'elle peut apprendre, elle l'apprendra en travaillant, par l'expérience, mais non dans les écoles ou dans les livres.

Il est, d'autre part, incontestable que l'intelligence, le zèle et les soins d'une femme sont indispensables dans les exploitations agricoles. Si travailleur, si bien doué qu'il soit, l'homme ne saurait suffire seul à la surveillance des travaux multiples d'une ferme. Sa place est surtout aux champs, dans les marchés; celle de la femme est à la maison où les soins du bétail, la surveillance du matériel, les produits de la vacherie réclament des soins incessants, une surveillance continue,

Si la fermière est instruite, son instruction doublera souvent l'importance de ses services. Elle pourra tenir sa comptabilité d'une façon nette et complète, se rendre compte à tout moment des ressources de la maison ; elle aura voix au conseil pour les améliorations plus ou moins scientifiques de la culture.

Bien que tout le personnel de la ferme doive respecter son autorité — ce qu'il est aisé d'obtenir lorsqu'on a prouvé sa valeur — la fermière aura plus particulièrement la direction des ouvrières, souvent plus nombreuses dans les exploitations agricoles que les ouvriers.

Sur dix-huit millions de personnes employées en France à l'agriculture, on compte, en effet, environ onze millions de femmes, de vieillards et d'enfants. Voilà le personnel que les fermières sont plus particulièrement appelées à diriger. En général, rendons-leur cette justice, elles sont non seulement les directrices, mais encore les protectrices, les mères, pour ainsi dire, de ces êtres qui les entourent et qui contribuent à la prospérité de leur domaine.

Que les jeunes filles appelées par leur situation à collaborer à la direction des travaux agricoles ne rougissent donc pas de leur rôle ; qu'elles en soient fières, au contraire, il n'en est guère de plus honorable dans la société ; il est un titre que les dames qui trônent dans les salons ne sauraient leur disputer : celui de femmes utiles.

Et leurs travaux, quoique rustiques, ne les rendent pas moins gracieuses, moins séduisantes, moins femmes en un mot. Leur bonté, leur charité, qui sont presque générales, inspirent pour elles une sympathie irrésistible. C'est ce que faisait si bien sentir le président d'une de nos sociétés agricoles[1], lors des derniers concours organisés par cette société, et dans lesquels les organisateurs avaient tenu à placer les directrices des fermes parmi leurs lauréats.

Après avoir résumé les services que rendaient ces modestes collaboratrices à la cause de l'agriculture, il rappelait avec beaucoup d'à-propos les jolis vers qu'Hégésippe Moreau consacrait jadis à la fermière :

> Amour à la fermière, elle est
>   Si gentille et si douce !
> C'est l'oiseau des bois qui se plaît
>   Loin du bruit, dans la mousse.
> Vieux vagabond qui tends la main,
>   Enfant pauvre et sans mère,
> Puissiez-vous trouver en chemin
>   La ferme et la fermière !

Nous n'avons voulu nous occuper ici que des femmes chargées de collaborer à la direction des exploitations agricoles; nous consacrons plus loin un article spécial aux ouvrières des fermes et des champs.

[1] M. Paul Foucart, président de la Société d'Agriculture, Sciences et Arts de Valenciennes.

ENSEIGNEMENT

L'Enseignement est certainement, pour la femme comme pour l'homme, la carrière la plus honorable que l'on puisse embrasser. Répandre l'instruction, former des intelligences, quel plus beau rôle en effet ! Mais cette profession devient de plus en plus difficile à aborder. L'instruction s'est répandue depuis vingt ans chez les femmes d'une façon..., certains disent « inquiétante », nous dirons, nous, presque merveilleuse. Le mal n'est certes pas dans la science acquise; il serait, tout au plus, dans les ambitions — souvent modestes, pourtant — qu'elle peut susciter. Les ennemis de l'instruction des femmes ont aujourd'hui beau jeu. Ils vous prouveront, chiffres en main, qu'il y a dix fois plus d'institutrices qu'il n'en faut, et que toute personne brevetée est fatalement condamnée à mourir de faim auprès de ses diplômes.

Nous ne disconvenons pas que trop de jeunes filles recherchent aujourd'hui l'emploi d'institutrice, mais nous sommes loin de déplorer que le niveau de l'instruction soit élevé chez la femme. Nous sommes, au contraire, persuadé qu'elle fera bon usage des connaissances acquises, et que, de même que tous les jeunes gens pourvus du baccalauréat ne se font pas professeurs, bientôt les jeunes personnes instruites utiliseront leur savoir dans d'autres carrières. Quant à celles qui restent dans leur famille, quels services ne leur rendra pas aussi l'instruction qu'elles auront acquise ! Lesquelles d'entre elles n'ont ni jeune frère, ni jeune sœur, dont elles puissent surveiller les études ? Combien, plus tard, seront heureuses de pouvoir servir de répétitrices à leurs enfants !

Nous voudrions donc, pour notre part, non pas qu'on décourageât les jeunes filles de s'instruire, mais qu'on fît comprendre à celles qui doivent embrasser une profession, qu'à côté des emplois de l'Enseignement, aujourd'hui fort disputés, elles pourront trouver dans certaines administrations, dans le commerce ou même dans l'industrie, des situations honorables et lucratives.

Pour être assurée d'obtenir un emploi d'institutrice primaire, il faut aujourd'hui passer par les écoles normales, ce que ne peuvent faire toutes les élèves, même les meilleures.

L'enseignement secondaire offre en ce moment quelques places enviées, mais il exige des études qui ne peuvent être pratiquées que par celles qui se trouvent à portée des collèges et des lycées de jeunes filles ; les études y sont difficiles et coûteuses, les emplois, d'ailleurs en nombre assez restreint, ne sauraient être conquis que par des élèves fort bien douées et sérieusement appuyées.

Nous n'en dirons pas davantage ici ; les articles qui suivent feront comprendre les difficultés que peuvent avoir à surmonter les jeunes filles qui se destinent à l'enseignement, et les moyens qu'elles peuvent employer pour les vaincre.

ENSEIGNEMENT PRIMAIRE

L'article 11 de la loi du 30 octobre 1886 impose aux communes l'obligation, si elles ont moins de 500 âmes, d'entretenir une école primaire mixte, et si elles comptent un nombre supérieur d'habitants, d'avoir une école primaire élémentaire pour les garçons et une pour les filles.

Les écoles mixtes ne peuvent être ouvertes que sur une décision spéciale du conseil départemental, toujours révocable. En principe, elles doivent être dirigées par une institutrice, à moins d'une autorisation spéciale du Conseil départemental en faveur d'un instituteur.

Institutrices stagiaires. — Pour être admise à enseigner dans une école de filles en qualité d'*institutrice stagiaire*, il faut être âgée d'au moins dix-sept ans et être pourvue du brevet de capacité. Les institutrices stagiaires enseignent en vertu d'une délégation de l'inspecteur d'Académie, et cette délégation peut être retirée par lui sur l'avis motivé de l'inspecteur primaire. C'est aussi l'inspecteur d'Académie qui prononce le changement de résidence.

Institutrices titulaires. — Pour être nommée institutrice titulaire, la stagiaire doit avoir fait un stage d'au moins deux ans dans une école publique ou privée, et être pourvue du certificat d'aptitude pédagogique. Elle doit, en outre, avoir été portée sur la liste d'admissibilité aux fonctions d'institutrice que dresse le Conseil départemental.

Les titulaires sont nommées par le préfet, sur la proposition de l'inspecteur d'Académie. Elles ne peuvent être déplacées ou révoquées, que sur la proposition de l'inspecteur d'Académie. Pour la révocation, le Conseil départemental doit, en outre, avoir donné son avis motivé.

Les institutrices titulaires chargées de la direction d'une école comprenant deux classes au moins, prennent le titre de directrices d'école primaire élémentaire.

ÉCOLES SUPÉRIEURES

Institutrices adjointes. — Pour pouvoir être nommée institutrice adjointe dans une école supérieure, l'aspirante doit être âgée d'au moins vingt-un ans, être pourvue du brevet supérieur et du certificat d'aptitude pédagogique. Elle est déléguée dans ces fonctions par le préfet, à titre temporaire, sur la proposition de l'inspecteur d'Académie. Les mêmes conditions d'âge et de titres sont requises des institutrices adjointes chargées des cours complémentaires.

Les maîtresses-adjointes des écoles primaires supérieures, pourvues du certificat d'aptitude au professorat des écoles normales, prennent le titre de *professeurs*. Elles sont alors nommées par le ministre de l'Instruction publique, qui seul a le droit de les déplacer et de les révoquer.

Quand aux directrices d'écoles primaires supérieures, elles doivent toujours être pourvues du certificat d'aptitude au professorat des Écoles normales.

ÉCOLES NORMALES

Pour être nommée maîtresse-adjointe dans une école normale primaire, l'aspirante doit être pourvue du brevet supérieur et du certificat d'aptitude pédagogique.

Les institutrices munies du certificat d'aptitude au professorat dans les écoles normales prennent le titre de *professeurs*.

Les *directrices d'écoles annexes aux Écoles normales*, ou *Écoles d'application*, sont nommées par le ministre de l'Instruction publique. Ces fonctions ne sont ordinairement confiées qu'aux dames munies du titre de professeur d'école normale et qui ont enseigné pendant trois ans au moins, soit dans une école normale, soit dans une école primaire publique élémentaire ou supérieure. Toutefois, des institutrices titulaires munies du brevet supérieur et comptant au moins dix années d'exercice, peuvent être déléguées par le ministre dans les fonctions de directrice d'école annexe. Des institutrices titulaires, munies du brevet supérieur, peuvent également être déléguées dans les fonctions d'institutrices adjointes à l'école annexe.

On sait qu'outre l'école annexe, les écoles normales d'institutrices sont pourvues d'une école maternelle d'application. La directrice de cette école doit être âgée de vingt-cinq ans au moins, être pourvue du brevet supérieur et du certificat d'aptitude pédagogique. Elle doit, de plus, avoir exercé pendant deux ans au moins dans les écoles maternelles, publiques ou privées.

Lorsque l'effectif de l'école normale ne dépasse pas soixante élèves, ou lorsque l'école n'a que des élèves externes, les fonctions d'économe sont confiées à une des maîtresses de l'école. Mais si l'effectif compte plus de soixante élèves, l'économe n'est chargée, outre ces fonctions, que de l'enseignement de la tenue des livres et de l'économie domestique.

Les économes doivent verser un cautionnement fixé à 5 p. 100 de l'ensemble des recettes de l'année qui a précédé leur installation. Ce cautionnement ne peut être inférieur à 1,000 francs.

Les postulantes aux fonctions d'économe doivent être âgées de vingt-un ans au moins, avoir accompli une année de stage auprès d'un autre économat, et être pourvues du brevet supérieur et du certificat d'aptitude pédagogique. Elles subissent en outre, à la fin de leur stage, un examen spécial.

Les directrices d'écoles normales primaires doivent être âgées de trente ans au moins et être pourvues du certificat d'aptitude à l'inspection des écoles primaires et à la direction des écoles normales. Elles doivent, en outre, avoir rempli pendant deux ans au moins les fonctions de directrice d'école annexe ou, à défaut, de directrice d'école primaire supérieure publique.

TRAITEMENTS DES INSTITUTRICES ET DES PROFESSEURS-DAMES DE L'ENSEIGNEMENT PRIMAIRE.

Les institutrices stagiaires ont un traitement fixe de 800 fr. Elles reçoivent en plus une indemnité de résidence variant de 25 à 200 fr., selon l'importance des localités.

Cette indemnité est de 500fr. dans la ville de Paris.

Quant aux institutrices titulaires, elles sont, comme les instituteurs, répartis en cinq classes avec des traitements variant de 1,000 à 1,600 fr. Leur indemnité de résidence varie de 50 à 400 fr., selon le chiffre de la population agglomérée de la localité. Cette indemnité est de 1,000 fr. à Paris.

Les institutrices stagiaires et titulaires ont en outre droit au logement ou à une indemnité représentative.

Les titulaires chargées de la direction d'une école qui compte plus de deux classes, reçoivent le même traitement que les institutrices titulaires, et une indemnité de résidence double. Elles ont, en outre, droit à un supplément de traitement de 200 fr. si l'école ne compte pas plus de quatre classes, et de 400 fr. si elle en comporte davantage.

Les maîtresses chargées d'un cours complémentaire reçoivent, outre le traitement et l'indemnité de résidence des directrices d'écoles, un supplément de traitement de 200 fr.

Le traitement des institutrices adjointes des écoles primaires supérieures varie pour les cinq classes entre 1,100 et 2,100 francs. Elles reçoivent, en outre, une indemnité de résidence égale à celle des directrices d'écoles élémentaires, et ont droit au logement ou à une indemnité représentative.

Les institutrices adjointes des écoles primaires supérieures pourvues du certificat d'aptitude au professorat des écoles normales reçoivent, outre le traitement que nous venons d'indiquer, une indemnité spéciale de 500 francs.

Les directrices d'écoles primaires supérieures sont réparties en cinq classes, avec des traitements variant de 1,300 à 2,800 francs. Elles reçoivent de de plus la même indemnité de résidence que les directrices d'écoles élémentaires et ont également droit au logement ou à l'indemnité représentative. Le certificat d'aptitude dans les écoles normales leur vaut aussi une indemnité de 500 francs.

Les maîtresses adjointes des écoles normales non pourvues du certificat d'aptitude au professorat reçoivent un traitement de 1,800 fr., sans autre allocation.

Les professeurs-dames des écoles normales sont réparties en cinq classes, avec des traitements variant de 2,200 à 3,000 fr.

Les directrices des écoles annexes et les institutrices adjointes de ces écoles reçoivent, outre le logement ou l'indemnité représentative, une allocation de 300 fr et une indemnité, non soumise à retenue, égale à l'indemnité de résidence des directrices du chef-lieu de département.

Les directrices d'écoles maternelles annexes sont réparties en cinq classes, avec des traitements variant de 1,800 à 2,600 francs. Elles ont en outre droit au logement et à l'indemnité représentative.

Les institutrices remplissant les fonctions d'économe dans les écoles normales dont l'effectif ne dépasse pas 60 élèves, ou dans celles qui n'ont que des élèves externes, reçoivent, outre leur traitement, une allocation spéciale de 500 francs.

Dans les autres écoles normales, les économes spéciales sont réparties en cinq classes, avec des traitements variant de 1,800 à 2,000 francs. Elles ont, en outre, droit au logement.

Les directrices d'écoles normales forment aussi cinq classes, et leur traitement varie de 3,000 à 5,000 fr.

Dans les Ecoles normales de la Seine les traitements sont ainsi établis : directrice, 6,000 à 9,000 fr., économe, 3,500 à 5,500 fr., professeurs, 4,000 à 6,000 fr., maîtresses internes, 2,400 à 3,600 fr.

INSPECTRICES PRIMAIRES

Les inspectrices primaires sont nommées par le ministre de l'Instruction publique et ne peuvent être déplacées ou révoquées que par lui.

Elles doivent être pourvues du certificat d'aptitude à l'Inspection.

Elles sont réparties en cinq classes, avec des traitements correspondants de 3,000 à 5,000 francs. Dans le département de la Seine, les traitements s'élèvent de 6,000 à 8,000 francs.

Les inspectrices reçoivent, en outre, une indemnité départementale de 200 francs au moins, et des frais de tournée à raison de 10 francs par journée d'absence.

INSPECTRICES DÉPARTEMENTALES ET INSPECTRICES GÉNÉRALES DES ÉCOLES MATERNELLES

Les aspirantes à ces fonctions doivent être âgées d'au moins trente ans, et compter trois ans de service dans l'enseignement public ou privé. Elles doivent, en outre, être pourvues du certificat d'aptitude à l'Inspection des écoles maternelles. Elles sont nommées par le ministre.

Pour pouvoir être nommée inspectrice générale, la postulante doit être âgée d'au moins trente-cinq ans, compter cinq ans de service dans l'enseignement public ou privé, et être pourvue du certificat d'aptitude à l'Inspection des écoles maternelles.

DÉLÉGUÉES GÉNÉRALES POUR LA SURVEILLANCE DES SALLES D'ASILE

Huit déléguées générales sont nommées par le ministre de l'Instruction publique pour inspecter les salles d'asile.

Elles font des rapports détaillés sur le résultat de leurs tournées, et proposent les ouvrages destinés à l'enseignement dans ces établissements.

Les conditions à remplir par les dames qui désirent postuler pour ces emplois sont : le brevet supérieur et le certificat d'aptitude à la Direction des salles d'asile. Elles doivent en outre avoir passé cinq années de service effectif dans l'enseignement.

Les traitements des déléguées générales sont : 1re classe 5,000 fr., 2e classe 4,000 à 4,500 fr., 3e classe 3,000 à 3,500 fr.

DIRECTRICES ET SOUS-DIRECTRICES D'ÉCOLES MATERNELLES

Les directrices et sous-directrices d'écoles maternelles publiques sont assimilées aux institutrices primaires publiques.

Nulle ne peut être nommée directrice d'école maternelle si elle n'est, outre le brevet élémentaire, pourvue du certificat d'aptitude pédagogique.

Nulle ne peut être nommée sous-directrice d'école maternelle si elle n'est pourvue du brevet élémentaire.

Nulle ne peut diriger une école maternelle annexée à une école normale si elle n'a vingt-cinq ans, et si elle n'a exercé pendant deux ans dans les écoles normales publiques ou privées.

Avancement et retraites des fonctionnaires de l'enseignement primaire.

L'avancement pour les institutrices stagiaires et titulaires des écoles primaires et primaires supérieures, a lieu par classe et dans chaque département.

Il a lieu sur l'ensemble des fonctionnaires et au choix pour tous les emplois supérieurs.

Tous les fonctionnaires de l'enseignement primaire ont droit à une retraite à cinquante-cinq ans d'âge et après vingt-cinq ans de service. Leurs traitements sont, à cet effet, soumis à une retenue de 5 p. 100. Ils versent en outre à la caisse des pensions civiles le premier douzième de leur traitement lors de leur nomination, et le premier douzième d'augmentation chaque fois qu'ils passent dans une classe supérieure.

La pension de retraite est basée sur la moyenne des traitements et émoluments de toute nature soumis à la retenue dont le fonctionnaire a joui pendant les six années qui ont produit le chiffre le plus élevé.

Les fonctionnaires que des infirmités mettent dans l'impossibilité de continuer leurs fonctions peuvent obtenir une pension proportionnelle s'ils comptent quarante-cinq ans d'âge et quinze ans de service.

ÉCOLES NORMALES PRIMAIRES

Le décret du 18 janvier 1887 renferme la constitution de nos écoles normales, qui sont destinées à former des instituteurs et des institutrices pour les écoles publiques maternelles, primaires, élémentaires et supérieures. Le régime de ces écoles est l'internat, mais le ministre peut les autoriser à accepter des demi-pensionnaires et des externes.

La directrice est nommée par le ministre; elle doit être âgée de trente ans au moins et pourvue du certificat d'aptitude à l'inspection des écoles primaires et à la direction des écoles normales. Une économe est attachée à chaque école normale et chargée de l'enseignement de la tenue des livres, lorsqu'il y a moins de cent élèves. En principe, l'enseignement doit être donné par des maîtresses pourvues du diplôme, mais le ministre peut déléguer des institutrices à titre provisoire, en qualité de maîtresses adjointes. Des maîtresses spéciales nommées ou déléguées par le ministre, suivant qu'elles sont ou non pourvues du titre de capacité correspondant à leurs fonctions, peuvent être chargées, à défaut de professeurs possédant des titres réguliers, de l'enseignement des langues vivantes, du dessin, du chant, de la musique et des travaux manuels.

Tous les ans, le ministre fixe le nombre d'élèves à admettre en première année dans chacune des écoles normales. Toute candidate doit :

1° Avoir seize ans au moins et dix-huit ans au plus au 1er octobre de l'année dans laquelle elle se présente ;

2° Être pourvue du brevet élémentaire ;

3° S'être engagée à servir pendant dix ans dans l'enseignement public ;

4° N'être atteinte d'aucune infirmité ou maladie la rendant impropre au service de l'enseignement.

Le recteur peut autoriser à se présenter au concours, des aspirantes âgées de plus de dix-huit ans.

Un mois au moins avant l'examen, l'inspecteur d'Académie communique au recteur les résultats d'une enquête faite par ses soins sur les antécédents et la conduite des candidates. Au vu du dossier, et d'après les résultats de l'enquête, le recteur arrête la liste des candidates admises à concourir. Les aspirantes sont examinées par une commission nommée par le recteur. L'inspecteur d'Académie en est le président. Le directeur, les professeurs ou maîtres de l'école normale et un inspecteur primaire en font nécessairement partie.

Les candidates admises sont classées par ordre de mérite, sur une liste qui est transmise au recteur avec les procès-verbaux de l'examen.

Le recteur prononce l'admission des élèves-maîtresses, d'après l'ordre de mérite. A la liste primitive est jointe, s'il y a lieu, une liste supplémentaire, également dressée par ordre de mérite, et suivant laquelle le recteur prononce, en cas de vacances, les admissions ultérieures. Toutes les élèves-maîtresses, sans exception, sont tenues de se présenter aux examens du brevet supérieur à la fin du cours d'études.

L'enseignement dans les écoles normales primaires d'institutrices comprend :

1° L'instruction morale et civique;

2° La lecture;

3° L'écriture;

4° La langue et les éléments de la littérature françaises;

5° L'histoire, et particulièrement l'histoire de France, jusqu'à nos jours;

6° La géographie, et particulièrement celle de la France ;

7° Le calcul, le système métrique, l'arithmétique élémentaire avec applications aux opérations pratiques ; des notions de calcul algébrique ; des notions de tenue des livres ;

8° La géométrie élémentaire ;

9° Les éléments des sciences physiques et des sciences naturelles avec leurs principales applications ;

10° L'économie domestique ;

11° Le dessin ;

12° Le chant et la musique ;

13° La gymnastique ;

14° Les travaux à l'aiguille ;

15° La pédagogie ;

16° L'étude d'une langue étrangère.

Dans le cas de maladie prolongée, une élève-maîtresse peut, sur la proposition du directeur et du conseil d'administration, et après avis de l'inspecteur d'Académie, être autorisée par le recteur à redoubler une année. Le recteur doit informer le ministre des autorisations qu'il a accordées.

Toute élève-maîtresse qui quitte volontairement l'École ou qui en est exclue, ou toute ancienne élève-maîtresse qui rompt l'engagement rappelé ci-dessus, est tenue de restituer le prix de la pension dont elle a joui. La somme à restituer comprend exclusivement :

1° Les frais de nourriture ;

2° Les frais de blanchissage ;

3° Le prix des fournitures classiques.

Toutefois, le ministre peut accorder des sursis pour le payement des sommes dues, ainsi qu'une remise partielle ou totale de ces mêmes sommes.

Toute élève-maîtresse sortie de l'École après les trois années d'études reçoit, quand elle est appelée pour la première fois aux fonctions d'institutrice publique, titulaire ou stagiaire, une indemnité de 100 francs.

Les élèves-maîtresses qui sortent de l'École normale ont droit, selon leur âge et les titres dont elles sont pourvues, aux premiers emplois d'institutrice publique, titulaire ou stagiaire, qui se trouvent vacants dans le département.

L'engagement de servir pendant dix ans dans l'enseignement public peut être accompli dans tout département, toute possession française ou tout pays soumis au protectorat de la France. Toute élève-maîtresse qui quitte le département où se trouve l'École normale dans laquelle elle a fait ses études doit être pourvue d'un *exeat* délivré par l'inspecteur d'Académie.

La France possède 77 écoles normales d'institutrices, avec un personnel enseignant de 610 directrices et maîtresses; 260 professeurs spéciaux et supplémentaires et 3,490 élèves-maîtresses. Douze départements n'ont pas encore d'école normale d'institutrices : Alpes-Maritimes, Aveyron, Creuse, Eure, Indre, Lot, Mayenne, Savoie, Tarn, Var, Vienne et Constantine.

A chaque école normale primaire d'instituteurs ou d'institutrices est annexée une école primaire où les élèves-maîtres et maîtresses font l'application des méthodes pédagogiques qu'on leur enseigne. Près des écoles normales d'institutrices, il y a des écoles maternelles, et même dans quelques-unes des classes enfantines annexes.

ÉCOLE NORMALE PRIMAIRE SUPÉRIEURE

L'École normale supérieure d'institutrices a été créée par décret du 18 juillet 1880, en vue de préparer à l'enseignement et à la direction des écoles normales de filles. La loi du 9 août 1879 ayant imposé à tous les départements l'obligation d'être pourvus, dans un délai de quatre ans, d'une école normale d'institutrices, il était nécessaire de former un personnel de professeurs et de directrices possédant les connaissances spéciales exigées par le décret du 5 juin 1880.

L'École normale d'institutrices fut établie d'abord à Izeure (Allier). Elle eut à peine le temps de s'y installer ; le 15 octobre 1880, un décret la transféra à Fontenay-aux-Roses (Seine). C'est là qu'elle fonctionne depuis le 1er novembre 1880.

L'École normale supérieure d'institutrices prépare :

1° Au professorat des écoles normales,

2° A la direction de ces établissements.

Une École normale primaire d'application est annexée à cette école.

Les deux écoles sont gratuites. Elles recrutent leurs élèves au concours. Elles peuvent recevoir des internes et des externes dont le nombre est fixé chaque année par le ministre.

Il est accordé à chaque élève externe une bourse, dont le montant est fixé par arrêté ministériel.

Toute élève qui quitte volontairement l'École pour tout autre motif qu'une maladie dûment constatée ou qui ne remplit pas l'engagement de servir pendant dix ans dans l'enseignement public, est tenue de rembourser à l'État le prix de la pension.

Des remises totales ou partielles peuvent être accordées par le ministre de l'Instruction publique, sur l'avis du directeur de l'École, du conseil des professeurs et de la commission administrative.

Les élèves sont réparties en deux sections : la section des sciences et la section des lettres. Le nombre des élèves à admettre dans chaque section est fixé chaque année par décision ministérielle. Il peut être institué des cours communs aux deux sections.

Un concours d'admission à l'école normale primaire supérieure est ouvert chaque année, vers la fin de l'année scolaire, à la date fixée par le ministre.

Pour être admises à concourir, les candidates doivent :

1° Avoir dix-neuf ans au moins et vingt-cinq ans au plus au 1er octobre de l'année où elles se présentent. (Des dispenses d'âge peuvent être accordées par le ministre sur la proposition du recteur);

2° Être pourvues du brevet supérieur, de l'un des baccalauréats ou du diplôme de fin d'études de l'enseignement secondaire des jeunes filles;

3° Avoir contracté ou contracter, si elles ne l'ont encore fait, l'engagement de servir pendant dix ans dans l'enseignement public.

Les candidates sont tenues de se faire inscrire, à Paris, à la Sorbonne, et dans les départements au bureau de l'inspecteur d'Académie, un mois au moins avant la date d'ouverture du concours, et de faire connaître sur quelle langue vivante elles désirent être examinées.

Avec leur demande d'inscription, elles déposent :

1° Un extrait de leur acte de naissance ;

2° Leur brevet ou leur diplôme ;

3° Une notice faisant connaître l'école ou les écoles auxquelles elles ont appartenu, et, s'il y a lieu, les fonctions qu'elles y ont remplies ;

4° Un certificat de médecin constatant qu'elles sont aptes à remplir les fonctions de l'enseignement, et un certificat de récente revaccination ;

5° Un engagement de servir pendant dix ans dans l'enseignement public, à dater de leur admission à l'École normale supérieure, ou de rembourser à l'État le prix de la pension dont elles ont joui.

La liste des aspirantes admises à prendre part au concours est arrêtée par le ministre. Aucune candidate n'est admise à se présenter plus de trois fois.

L'examen d'admission comprend :

1° Des épreuves écrites (éliminatoires) ;

2° Des épreuves orales ;

3° Une épreuve pratique.

Les épreuves écrites, qui se font au chef-lieu du département où l'inscription a été reçue, ont lieu sous la surveillance de l'inspecteur d'Académie, ou, à son défaut, d'un délégué agréé par le recteur.

Elles comprennent :

Section des lettres : 1° Une composition sur un sujet de littérature ou de grammaire ;

2° Une composition sur un sujet de pédagogie ou de morale ;

3° Une composition sur un sujet d'histoire et sur un sujet de géographie ;

4° Une composition de langues vivantes (version et thème allemands ou anglais).

Section des sciences : 1° Une composition sur un sujet de mathématiques ;

2° Une composition sur un sujet de physique ou de chimie et un sujet d'histoire naturelle ;

3° Une composition de dessin géométrique et d'ornement ;

4° Une composition de langues vivantes (version et thème allemands ou anglais);

5° Une composition sur un sujet de pédagogie ou de morale.

Les compositions de pédagogie ou de morale et de langues vivantes peuvent être communes aux deux sections.

Trois heures sont accordées pour la composition de langues vivantes. L'usage du dictionnaire est autorisé. Quatre heures sont accordées pour chacune des autres compositions.

Les sujets de composition sont choisis par le ministre, sur la proposition de la commission, et adressés aux inspecteurs d'Académie sous un pli cacheté qui est ouvert en présence des candidats.

A la fin de chaque journée de l'examen écrit, les compositions sont adressées au ministre par l'inspecteur d'Académie, qui y joint le procès-verbal de la séance.

Les compositions écrites sont corrigées à Paris par une commission nommée chaque année par le ministre.

Les aspirantes reconnues admissibles sont appelées à Paris pour y subir les épreuves orales et l'épreuve pratique.

Les épreuves orales comprennent :

Section des lettres : 1° Un exposé sur une question de grammaire, ou de littérature, ou d'histoire, ou de géographie ;

2° Lecture expliquée d'un passage pris dans les auteurs du brevet supérieur ;

3° Explication d'un texte anglais ou allemand.

Section des sciences : 1° Un exposé sur une question de mathématiques ;

2° Un exposé sur une question de physique ou de chimie ou d'histoire naturelle ;

3° Explication d'un texte anglais ou allemand.

Chacune des épreuves orales peut être suivie d'interrogations.

Une demi-heure est accordée aux aspirantes de chaque section pour la préparation de chacune des deux premières épreuves.

L'épreuve pratique consiste en une épreuve de travail à l'aiguille pour les deux sections.

La durée des études est de trois années. Les élèves sont tenues de se présenter à la fin du cours d'études, à l'examen en vue duquel elles ont suivi les cours de l'École.

Il peut être admis à l'École normale supérieure d'institutrices des élèves déjà pourvues de l'un des deux certificats d'aptitude aux fonctions de professeur, qui voudraient se préparer à l'examen du certificat d'aptitude aux fonctions de directrice.

Les aspirantes de cette catégorie ne sont pas astreintes à l'examen d'entrée. Le ministre, après avis du recteur, décide de leur admission.

Les aspirantes aux fonctions de directrice suivent un cours spécial de législation et d'administration scolaires.

Des examens de passage ont lieu à la fin de chacune des deux années d'études. Toute élève qui n'a pas satisfait à ces examens doit quitter l'École. Son renvoi est prononcé par décision ministérielle sur le vu de ses notes et le rapport du conseil des professeurs.

Personnel de l'École normale supérieure.

Le personnel de cette École comprend :

Une directrice au traitement de 9,000 francs ;

Une économe, au traitement de 3,000 à 4,000 fr.;

Des maîtresses répétitrices, au traitement de 2,700 à 3,600 fr.

Les professeurs et maîtres de conférences sont payés par leçon et par conférence.

La directrice a droit au logement ; l'économe et les répétitrices ont droit au logement et aux prestations en nature.

ÉCOLE PAPE-CARPANTIER

L'École Pape-Carpantier est destinée à former des directrices pour les écoles primaires et maternelles annexées aux écoles normales d'institutrices.

Cette école est installée à Versailles et placée sous l'autorité du vice-recteur de l'Académie de Paris.

Elle comprend : 1° des cours spéciaux ; 2° des exercices communs avec l'École normale d'institutrices de Versailles et avec l'école annexe. Les élèves suivent aussi l'un des cours de l'École supérieure de Fontenay-aux-Roses.

Les élèves-maîtresses de l'École Pape-Carpantier peuvent recevoir, après examen, un certificat de sortie attestant les aptitudes dont elles ont fait preuve pour les écoles annexes.

MAISONS D'ÉDUCATION DE LA LÉGION D'HONNEUR

La création des maisons d'éducation de la Légion d'honneur est due à Napoléon Ier. Se souvenant sans doute que Louis XIV avait fondé à Saint-Cyr une école destinée aux jeunes filles de la noblesse sans fortune, Napoléon publia, en 1808, un décret établissant à Écouen une maison où devaient être élevées aux frais de l'État les filles ou sœurs des officiers, sous-officiers ou soldats membres de la Légion d'honneur.

La direction de cet établissement fut confiée à Mme Campan, ancienne lectrice de Marie-Antoinette, une des femmes les plus instruites de l'époque, et celle qui peut-être jugeait le mieux quel genre d'éducation pouvait convenir aux filles de soldats brillants, mais dépourvus de fortune.

Mme Campan s'était engagée à former des femmes simples et utiles, des mères de familles, et son programme paraissait être le meilleur pour arriver à ce résultat. D'après le règlement de la maison d'Écouen, chaque grande élève devait prendre soin d'une élève plus jeune, et, en quelque sorte, lui tenir lieu de mère. Toute élève était tenue de confectionner elle-même ses robes et ses tabliers et de marquer son trousseau. Toutes devaient balayer et nettoyer les classes et les dortoirs. Les conseils de l'excellente directrice étaient, en outre, bien propres à former l'esprit et le cœur des jeunes filles qui lui étaient confiées.

« On trouve, dit-elle dans un de ses ouvrages, de vieilles personnes minutieuses, fatigantes, qui ont joui dans leur jeunesse de la réputation de femmes aimables, sans avoir eu d'autres avantages que ceux d'une jolie figure et quelque gentillesse dans les manières. La femme pourvue d'une solide instruction perd sa fraîcheur et le charme de ses traits ; mais elle prend, à chaque époque de sa vie, le maintien qui lui convient : une année de plus, une prétention de moins, et elle conserve jusqu'à la vieillesse les grâces de son âge et l'estime de tous. Elle a été jusqu'à dix-huit ans jeune fille modeste ; tendre épouse et mère sensible jusqu'à trente ; institutrice de sa fille jusqu'à quarante ; conseil et amie de sa famille le reste de sa vie. »

Malheureusement, l'orgueil ne tarda pas à se faire jour parmi les officiers de Napoléon. La plupart oublièrent leur origine modeste ; les généraux, les officiers supérieurs ne purent accepter que leurs filles fussent élevées sur les mêmes bancs et de la même façon que les filles des simples soldats ou même des capitaines.

Sur leurs réclamations, Saint-Denis fut créé, en 1810, pour leurs familles, et l'organisation perdit de sa simplicité.

En 1818 on ouvrit une troisième maison de la Légion d'honneur, celle des Loges, dans la forêt de Saint-Germain. Ces trois maisons ne suffirent même pas à abriter toutes les orphelines que firent les guerres du Premier Empire, et l'on dut souvent en placer dans d'autres établissements.

Les maisons d'Écouen et des Loges furent supprimées sous la Restauration et rétablies par le Second Empire. Elles sont aujourd'hui ouvertes toutes les trois.

Contrairement à ce qui a lieu pour les autres établissements d'instruction publique, les maisons de Saint-Denis, d'Écouen et des Loges ne relèvent pas de l'Université. Elles sont placées sous la surveillance du grand chancelier de la Légion d'honneur.

La maison de Saint-Denis, qui est considéré comme la maison-mère, est dirigée par une surintendante, les maisons d'Écouen et des Loges sont dirigées par deux intendantes.

Ces trois établissements font gratuitement l'éducation de 800 filles de légionnaires sans fortune. (On en reçoit 400 à Saint-Denis, 200 à Écouen, et

200 aux Loges.) On y reçoit, en outre, 115 élèves payantes : 75 à Saint-Denis et 40 dans les établissements d'Écouen et des Loges [1].

Ne sont admises comme élèves-pensionnaires payantes que les filles, petites-filles ou nièces des membres de la Légion d'honneur.

La maison de Saint-Denis reçoit les filles des légionnaires ayant le grade de capitaine en activité de service, ou un grade supérieur, ou celles des légionnaires civils ayant une position équivalente.

La maison d'Écouen est affectée aux filles de capitaines en retraite, de lieutenants et sous-lieutenants en activité, et de légionnaires civils ayant une position correspondante.

Quant à la maison des Loges, elle est affectée aux filles des sous-officiers, et à celles des légionnaires civils ayant une position équivalente.

Les élèves admises gratuitement aux maisons d'Écouen et des Loges n'ont pas à payer de trousseau, mais celles qui sont reçues à Saint-Denis doivent verser 300 francs au moment de leur entrée.

Les élèves pensionnaires payantes versent 1,000 francs par an à Saint-Denis, et 700 francs aux maisons d'Écouen et des Loges.

Elles versent, en outre, pour le trousseau : 300 francs à Saint-Denis, et 250 francs à Écouen et aux Loges.

Enseignement. — Les trois maisons préparent au brevet de capacité de l'enseignement primaire ;

---

[1] Une seule enfant peut être admise gratuitement par famille, à moins que les enfants ne soient orphelines de père et de mère.

Saint-Denis possède en outre une classe supplémentaire pour la préparation au brevet supérieur.

On enseigne aux élèves : la musique, le dessin, et toutes les connaissances indispensables dans un ménage.

En outre, depuis quelques années, les maisons d'éducation de la Légion d'honneur préparent leurs élèves à différents métiers artistiques, et même au commerce.

Conditions d'admission. — Pour être admises dans les maisons d'éducation de la Légion d'honneur, les élèves doivent : 1° Être âgées de neuf ans au moins et de onze ans au plus, au moment de la rentrée d'octobre ; 2° savoir lire et écrire, et posséder les premières notions de grammaire, d'histoire et d'arithmétique.

Les élèves sont rendues à leurs familles à l'âge de dix-huit ans, mais les parents peuvent obtenir du grand chancelier l'autorisation de les retirer avant cet âge, lorsque les circonstances l'exigent.

Les demandes d'admission doivent être adressées au grand chancelier de la Légion d'honneur, accompagnées des états de service du père ou du parent légionnaire, d'une copie du brevet de décoration, de l'acte de naissance de l'enfant et d'un certificat médical constatant qu'elle est vaccinée, exempte de vices de conformation, de maladie chronique ou contagieuse.

On doit joindre à ces pièces une notice indiquant le culte professé par l'enfant.

Personnel d'administration et d'enseignement.

Le personnel d'administration et d'enseignement des maisons d'éducation de la Légion d'honneur est ainsi composé :

Une surintendante à Saint-Denis : traitement 10,000 francs ;

2 intendantes à Écouen et aux Loges : 5,000 francs ;

10 directrices des études, sous-directrices, secrétaire générale, surveillante générale, dames-économes, etc. : de 2,500 à 3,500 francs ;

60 institutrices et suppléantes : de 1,500 à 2,000 francs ;

20 maîtresses de lingerie, de musique, de dessin, etc. : de 1,200 à 2,000 francs ;

20 dames stagiaires.

Pendant longtemps, le personnel de la maison de Saint-Denis s'est recruté exclusivement parmi les anciennes élèves de cet établissement. D'un autre côté, le personnel administratif et enseignant des maisons d'Écouen et des Loges était congréganiste.

Les religieuses d'Écouen et des Loges ayant été remplacées par des dames laïques, l'ancien mode de recrutement est devenu insuffisant. On admet donc aujourd'hui dans le personnel d'administration et d'enseignement, des personnes élevées hors des établissements de la Légion d'honneur.

Les conditions requises pour obtenir ces fonctions sont les brevets de capacité élémentaire et supérieur. Pour les professeurs de musique, de dessin, etc., le brevet élémentaire est seul exigé.

Notons que la Grande Chancellerie accueille avec

une faveur particulière les demandes présentées par les veuves, filles ou sœurs de légionnaires ou de médaillés militaires.

Toutes les demandes d'emplois doivent être adressées à M. le Grand Chancelier de la Légion d'honneur. Les aspirantes joignent à leur demande un extrait de leur acte de naissance, leurs titres universitaires, une copie des états de service de leur père, frère ou mari décoré de la Légion d'honneur ou de la médaille militaire.

Il est bon de s'adresser préalablement à Mme la Surintendante, qui peut seule renseigner sérieusement la postulante sur ses chances de succès.

DIPLOMES DE L'ENSEIGNEMENT PRIMAIRE

Certificat d'études primaires supérieures.

A la fin de chaque année scolaire, il est ouvert dans chaque département une session d'examen pour l'obtention du certificat d'études primaires supérieures. Les centres d'examen sont désignés par le ministre.

La date de la session est fixée par le ministre; elle est la même pour tous les départements. Elle est annoncée un mois au moins à l'avance.

Les candidates se font inscrire au bureau de l'Inspection académique en produisant le certificat d'études élémentaires. Aucune limite d'âge minimum ou maximum n'est fixée. L'examen est ouvert à tous; il n'est nullement nécessaire d'avoir appartenu à une école primaire supérieure pour s'y présenter.

Toutes les épreuves portent sur le programme des écoles primaires supérieures.

L'examen se compose d'épreuves écrites, d'épreuves orales et d'épreuves pratiques.

Les commissions d'examen sont nommées, dans chaque département, par le recteur de l'Académie. Elles se composent de cinq membres choisis parmi des inspecteurs primaires, des professeurs de l'enseignement secondaire ou supérieur, des directeurs, professeurs et maîtres adjoints d'école normale en exercice ou en retraite. Pour l'examen des jeunes filles, deux membres au moins sont des dames. Le président est autorisé à adjoindre, s'il y a lieu, à la commission, pour les épreuves professionnelles, un examinateur spécial. En cas de partage, la voix du président est prépondérante.

Les *épreuves écrites* sont éliminatoires : elles comprennent quatre compositions, qui ont lieu en deux jours consécutifs :

1° Composition française (lettre, récit, compte-rendu ou rapport, développement d'une maxime, etc., etc.);

2° Composition d'histoire et de géographie ;

3° Composition de mathématiques et de sciences physiques et naturelles ;

4° Composition de dessin géométrique ou de dessin d'ornement.

Les aspirantes peuvent présenter à la Commission, à titre de renseignement, un cahier de devoirs mensuels, ou, à défaut, un cahier de devoirs courants.

Il est accordé trois heures pour chacune des compositions.

L'admissibilité est prononcée d'après l'ensemble des compositions écrites.

Les *épreuves orales* ne peuvent excéder la durée d'une heure ; elles comprennent nécessairement un examen de langue vivante et un examen sur le programme de l'enseignement technique (agricole ou industriel), tel qu'il est arrêté par le Conseil départemental.

Les *épreuves pratiques* comprennent le travail manuel et le chant.

Dans les écoles où ont été organisés les cours professionnels accessoires, intéressant plus particulièrement l'industrie de la contrée, les aspirantes peuvent demander à être, en outre, examinées sur les matières de ces cours. Le résultat de ces épreuves professionnelles est mentionné au certificat d'études primaires supérieures.

Après la clôture des examens, la commission dresse, par ordre alphabétique, la liste des aspirantes qu'elle juge dignes d'obtenir le certificat d'études primaires supérieures. Le dossier complet de l'examen de chaque aspirante est transmis au Recteur, qui délivre les certificats.

Bourses des écoles primaires supérieures.

L'État a fondé dans les établissements publics d'enseignement primaire supérieur de garçons et de filles des bourses nationales qui sont de trois sortes : 1° bourses d'internat ; 2° bourses d'entretien ; 3° bourses familiales.

Les bourses d'internat sont attribuées à des élèves placés à demeure dans des établissements d'enseignement primaire supérieur pourvus d'un pensionnat; les bourses d'entretien, à des élèves logés dans leur propre famille et fréquentant l'école supérieure ou le cours complémentaire de la localité; les bourses familiales, à des élèves placés en pension dans des familles autres que la leur et agréées par le directeur ou la directrice de l'école ou du cours.

Chaque année, au mois de juillet, le Ministre détermine, d'après l'état des crédits disponibles, la somme à allouer à chaque département pour être répartie en bourses nationales et dégrèvements de trousseau.

Cette répartition est faite entre les différents départements, proportionnellement au chiffre de leur population et en tenant compte du nombre d'écoles primaires supérieures qui s'y trouvent.

Les bourses de l'Etat sont conférées sous l'autorité du ministre de l'Instruction publique, par le préfet du département, sur la proposition de l'inspecteur, et après avis du Conseil départemental.

Tous les ans, dans les premiers jours de janvier, le préfet adresse au Ministre la liste des boursiers nommés dans son département, au cours de l'année précédente, avec les motifs de la concession de la bourse.

Cette liste est publiée au *Journal Officiel* dans le courant du mois.

Examen d'aptitude. — Nul ne peut être appelé à jouir d'une bourse nationale, s'il n'a préalablement subi un examen ayant pour objet de constater son aptitude.

Cet examen a lieu tous les ans, du 15 au 30 mai, au chef-lieu de chaque département. La date en est fixée par le Ministre ; elle est la même pour tous les départements. Elle est annoncée au moins trois mois à l'avance. Le registre d'inscription est clos le 31 mars.

Les parents ou tuteurs des candidats doivent les faire inscrire dans les bureaux de l'Inspection académique avant le 1er avril, et joindre à la demande d'inscription :

1° L'acte de naissance de l'enfant ;

2° Son certificat d'études primaires ;

3° Un certificat de vaccine et un certificat de revaccination ;

4° Un certificat de bonne conduite, signé par le chef de l'établissement où il a fait ses études ;

5° Une demande, écrite ou signée par le père ou le tuteur, à laquelle devra être annexé un extrait du rôle des contributions payées par les parents du candidat ;

6° Un état nominatif des enfants, indiquant l'âge et le sexe de chacun d'eux, et s'il y a lieu sa profession ; cet état sera certifié exact par le maire de la commune.

Les candidats doivent être âgés de douze ans au moins et de quinze ans au plus au 1er octobre de l'année durant laquelle a lieu l'examen. Aucune dispense d'âge ne peut être accordée.

Si le candidat n'est pas encore pourvu du certificat d'études primaires, il est admis à se présenter conditionnellement, à charge par lui d'obtenir ce certificat à la première session qui suit l'examen; mais ses titres ne sont pris en considération qu'après qu'il a réussi aux examens du certificat d'études primaires.

Les candidats subissent des épreuves écrites (éliminatoires) et des épreuves orales.

Les *épreuves écrites* comprennent :

1° Dictée d'orthographe, qui sert en même temps de composition d'écriture;

2° Arithmétique (une question de théorie et un problème);

3° Composition française (récit ou lettre d'un genre simple, développement d'une maxime, d'un proverbe, d'une pensée ou d'une question d'instruction morale et civique).

Ces épreuves ont lieu dans la même journée.

Les *épreuves orales* consistent en :

1° Lecture expliquée, avec interrogations sur la grammaire et analyse d'une phrase;

2° Interrogations sur l'arithmétique et le système métrique;

3° Interrogations sur l'histoire et la géographie de la France;

4° Interrogations sur l'instruction morale et civique;

5° Interrogations sur les éléments des sciences physiques et naturelles.

Les épreuves portent sur les matières du programme du cours supérieur des écoles primaires.

Toutes les compositions écrites et orales sont jugées d'après l'échelle de 0 à 20.

L'ajournement du candidat est prononcé dans les trois cas suivants :

1° Si l'une des épreuves est nulle;

2° S'il n'a pas obtenu au moins 40 points pour les épreuves écrites ;

3° Si le total de ses notes pour les épreuves orales est inférieur à 50 points.

Concession des bourses. — La concession d'une bourse est subordonnée à l'appréciation de l'ensemble des titres produits par les postulants.

Il est tenu compte dans cette appréciation :

1 En premier lieu et avant tout du mérite de l'enfant et de ses notes d'examen ;

2° Des services rendus à l'État par les parents ;

3° De la situation de fortune, du nombre des enfants et des charges de famille des pétitionnaires.

Les bourses peuvent être accordées par fractions de moitié ou de trois quarts.

Une fraction de bourse nationale peut être cumulée avec une fraction de bourse départementale ou communale, mais seulement jusqu'à concurrence d'une bourse entière.

Les bourses nationales sont attribuées pour trois années scolaires. Une prolongation de bourse d'une année peut être accordée.

Le montant annuel des bourses d'internat entretenues par l'État dans les établissements publics ou privés d'enseignement primaire supérieur est égal au prix de pension demandé par les chefs d'établissement aux parents des élèves payants, sans que toutefois la somme payée puisse jamais dépasser 500 fr., y compris les frais de literie et de blanchissage.

Les bourses d'entretien peuvent varier de 100 à 400 fr., par fraction de cent francs.

Les bourses familiales sont de 500 fr.

Des dégrèvements de trousseau peuvent, sur la proposition de l'inspecteur d'Académie, être accordés par le préfet, sur les crédits mis à sa disposition, aux candidats dont les familles justifient ne pouvoir pas en supporter les frais.

La subvention que l'État accorde pour dégrèvements de trousseau ne peut dépasser 300 fr. la première année et 100 fr. les années suivantes.

Selon la situation de fortune des familles, le préfet peut accorder la totalité ou une partie seulement du dégrèvement.

Il peut être accordé aux boursiers, à titre de remise de fournitures classiques, une subvention dont le montant ne peut être supérieur à 25 fr. par année.

Les titulaires d'une bourse d'entretien ne peuvent recevoir de dégrèvement de trousseau, mais il peut leur être accordé chaque année une remise de fournitures classiques.

Tous les ans, dans le courant du mois de juillet, les boursiers qui ne sont pas arrivés au terme de leur bourse subissent, devant un inspecteur primaire assisté du directeur et des professeurs de l'école, un examen de passage portant sur l'ensemble des études de l'année qui s'achève.

Tout boursier qui a subi avec succès l'examen de passage, obtient de droit la prolongation de sa bourse pendant l'année scolaire suivante.

Tout boursier qui ne satisfait pas à cet examen est déchu de sa bourse.

Tous les élèves qui ont été titulaires d'une bourse de l'État dans une école primaire supérieure, et qui ont suivi le cours complet d'études primaires supérieures, sont tenus de se présenter, à la fin de leur scolarité, à l'examen du certificat d'études primaires supérieures.

Des bourses d'enseignement secondaire, dont le nombre est fixé chaque année par arrêté ministériel, peuvent être attribuées par le Ministre à des élèves de l'enseignement primaire supérieur qui se seront fait remarquer, au cours de leurs études, par leur assiduité, leur application et leurs progrès.

Les élèves boursiers de l'enseignement primaire supérieur, pour être transférés, avec jouissance d'une bourse, dans l'enseignement secondaire, doivent être âgés de moins de seize ans au 1er janvier de l'année où se fera la mutation.

Bourses de séjour à l'étranger.

A la suite d'un concours spécial, des bourses de séjour à l'étranger sont accordées chaque année par le ministre à des élèves de l'enseignement primaire supérieur.

Les conditions à remplir pour pouvoir prendre part à ce concours sont les suivantes :

1° Avoir au moment du concours, seize ans accomplis et moins de dix-huit ans ;

2° Être pourvu du certificat d'études primaires supérieures ;

3° Adresser au ministre, par l'intermédiaire de l'inspecteur d'Académie, une demande sur papier timbré, écrite ou signée par le père ou tuteur, tendant à obtenir une bourse de séjour. Cette demande doit indiquer exactement les nom, prénoms, date et lieu de naissance du candidat, la date à laquelle il a obtenu le certificat d'études primaires supérieures ; enfin la carrière commerciale ou industrielle à laquelle il se destine.

Les directeurs des écoles doivent joindre à chaque demande la date de l'entrée de l'élève à l'école et des notes détaillées sur sa tenue, sa santé, son caractère, son application et ses progrès.

Les épreuves du concours sont des épreuves écrites consistant en une composition française, un thème et une version, dont le texte est envoyé par le ministre. Elles ont lieu au chef-lieu du département, sous la présidence de l'inspecteur d'Académie. Il est accordé trois heures pour la composition française et trois heures pour le thème et la version réunis.

Les compositions adressées au ministre par l'inspecteur d'Académie sont corrigées à Paris, par une commission spéciale, qui appelle devant elle les candidats admissibles, pour leur faire subir un examen oral, à la suite duquel elle dresse, par ordre de mérite, la liste des candidats les plus aptes à profiter de la bourse de séjour. Cette liste est soumise à l'approbation du ministre, qui nomme les boursiers.

Brevet élémentaire.

Les candidates à l'examen du brevet élémentaire doivent avoir seize ans au moins le 1er octobre de l'année du concours. L'inspecteur d'Académie peut accorder des dispenses d'âge pourvu qu'elles n'excèdent pas trois mois.

La dispense est de droit pour les aspirantes pourvues du certificat d'études primaires supérieures, quel que soit leur âge.

Les sessions réglementaires d'examen ont lieu chaque année et dans chaque département, en juillet et en octobre.

Les candidates doivent déposer au bureau de l'inspecteur d'Académie, au moins quinze jours avant la date de l'examen : 1° une demande d'inscription, sur papier timbré, écrite et signée par elles ; 2° un extrait de leur acte de naissance.

L'examen du brevet élémentaire comprend trois séries d'épreuves :

Il y a quatre épreuves dans la première série : 1° une dictée d'orthographe d'une page environ (la ponctuation n'est pas dictée) ; 2° une page d'écriture à main posée, comprenant une ligne en gros dans chacun des trois principaux genres (cursive, bâtarde, et ronde), une ligne de cursive en moyen, quatre lignes de cursive en fin ; 3° un exercice de composition française (lettre ou récit sur un sujet très simple, explication d'un proverbe, d'une maxime, d'un précepte de morale ou d'éducation) ; 4° une question d'arithmétique et de système métrique et la solution raisonnée d'un problème comprenant l'application des quatre règles (nombres entiers, fractions, mesure des surfaces et des volumes simples).

Les aspirantes doivent pour les épreuves de la deuxième série : 1° exécuter un dessin au trait d'après un objet usuel ; 2° exécuter, sous la surveillance de dames désignées à cet effet par le Recteur, les travaux à l'aiguille prescrits par l'article 1er de la loi du 28 mars 1882.

La troisième série comprend les épreuves orales : 1° lecture expliquée : la lecture est faite dans un recueil de morceaux choisis en vers et en prose ; les candidates sont en outre interrogées sur le sens des mots, la construction, la grammaire et la liaison des idées ; 2° questions d'arithmétique et de système métrique ; 3° questions sur l'histoire nationale et les éléments d'instruction civique ; sur la géographie de la France, avec tracé au tableau noir ; 4° questions et exercices élémentaires de solfège ; 5° questions sur les notions générales de la physique, de la chimie et de l'histoire naturelle.

Le droit d'examen est de dix francs ; on verse cette somme au percepteur de la résidence des aspirantes, sur la production du certificat d'inscription délivré par l'inspecteur d'Académie. La quittance à souche qui est délivrée par le percepteur doit être présentée au secrétaire de la commission d'examen.

Brevet supérieur.

Les candidates à l'examen du brevet supérieur doivent : 1° posséder leur brevet élémentaire ; 2° avoir dix-huit ans révolus le jour du concours. L'inspecteur d'Académie peut accorder des dispenses d'âge de moins de trois mois.

Les candidates remplissant les conditions d'âge requises peuvent subir les épreuves du brevet supérieur dans la même session que les épreuves du brevet élémentaire. Elles doivent alors déposer avant l'examen un certificat constatant qu'elles sont aptes à recevoir le brevet élémentaire.

Il y a deux sessions ordinaires par an pour l'examen du brevet supérieur. Elles ont lieu dans chaque département en juillet et en octobre.

Pour l'inscription qui se fait au bureau de l'inspecteur d'Académie quinze jours au moins avant l'examen, les candidates doivent déposer : 1° Une demande d'inscription sur papier timbré, écrite et signée par elles ; 2° un extrait de leur acte de naissance ; 3° leur diplôme du brevet élémentaire.

L'examen du brevet supérieur se divise en épreuves écrites, qui sont éliminatoires, et en épreuves orales ; les unes et les autres sont subies dans la même session.

Les épreuves écrites comprennent :

1° Une composition sur une question d'arithmétique et sur une question de physique, de chimie ou d'histoire naturelle, avec leurs applications les plus usuelles à l'hygiène et à l'industrie ;

2° Une composition française (littérature ou morale) ;

3° Une composition de dessin d'après un modèle en relief ;

4° Une composition de langues vivantes (anglais, allemand, italien, espagnol ou arabe pour la France et l'Algérie ; grec ou turc pour la session qui a lieu à Constantinople), un thème facile, avec lexique.

Les épreuves orales comprennent :

1° Des questions sur la morale et l'éducation ;

2° Langue française : lecture expliquée d'un auteur français pris parmi ceux désignés par le ministre pour trois ans, et une année d'avance. Des questions d'histoire littéraire limitées aux principaux auteurs des xvie, xviie, xviiie et xixe siècles sont posées aux candidates pendant cette lecture ;

3° Histoire générale et histoire nationale, surtout dans les temps modernes — 1453 — (époques mémorables, grands noms, faits essentiels) ;

4° Géographie de la France avec croquis au tableau, et notions de la géographie du globe ;

5° Arithmétique avec application aux opérations pratiques, et tenue des livres ;

6° Notions de physique, de chimie et d'histoire naturelle ;

7° Traduction à livre ouvert d'une vingtaine de lignes d'un texte facile dans la langue étrangère que l'aspirante a demandée.

Le droit d'examen est de vingt francs.

Épreuve du dessin.

L'épreuve du dessin étant très importante dans les examens du brevet supérieur, nous croyons devoir résumer ici la circulaire ministérielle concernant les dispositions à prendre à cet effet par les examinateurs :

L'examen aura lieu, autant que possible, dans une salle spéciale disposée pour le dessin d'après le relief.

1° La salle devra être assez grande pour grouper tous les candidats.

On ne devra pas réunir plus de vingt élèves autour d'un même modèle. Dans les villes où le nombre des candidats dépassera ce chiffre, on s'efforcera de réunir tous les groupes dans une même salle. Si cette dernière condition est irréalisable, on fera autant d'épreuves successives qu'il sera nécessaire ;

2° La salle sera autant que possible éclairée d'un seul côté ;

Dans le cas d'un éclairage bilatéral, on essayera d'aveugler les fenêtres du côté où le soleil pénètre dans la salle, aux heures fixées pour le concours ;

3° La salle devra, autant que possible, être éclairée par des fenêtres élevées ;

4° L'éclairage devra être aussi grand et aussi franc que possible, afin que le modèle soit nettement éclairé et que toutes les concurrentes puissent dessiner sans difficulté ;

5° Enfin on réunira dans la salle choisie le matériel nécessaire.

Ce matériel consiste : 1° en une table, selle ou caisse, pour recevoir le modèle. La hauteur de ce porte-modèle devra être réglée suivant les besoins, de manière que le relief à dessiner soit vu dans toute sa hauteur par tous les concurrents ; 2° en tabourets, chaises, bancs ou pupitres, pour asseoir les candidats.

Une heure au moins avant l'ouverture de l'examen de dessin, le délégué spécial chargé d'organiser cet examen devra se rendre dans la salle choisie :

1° Il placera le modèle sur la table ou sur la selle, dans sa position naturelle, c'est-à-dire qu'il s'assurera que la partie horizontale du modèle repose sur un plan parfaitement de niveau. De plus, si le modèle choisi est un bas-relief, une stèle ou une rosace, le fond sur lequel se dessine l'ornement devra être placé bien verticalement.

Le délégué devra poser le modèle de façon à éviter pour le plus grand nombre des candidats les effets compliqués, les ombres trop grandes.

Afin de pouvoir toujours rétablir exactement le modèle dans la position arrêtée, le délégué tracera à la craie la place du modèle sur la selle, et sur le plancher la position exacte de ladite selle ;

2° Il disposera les sièges, bancs ou autre matériel mis à sa disposition, de manière à affecter une place bien déterminée à chacun des concurrents ;

3° Afin que ces places ne puissent être modifiées, il marquera, à la craie, sur le sol, la trace de chaque siège, et il les numérotera en commençant par le premier rang et la première place à gauche du modèle ;

4° Il reproduira sur une feuille de papier le plan de la salle avec la position du modèle et des places des concurrents ;

5° Le délégué aura une liste par ordre alphabétique des concurrents.

Toutes ces mesures doivent être prises avant l'heure de l'examen.

A l'heure fixée, le délégué tirera au sort, devant les concurrents, la lettre alphabétique par laquelle devra commencer l'appel nominal.

Le délégué procédera à cet appel en commençant par les noms ayant la lettre initiale désignée par le sort. Il poursuivra la lecture jusqu'à la fin de la liste, puis il continuera l'appel en se reportant à la tête de la liste.

Les candidats entreront dans la salle et prendront successivement possession des sièges numérotés, dans l'ordre d'appel : ainsi le candidat appelé le premier, prendra la place numérotée 1 ; le second appelé aura la place numérotée 2, etc. L'échange des places entre les candidats ne pourra être auto- risé par le délégué que dans le cas où un concurrent moins grand que les autres, ou myope, ne pourrait dessiner le modèle, de la place que le sort lui aurait désignée.

Lorsque tous les candidats seront assis, le délégué leur recommandera d'indiquer, dans l'angle droit de la feuille, les places exactes qu'ils occupent, de la ma- nière suivante : *rang n° 1, 2 ou 3; place n° 1, 2, etc.*

Avant le départ des concurrents et afin d'éviter les erreurs, le délégué devra s'assurer que toutes les feuilles portent bien ces indications.

Sous aucun prétexte, le jugement ne pourra avoir lieu dans un autre local que celui où les dessins au- ront été faits. Il devra être tenu compte scrupu- leusement de la place occupée par chacun des candidats.

A cet effet, durant tout le jugement, le modèle devra être exactement à la place qu'il occupait au moment du concours. Si, pour quelque cause que ce soit, il avait été déplacé, les membres du jury devront veiller à ce qu'il soit remis dans sa posi- tion primitive avant de commencer l'examen des dessins.

Ces derniers devront aussi être mis dans la salle aux points occupés par les auteurs, et c'est en se plaçant au point de vue particulier de chaque dessin que MM. les membres du jury sont appelés à faire le classement.

Les études élémentaires du dessin ont surtout pour but de développer l'esprit d'observation, d'initier aux lois des effets perspectifs, d'apprendre à analyser les formes et à les dessiner telles qu'elles apparaissent.

Aussi, quel que soit le mode d'exécution adopté par les candidats, que le dessin soit fait au fusain. au crayon, à l'estompe, ou par tout autre procédé, ce qu'il importe avant tout c'est d'obtenir une mise en place de toutes les parties du modèle.

Pour faciliter les appréciations, MM. les membres du jury auront avantage à adopter les notations suivantes :

1° Ils donneront une première note pour la mise en place de toutes les parties du modèle;

2° Puis une seconde pour le degré d'habileté d'exécution et d'interprétation du caractère du modèle.

Pour le classement définitif, la première note recevra un coefficient égal à 2.

Enfin, si habilement que soit exécutée une partie du dessin, MM. les membres du jury ne pourront accorder une valeur supérieure à la note *Passable* à tout dessin qui ne reproduirait pas un ensemble bien arrêté des grandes lignes du modèle.

La même circulaire contenait la note suivante, relative à l'épreuve du dessin :

« Afin de donner aux aspirants la possibilité de réussir dans l'épreuve du dessin d'après un relief, l'Administration croit utile d'indiquer aux intéressés les modèles d'après lesquels ils feront bien de travailler pendant la période de préparation.

Cette collection, composée de vingt-quatre pièces distinctes, a été envoyée dans toutes les écoles normales primaires.

Les candidats libres, qui habitent les villes de quelque importance, la trouveront dans presque toutes les écoles municipales de dessin, qui en ont été gratifiées par l'administration des Beaux-Arts ; il suffira qu'ils aillent travailler dans ces écoles pour se préparer dans de bonnes conditions.

Voici la liste de ces modèles :

Solides géométriques : *cube, prisme, cylindre, pyramide, cône.*

Denticules (Temple de Castor et Pollux).

Perles (Temple de Castor et Pollux).

Canaux de larmier (Temple de Castor et Pollux).

Oves du caisson du Temple de Mars vengeur.

Rais de cœur du caisson du Temple de Mars vengeur.

Partie d'ante.

Filet grec du Temple de Mars vengeur.

Frise grecque (restaurée).

Frise du Capitole (3 fragments).

Vase cratère, Vase amphore (style grec, d'après les terres cuites du Musée du Louvre).

La *corniche*, la *frise et l'architrave* ou le *chapiteau* du Théâtre de Marcellus, à Rome (ordre dorique).

Feuille d'acanthe du Temple de Mars vengeur.

Rosaces Renaissance de l'ancien Hôtel de Ville de Paris (dans leurs caissons). »

Certificat d'aptitude pédagogique.

Au moment de leur inscription, les candidates à l'examen du certificat d'aptitude pédagogique doivent : 1° être âgées de vingt et un ans ; 2° posséder au moins le brevet élémentaire ; 3° justifier de deux années d'exercice au moins dans les écoles publiques ou privées. Le temps passé à l'École normale est compté aux élèves-maîtresses à partir de leur dix-septième année pour l'accomplissement de ce stage. Sur l'avis du Conseil départemental, le Ministre peut accorder des dispenses de stage.

Les commissions d'examen ne tiennent qu'une session par an.

L'inscription au certificat d'aptitude pédagogique se fait au bureau de l'inspecteur d'Académie quinze jours avant l'examen. Les candidates doivent produire : 1° une demande d'inscription sur papier timbré, écrite et signée par elles ; 2° un extrait de leur acte de naissance ; 3° leur diplôme du brevet élémentaire ou du brevet supérieur s'il y a lieu ; 4° un certificat de l'inspecteur d'Académie constatant qu'elles ont accompli le stage ou qu'elles en sont dispensées.

L'examen se divise en une épreuve écrite (éliminatoire), une épreuve pratique et une épreuve orale.

L'épreuve écrite comprend une composition sur un sujet élémentaire d'éducation ou d'enseignement. Elle se fait dans la dernière semaine des grandes vacances, au chef-lieu de chaque arrondissement, sous la surveillance de l'inspecteur primaire ; elle est corrigée par la commission réunie au chef-lieu du département.

L'épreuve pratique comprend une classe de trois heures faite par chaque candidate dans la classe ou dans l'école qu'elle dirige. Il est procédé à cette épreuve dans le cours de l'année scolaire par une sous-commission nommée par l'inspecteur d'Académie et composée de trois membres au moins. Un inspecteur primaire et une institutrice font, pour les aspirantes, nécessairement partie de chacune de ces sous-commissions.

Les aspirantes peuvent subir l'épreuve pratique dans une école maternelle; mais, dans ce cas, le certificat qui leur est délivré porte une mention spéciale et ne leur donne droit à exercer comme titulaires que dans les écoles maternelles.

Les institutrices privées peuvent, sur leur demande, subir l'épreuve pratique dans leur propre classe ou dans une école publique.

L'épreuve orale vient après l'épreuve pratique, et se fait devant la commission réunie; elle comprend: 1° appréciation de cahiers de devoirs mensuels; 2° interrogations en rapport avec les autres épreuves déjà subies par la candidate, et portant sur des sujets relatifs à la tenue et à la direction d'une école primaire élémentaire ou maternelle, ou sur des questions de pédagogie pratique.

Le certificat d'aptitude pédagogique est délivré par le Recteur, sur le vu du procès-verbal de la commission d'examen.

Certificat d'aptitude au professorat des écoles primaires supérieures et au professorat des écoles normales primaires.

Les conditions sont les mêmes pour l'examen du certificat d'aptitude au professorat des écoles primaires supérieures et à celui des écoles normales primaires.

Il y a deux sortes de certificats d'aptitude : l'un pour l'ordre des sciences, l'autre pour l'ordre des lettres.

Le Ministre nomme chaque année, pour l'examen des candidats au certificat d'aptitude, une commission pour l'ordre des sciences et une pour l'ordre des lettres. Chaque commission se compose de cinq membres au moins, auxquels on adjoint, avec voix délibératives, deux directrices ou professeurs d'école normale d'institutrices. On peut adjoindre à ces commissions des examinateurs spéciaux pour l'ordre d'études qu'ils représentent, et qui ont voix délibératives.

L'inscription, se fait à Paris, à la Sorbonne, et dans les départements au bureau de l'inspecteur d'Académie, un mois avant l'examen. Les candidates doivent, au moment de l'inscription : 1° indiquer les lieux où elles ont résidé et les fonctions qu'elles ont remplies depuis dix ans; 2° justifier qu'elles ont vingt et un ans révolus; 3° qu'elles sont pourvues soit du brevet supérieur, soit de l'un des baccalauréats, soit du diplôme de fin d'études secondaires; 4° qu'elles ont exercé pendant deux ans au moins dans les écoles publiques ou privées.

Le Ministre fixe les jours de l'examen, qui a lieu

vers la fin de l'année scolaire. Il se divise en épreuves écrites (éliminatoires), en épreuves orales et pratiques.

Les épreuves écrites ont lieu au chef-lieu du département, sous la surveillance de l'inspecteur d'Académie ou d'un délégué agréé par le Recteur. Elles comprennent :

I. *Ordre des lettres.* — 1° Une composition sur un sujet de littérature ou de grammaire ;

2° Une composition d'histoire ou de géographie ;

3° Une composition de morale ou de psychologie appliquée à l'éducation,

4° Une composition de langues vivantes, thème et version (anglais ou allemand, avec emploi de dictionnaires)..

II. *Ordre des sciences.* — 1° Une composition de mathématiques ;

2° Une composition consistant en une question sur la chimie ou la physique et une question sur l'histoire naturelle ;

3° Une composition de dessin géométrique et de dessin d'ornement ;

4° Une composition sur un sujet de morale ou d'éducation.

Les sujets sont tirés des programmes de l'enseignement des écoles normales primaires.

Les épreuves de chaque ordre ont lieu en quatre jours consécutifs, les mêmes pour toute la France. La commission prononce l'admissibilité aux épreuves orales et pratiques.

Les épreuves orales et pratiques, qui ont lieu à Paris, comprennent :

I. *Ordre des lettres.* — 1° Une leçon sur un sujet tiré au sort et interrogations relatives à ce sujet ou à toute autre partie du programme;

2° Lecture expliquée d'un auteur classique français;

3° Correction d'un devoir d'élève-maîtresse;

4° Explication à livre ouvert d'un texte anglais ou allemand, suivie de questions sur la grammaire d'une de ces deux langues.

II. *Ordre des sciences.* — 1° Une leçon de mathématiques ou de sciences physiques et naturelles, sur un sujet tiré au sort;

2° Une interrogation sur une autre partie du programme et qui peut être la correction d'un devoir d'élève-maîtresse;

3° Une manipulation de physique ou de chimie et une démonstration d'histoire naturelle sur des sujets tirés au sort.

Chaque commission dresse une liste des candidates qui sont jugées aptes à recevoir le certificat d'aptitude. Ces listes sont ensuite approuvées par le ministre qui délivre les certificats.

Certificat d'aptitude à la direction des Écoles normales primaires.

Au moment de l'inscription, qui a lieu du 1er au 16 juillet, les candidates au certificat d'aptitude à la direction des écoles normales primaires doivent justifier :

1° Qu'elles sont âgées de vingt-cinq ans révolus;

2° Qu'elles ont exercé pendant cinq ans au moins

dans les établissements publics d'enseignement secondaire ou primaire, dont deux avec les fonctions de directrice d'école annexe ou d'école primaire supérieure ;

3° Qu'elles sont pourvues, soit du certificat d'aptitude au professorat des écoles normales primaires, soit de la licence ès-lettres ou ès-sciences, soit du certificat d'aptitude à l'enseignement secondaire spécial ou de deux des baccalauréats.

Le ministre nomme chaque année pour l'examen du certificat d'aptitude une commission composée de cinq membres au moins, auxquels on adjoint deux directrices d'école normale qui ont voix délibérative.

Le ministre fixe l'ouverture de la session d'examen, qui a lieu du 15 septembre au 15 octobre.

L'examen comprend : des épreuves écrites (éliminatoires), des épreuves orales et une épreuve pratique.

Les épreuves écrites, subies au chef-lieu du département, ont lieu en deux jours, les mêmes pour toute la France. Elles consistent en une composition sur un sujet de pédagogie et une composition sur un sujet d'administration scolaire.

La commission prononce l'admissibilité aux épreuves orales et pratiques qui ont lieu à Paris.

Le ministre arrête le programme des matières qui font l'objet des épreuves orales. Celles-ci comportent :

1° L'explication d'un passage d'un des auteurs désignés ;

2° L'exposé verbal, après trois heures de préparation à huis-clos, d'une question tirée au sort, sur une des parties du programme.

Pour épreuve pratique, les candidates font un compte-rendu oral de l'inspection d'une école normale, primaire supérieure, élémentaire ou maternelle.

La commission dresse, après la fin des examens, la liste des aspirantes qui ont été jugées aptes à recevoir le certificat d'aptitude à la direction des écoles normales primaires. Cette liste est soumise au ministre, qui l'approuve et délivre les certificats.

Certificat d'aptitude aux fonctions d'inspectrice de l'instruction primaire.

Pour obtenir un certificat d'aptitude aux fonctions d'inspectrice de l'instruction primaire, il faut se présenter devant une commission d'examen, composée de cinq membres au moins.

La session d'examen a lieu, du 15 septembre au 15 octobre, à la date fixée par arrêté ministériel.

Conditions requises : 1° Être âgée de vingt-cinq ans révolus au moment de l'inscription ; 2° compter cinq ans d'exercice dans les établissements publics d'enseignement supérieur, secondaire ou primaire, dont deux au moins passés dans les fonctions de directrice d'école annexe, ou, à défaut, de directrice d'école primaire supérieure publique ; 3° justifier de la possession de l'un des titres suivants : certificat d'aptitude au professorat des écoles normales, licence ès-lettres ou ès-sciences, certificat d'aptitude à l'enseignement secondaire spécial, baccalauréat ès lettres et ès sciences, ou, à défaut de ce dernier, baccalauréat de l'enseignement secondaire spécial.

Les candidates sont tenues de se faire inscrire du 1er au 16 juillet, à Paris, à la Sorbonne; et, dans les départements, au bureau de l'inspecteur d'Académie.

L'examen se compose d'épreuves écrites, qui sont éliminatoires, d'épreuves orales et d'épreuves pratiques.

Les épreuves écrites, subies au chef-lieu du département en deux jours consécutifs, comprennent deux compositions : l'une, sur un sujet de pédagogie ; l'autre, sur un sujet d'administration scolaire.

La commission prononce l'admission aux épreuves orales et pratiques qui ont lieu à Paris.

Les *épreuves orales*, qui portent sur les matières (pédagogie, législation et administration) énumérées dans un programme spécial arrêté par le ministre, comprennent : 1o l'explication d'un passage pris dans un des auteurs qui ont été désignés pour l'examen de l'année ; 2o l'exposé de vive voix d'une question relative à un des points du programme ; cette question, tirée au sort, est traitée par la candidate après trois heures de préparation à huis-clos.

L'*épreuve pratique* consiste dans l'inspection d'une école normale, d'une école primaire supérieure, d'une école élémentaire ou d'une école maternelle, inspection suivie d'un compte-rendu verbal.

La liste des candidates jugées dignes du certificat d'aptitude aux fonctions d'inspectrice primaire est dressée par la commission et soumise à l'approbation du ministre qui délivre les certificats.

Certificat d'aptitude à l'inspection des Ecoles maternelles et des classes enfantines.

Les certificats d'aptitude à l'inspection des écoles maternelles et des classes enfantines est délivré à la suite d'un examen subi devant une commission nommée chaque année par le ministre.

Les aspirantes doivent se faire inscrire à Paris, à la Sorbonne, et, dans les départements, au bureau de l'inspecteur d'Académie, quinze jours au moins avant l'ouverture de la session ; indiquer les lieux où elles ont résidé et les fonctions qu'elles ont remplies depuis dix ans ; justifier qu'elles sont âgées de vingt-cinq ans au moins au moment de leur inscription ; qu'elles sont pourvues soit du brevet supérieur et du certificat d'aptitude pédagogique, soit du certificat d'aptitude à l'enseignement secondaire des jeunes filles, et qu'elles comptent cinq ans d'exercice dans les établissements publics d'enseignement secondaire ou primaire.

L'examen, qui a lieu dans le courant du mois de mars, se compose d'épreuves écrites, d'une épreuve orale et d'une épreuve pratique.

Les *épreuves écrites*, qui se font le même jour au chef-lieu du département, sont au nombre de deux : 1° une composition sur un sujet de pédagogie appliquée aux écoles maternelles ; 2° une composition sur l'hygiène des écoles maternelles (soins à donner aux enfants, installation et ameublement des locaux).

L'*épreuve orale* consiste en interrogations : 1° sur la pédagogie appliquée aux écoles maternelles et sur l'hygiène ; 2° sur les questions de législation et d'administration concernant ces écoles.

L'*épreuve pratique* consiste en une inspection d'une école maternelle avec rapport oral à la suite de cette inspection.

Certificat d'aptitude à l'enseignement des langues vivantes.

Les candidates au certificat d'aptitude à l'enseignement des langues vivantes dans les établissements d'enseignement primaire doivent :

1° Être âgées de vingt et un ans révolus au moment de leur inscription;

2° Justifier de deux ans d'exercice dans les établissements publics ou privés d'enseignement secondaire ou primaire, ou d'un temps équivalent de séjour à l'étranger;

3° Être pourvues du brevet supérieur ou du diplôme de fin d'études de l'enseignement secondaire des jeunes filles.

Chaque année, le Ministre nomme la commission d'examens, qui siège à Paris.

L'inscription des candidates se fait, à Paris, à la Sorbonne, et dans les départements au bureau de l'inspecteur d'Académie, quinze jours au moins avant la date fixée pour l'examen. Elles doivent produire en même temps :

1° Une demande, dans laquelle elles indiquent la langue sur laquelle elles désirent subir l'examen : allemand, anglais, italien, espagnol, arabe;

2° L'indication des diplômes qu'elles possèdent, des lieux où elles ont résidé et des fonctions qu'elles ont remplies;

3° Le brevet supérieur ou le diplôme de fin d'études de l'enseignement secondaire des jeunes filles.

L'examen se compose d'épreuves écrites et d'épreuves orales.

Les *épreuves écrites* (éliminatoires) ont lieu au chef-lieu du département et comprennent :

1° Une version;

2° Un thème;

3° Une composition d'un genre simple en langue étrangère (lettre ou récit, explication d'un proverbe, d'une maxime, d'un précepte de morale ou d'éducation);

4° Une rédaction en français sur une question de méthode d'enseignement des langues vivantes.

On n'autorise pas l'usage de dictionnaires.

Les *épreuves orales*, qui ont lieu à Paris, comportent :

1° La lecture et la traduction d'une page choisie dans un auteur étranger d'une difficulté moyenne, avec explications sur le sens des mots, la construction des phrases et la grammaire;

2° Un exercice de conversation en langue étrangère sur la page lue;

3° La traduction à livre ouvert d'un passage d'un prosateur français;

4° Des questions sur les méthodes d'enseignement des langues vivantes.

Après la clôture des examens, la commission

dresse, par ordre de mérite, la liste des candidates qu'elle juge dignes d'obtenir le certificat.

Certificat d'aptitude à l'enseignement du travail manuel.

Les aspirantes au certificat d'aptitude à l'enseignement du travail manuel doivent :

1° Être âgées de vingt et un ans révolus au moment de leur inscription ;

2° Être pourvues du brevet supérieur ou du diplôme de fin d'études de l'enseignement secondaire des jeunes filles.

Une commission, siégeant à Paris, est nommée chaque année par le Ministre pour examiner les aspirantes.

L'inscription a lieu, à Paris, à la Sorbonne, et dans les départements à l'Inspection académique. Les aspirantes sont tenues, au moment de leur inscription, d'indiquer les lieux où elles ont résidé et les fonctions qu'elles ont remplies depuis dix ans, et de fournir les justifications requises ci-dessus.

Les aspirantes doivent se faire inscrire un mois au moins avant l'examen, qui a lieu à la fin de l'année scolaire aux jours fixés par le Ministre. La liste des candidates est arrêtée par le Ministre.

L'examen se compose :

1° D'une composition sur une question d'économie domestique ;

2° D'une composition de dessin d'ornement spécialement appliquée aux travaux d'aiguille ;

3° D'une épreuve pratique portant sur un ou plusieurs des exercices que comporte le programme du travail manuel pour les filles dans les écoles normales et les écoles primaires supérieures.

Les compositions se font à Paris, en deux jours consécutifs.

Après la clôture des examens, la commission dresse, par ordre de mérite, la liste des aspirantes qu'elle juge dignes d'obtenir le certificat d'aptitude au travail manuel, et la soumet au Ministre, qui délivre les certificats.

Certificat d'aptitude à l'enseignement du dessin.

Les aspirantes au certificat d'aptitude à l'enseignement du dessin doivent justifier qu'elles ont dix-huit ans au moment de leur inscription.

Elles doivent se faire inscrire, à Paris, à la Sorbonne, et dans les départements à l'Inspection académique, un mois au moins avant l'examen, qui a lieu vers la fin de l'année scolaire aux jours fixés par le Ministre.

Une commission, siégeant à Paris, est nommée chaque année par le Ministre, pour examiner les aspirantes à l'enseignement du dessin d'imitation et du dessin géométrique.

L'examen se divise en trois séries d'épreuves :

1° Épreuve écrite et épreuves pratiques (éliminatoires);

2° Épreuves orales (éliminatoires);

3° Épreuves pédagogiques.

L'*épreuve écrite* et les *épreuves pratiques* comprennent :

1° Le relevé géométral et la mise en perspective

d'un objet simple, tel que : solide géométrique, fragment d'architecture, vase simple, etc. ; l'aspirante doit donner, sur la même feuille, un plan géométral, une élévation, et, s'il y a lieu, une coupe de l'objet représenté, le tout coté et dessiné à une échelle déterminée, une perspective du même objet exécuté au trait sans les ombres, à l'aide du relevé géométral précédent, et par les méthodes géométriques de perspective ;

2° Une rédaction d'un genre simple ;

3° Le dessin à vue d'un ornement en relief : rinceau, rosace, chapiteau ;

4° Le dessin d'une tête d'après l'antique (plâtre).

Les *épreuves orales* comprennent :

1° Un examen sur les projections en général, sur la représentation géométrale et sur la mise en perspective d'un objet simple ;

2° Des questions élémentaires sur l'histoire de l'art, avec dessin au tableau ;

3° Des questions sur la structure et les proportions de l'homme, ainsi que sur l'anatomie.

Les *épreuves pédagogiques* comprennent :

1° La correction d'un dessin d'ornement ;

2° La correction d'un dessin de tête ;

3° Une leçon, au tableau, sur un sujet emprunté au programme du dessin géométrique dans les écoles normales ou primaires supérieures.

Les épreuves écrites et graphiques se font au chef-lieu d'Académie ; les épreuves orales et pédagogiques ont lieu à Paris.

La commission établit la liste, par ordre de mérite, des aspirantes jugées dignes du certificat et la soumet à l'approbation du Ministre, qui délivre les certificats.

Certificat d'aptitude à l'enseignement du chant.

Une commission, siégeant à Paris et nommée chaque année par le Ministre, est chargée d'examiner les aspirantes au certificat d'aptitude à l'enseignement du chant.

L'inscription se fait, à Paris, à la Sorbonne, et dans les départements au bureau de l'inspecteur d'Académie, quinze jours au moins avant l'examen, qui a lieu à la fin de l'année scolaire aux jours fixés par le Ministre.

Les aspirantes doivent justifier qu'elles ont dix-huit ans révolus au moment de leur inscription.

L'examen se fait entièrement à Paris et comprend deux séries d'épreuves :

Des *épreuves écrites éliminatoires*, qui comportent :

1° Une rédaction sur une question d'enseignement musical prise dans le programme des écoles normales ;

2° Une dictée musicale écrite phrase par phrase ;

3° La réalisation, écrite à quatre parties, d'une base chiffrée et d'un chant donné (accords parfaits et accords de septième dominante, de septième sensible, de septième diminuée, avec leurs renversements).

Des *épreuves orales définitives*, qui comprennent :

1° La lecture à première vue d'une leçon de solfège sur la clef de *sol* et sur la clef de *fa;*

2° Le chant d'une mélodie avec paroles, choisie par l'aspirante;

3° L'exécution par cœur, sans accompagnement, d'un air avec paroles, choisi par l'aspirante;

4° L'exécution à première vue, sur le piano, d'un accompagnement simple, qui sera transposé ensuite dans un ton indiqué par la commission;

5° Des interrogations sur la théorie musicale;

6° Des notions sur l'histoire de la musique, et la connaissance des principaux chefs-d'œuvre de la musique chorale;

7° Une leçon théorique et pratique professée au tableau par l'aspirante.

Aussitôt les examens terminés, la commission dresse, par ordre de mérite, la liste des aspirantes jugées dignes d'obtenir le certificat, et transmet cette liste à l'approbation du Ministre, qui délivre les certificats.

Certificat d'aptitude
à l'enseignement élémentaire des travaux
de couture.

Une commission, siégeant au chef-lieu du département, est chargée d'examiner les aspirantes au certificat d'aptitude à l'enseignement élémentaire des travaux de couture.

L'inscription se fait huit jours au moins avant l'examen, qui a lieu aux époques fixées par l'inspecteur d'Académie.

La date de la session d'examen est annoncée par

la voie du Bulletin départemental, au moins un mois à l'avance.

Les aspirantes doivent avoir dix-huit ans révolus au moment de l'inscription, et déposer, avec une demande écrite et signée de leur main, leur acte de naissance.

Les épreuves, qui consistent dans l'exécution de travaux de couture, sont choisies dans le programme des cours moyen et supérieur des écoles primaires élémentaires.

La commission dresse, aussitôt la clôture des examens, la liste des aspirantes, par ordre de mérite, jugées dignes du certificat d'aptitude.

L'inspecteur d'Académie approuve la liste et délivre les certificats.

ENSEIGNEMENT SECONDAIRE

La loi du 21 décembre 1880 a organisé en France cet enseignement et a créé des lycées de jeunes filles, des collèges et des cours d'enseignement secondaire.

Aux termes de cette loi, les lycées et collèges de filles sont créés par l'État avec le concours des départements et des communes. Ces établissements sont des externats. Des internats peuvent y être annexés sur la demande des conseils municipaux et après entente entre eux et l'État. Dans ce cas, les établissements sont soumis au même régime que les collèges communaux. Des bourses sont créées par l'État, les départements et les communes. Le nombre en est fixé dans le traité passé entre l'État et le département ou la commune. L'enseignement comprend : l'instruction morale, la langue française, la lecture à haute voix et au moins une langue vivante ; les littératures anciennes et modernes ; la géographie et la cosmographie ; l'histoire nationale et un aperçu de l'histoire générale ; l'arithmétique, les éléments de la géométrie, de la chimie, de la physique, de l'histoire naturelle ; l'hygiène ; l'économie domestique ; les travaux à l'aiguille ; des notions de droit usuel ; le dessin; la musique; la gymnastique. L'enseignement religieux est donné, sur la demande des parents, par les ministres des différents cultes, dans l'intérieur des établissements, en dehors des heures de classes. Les ministres des différents cultes doivent être agréés par le Ministre, et, dans aucun cas, ils ne résident dans l'établissement. Chaque lycée ou collège est placé sous l'autorité d'une directrice. L'enseignement est donné par des professeurs munis de diplômes réguliers. Un diplôme dit *de fin d'études secondaires* est délivré aux élèves qui subissent avec succès un examen après la cinquième année.

Afin de pourvoir les lycées et collèges de jeunes filles d'un personnel de professeurs-femmes capable de donner le nouvel enseignement, la loi du 26 juillet 1881 a créé, à Sèvres, une école normale supérieure d'enseignement secondaire des filles. M. Legouvé, qui réclamait, en 1850, des lycées et des collèges pour les jeunes filles, a reçu la haute direction de cet établissement.

PLAN D'ÉTUDES

POUR L'ENSEIGNEMENT SECONDAIRE DES JEUNES FILLES

Afin de bien faire comprendre l'esprit qui a présidé à l'organisation des lycées et collèges de jeunes filles, nous croyons devoir reproduire ci-après quelques extraits du rapport présenté à ce sujet, en 1881, au Conseil supérieur de l'Instruction publique, par M. Marion, membre du Conseil, et rapporteur.

« Le premier point à fixer était la durée de l'enseignement que nous avons à organiser.

« D'un commun accord, on a pensé qu'il devait commencer vers douze ans et se prolonger jusqu'à dix-sept ; mais que cette durée normale de cinq années serait utilement divisée en deux périodes. Dans une première période de trois années seraient donnés les enseignements strictement obligatoires, afin que les jeunes filles, nombreuses, on peut le craindre, que leurs familles reprendront vers l'âge de quinze ans, ne quittent pas le collège sans avoir reçu le bénéfice réel de l'instruction secondaire. Elles emporteraient un ensemble bien lié de connaissances bien digérées et de bonnes habitudes d'esprit ; un examen permettrait de s'en assurer et un certificat en ferait foi.

« La deuxième période serait de deux années, dans lesquelles les jeunes filles qui auraient du temps et du zèle recevraient une culture plus relevée.

« Seul, l'enseignement de la première période sera donné dans des classes proprement dites ; celui de la deuxième consistera en *cours*, dont une partie seulement sera obligatoire et commune ; le reste sera facultatif, pour permettre à chaque élève de chercher sa voie, de choisir selon ses aptitudes et ses besoins.

« Votre Commission a dû toutefois se demander s'il n'y aurait pas lieu d'introduire un certain ordre jusque dans ces cours facultatifs, en indiquant par exemple à l'élève deux directions dominantes : l'une littéraire, l'autre scientifique.

« Cette division a paru désirable pour la bonne discipline de l'esprit, pour l'unité et le sérieux des études, à condition d'éviter avec soin tout ce qui pourrait la faire ressembler à la bifurcation, si justement décriée. Tous les cours principaux, tant scientifiques que littéraires, demeurent obligatoires jusqu'au bout; les cours facultatifs eux-mêmes seront disposés de telle sorte qu'une jeune fille puisse à la rigueur les suivre tous ; les élèves enfin seront conseillées, guidées dans leur choix, jamais contraintes. En un mot, tout en subordonnant la liberté des familles aux nécessités d'une éducation méthodique, la Commission s'est prononcée hautement pour cet essai de liberté, depuis longtemps réclamé. Elle estime que c'était le cas ou jamais, dans la constitution d'un enseignement nouveau, de faire cette heureuse innovation.

« A la fin de la cinquième année, un diplôme sera délivré (c'est la loi même qui le veut) ; nous ajoutons : sera délivré à la suite d'un examen portant sur les matières obligatoires, avec interrogations sur les matières des cours facultatifs suivis par l'élève. Le vœu unanime de la Commission est qu'on ne laisse pas dégénérer cet examen en une sorte de baccalauréat, exigeant au dernier moment un effort de mémoire, et comportant, par suite, une préparation plus ou moins hâtive; ce qu'elle conçoit, c'est un diplôme de fin d'études donné dans l'intérieur de la maison, sous le contrôle d'un représentant de l'État. On le méritera presque sûrement par le seul fait d'avoir suivi tout le cours d'études, si dès le commencement ont lieu, comme nous le demandons, de sérieux examens de passage. Ces examens de passage devront porter sur toutes les matières étudiées par l'élève, y compris les matières facultatives, dans la période qui en comporte. »

On compte aujourd'hui 23 lycées de jeunes filles établis dans les villes suivantes : Amiens, Besançon, Bordeaux, Bourg, Charleville, Guéret, Le Havre, Lyon, Mâcon, Mantes, Montauban, Montpellier, Moulins, Nice, Paris (lycée Fénelon, lycée Racine et lycée Molière), Reims, Roanne, Rouen, Saint-Étienne, Toulouse et Tournon.

Et 26 collèges établis à Abbeville, Agen, Alais, Albi, Armentières, Auxerre, Avignon, Béziers, Cahors, Cambrai, Carpentras, Chalon-sur-Saône, Chartres, La Fère, Grenoble, Lille, Lons-le-Saunier, Louhans, Marseille, Saumur, Saint-Quentin, Tarbes, Valenciennes, Vic-Bigorre, Vitry-le-François et Oran.

PERSONNEL

L'administration des collèges et des lycées de jeunes filles se compose généralement d'une directrice, d'une économe et de maîtresses répétitrices. Les établissements comptant plus de cent élèves ont aussi une surveillante générale.

Les directrices sont choisies parmi les personnes pourvues de l'un des titres suivants : agrégation ou certificat d'aptitude à l'enseignement secondaire des jeunes filles, licence ès lettres ou ès sciences, certificat d'aptitude à la direction des écoles normales, diplôme de fin d'études secondaires des jeunes filles, brevet primaire supérieur.

Les personnes pourvues seulement du diplôme de fin d'études ou du brevet supérieur ne peuvent être nommées que si elles comptent au moins dix ans de service dans l'enseignement.

Les traitements des directrices des lycées sont ainsi fixés :

Agrégées (4 classes) : 5,000 à 6,500 fr. ;

Licenciées ou pourvues du certificat d'aptitude, soit à l'enseignement secondaire, soit à l'enseignement des langues vivantes (4 classes) : 4,500 à 6,000 fr. ;

Directrices pourvues du brevet primaire supérieur : 4,000 à 5,500 fr. ;

Le traitement des directrices de collège est de 2,600, 3,000, 3,500, 4,000 fr., suivant la classe.

Les directrices des lycées et collèges sont en outre logées dans l'établissement.

Les économes des lycées de jeunes filles doivent, comme ceux des lycées de garçons, fournir un cautionnement. Leur traitement, qui est au début de 2,400 fr., peut être augmenté de 400 francs tous les cinq ans, jusqu'au chiffre maximum de 3,600 fr., qui est celui de la première classe.

Les surveillantes générales n'existent que dans les lycées comptant plus de cent élèves demi-pensionnaires ou externes surveillées.

Il y a dans chaque lycée une maîtresse répétitrice par groupe de trente élèves surveillées ou demi-pensionnaires. Ces maîtresses doivent être pourvues du diplôme de fin d'études ou, à défaut, du brevet supérieur de l'enseignement primaire.

Les traitements des maîtresses répétitrices des lycées sont ainsi fixés : 1re classe, 2,400 fr. ; 2e classe, 2,100 ; 3e classe, 1,800 ; 4e classe, 1,500. Les maîtresses répétitrices ont droit au logement.

Le personnel enseignant des lycées et collèges de jeunes filles se compose de professeurs-femmes titulaires, de maîtresses chargées de cours, et d'institutrices primaires chargées des classes préparatoires.

Chaque établissement possède, en outre, une maîtresse de travaux à l'aiguille, une maîtresse de dessin, une maîtresse de musique vocale et une maîtresse de gymnastique.

Les professeurs titulaires sont choisies parmi les agrégées de l'enseignement secondaire des jeunes filles et les agrégées des langues vivantes.

Toutefois, des personnes pourvues seulement soit du certificat d'aptitude à l'enseignement secondaire des jeunes filles, soit de la licence ès lettres ou ès sciences, ou du certificat d'aptitude à l'enseignement des langues vivantes, peuvent être nommées *chargées de cours* dans les lycées.

Ces derniers titres sont les seuls exigibles pour être professeur titulaire dans un collège de jeunes filles. Les maîtresses chargées de cours dans ces derniers établissements doivent seulement être pourvues d'un baccalauréat, du diplôme de fin d'études secondaires, ou du brevet supérieur de l'enseignement primaire.

TRAITEMENTS. — Les traitements des professeurs des lycées et collèges de jeunes filles sont ainsi fixés :

Lycées : Professeurs titulaires agrégées, 3,000 fr. 3,500, 3,800, et 4,200 fr., suivant la classe ;

Institutrices primaires, 1,800 fr., 2,100, 2,400 et 2,700 fr.

Collèges : Professeurs titulaires, 2,500 fr., 2,800, 3,000 et 3,400 fr.

Maîtresses chargées de cours, 1,800 fr., 2,000, 2,400, 2,700 fr.

Institutrices primaires, 1,600 fr., 1,800, 2,000. 2,400 fr., suivant la classe.

Une allocation de 500 fr., par an est accordée aux professeurs pourvues d'une agrégation de l'ordre des lycées de garçons.

Les maîtresses de dessin, de musique, de gymnastique, de travaux à l'aiguille, doivent être pourvues du certificat d'aptitude exigé pour chacun de ces enseignements.

Elles sont nommées sur la proposition de la directrice, après approbation du Recteur.

Leurs traitements sont ainsi fixés :

Maîtresses de travaux à l'aiguille (12 heures par semaine). Lycées de Paris : 1re classe, 3,200 fr. ; 2e classe, 2,900 ; 3e classe, 2,100 ; 4e classe, 2,300.

Lycées des départements : 1re classe, 2,700 fr. ; 2e classe, 2,400 ; 3e classe, 2,100 ; 4e classe, 1,800.

Collèges communaux : 1re classe, 2,400 fr. ; 2e classe, 2,000 ; 3e classe, 1,800 ; 4e classe, 1,600.

Maîtresses de dessin (16 heures par semaine). Lycées de Paris : 1re classe, 3,000 fr. ; 2e classe, 2,700 ; 3e classe, 2,400.

Lycées des départements et collèges communaux : 1re classe, 2,400 fr. ; 2e classe, 2,100 ; 3e classe, 1,800.

Maîtresses de gymnastique (16 heures par semaine). Lycées de Paris : 1re classe, 2,000 fr. ; 2e classe, 1,800 ; 3° classe, 1,600.

Lycées des départements et collèges communaux : 1re classe, 1,600 fr. ; 2e classe, 1,400 ; 3e classe, 1,200.

Maîtresses de chant (12 heures par semaine). Lycées de Paris : 1re classe, 2,200 fr. ; 2e classe, 2,000 ; 3e classe, 1,800 ; 4e classe, 1,600.

Lycées des départements : 1re classe, 1,800 fr. ; 2e classe, 1,600 ; 3e classe, 1,400 4e classe, 1,200.

Collèges communaux : 1re classe, 1,600 fr. ; 2e classe, 1,400 fr.; 3e classe, 1,200 fr.; 4e classe, 1,000 fr.

Les heures supplémentaires d'enseignement demandées à ces maîtresses sont rétribuées au moyen d'indemnités calculées à raison de 100 à 150 fr., par heure et par an.

Agrégation pour l'enseignement secondaire des jeunes filles.

Un concours a lieu chaque année pour l'agrégation de l'enseignement secondaire des jeunes filles dans l'ordre des lettres et dans l'ordre des sciences.

Pour prendre part aux épreuves du concours, les aspirantes doivent être pourvues, depuis un an au moins, soit du certificat d'aptitude à l'enseignement secondaire des jeunes filles, soit d'une des licences ès lettres ou ès sciences.

La date du concours est fixée chaque année par

arrêté ministériel. Les inscriptions sont reçues au secrétariat des académies.

Les aspirantes doivent produire en s'inscrivant : 1° leur acte de naissance; 2° l'un des diplômes ci-dessus spécifiés; 3° une notice individuelle.

Elles font connaître en même temps si elles se présentent dans l'ordre des lettres ou dans l'ordre des sciences.

La liste des aspirantes est arrêtée définitivement par le Ministre.

L'examen comprend des épreuves écrites et des épreuves orales.

Les épreuves écrites sont éliminatoires. Elles se font au chef-lieu de chaque académie.

Deux compositions ne peuvent avoir lieu le même jour.

Les épreuves orales sont subies à Paris.

Toutes les épreuves écrites et orales concourent au classement définitif.

La nature et la durée des épreuves dans *l'ordre des lettres* sont déterminées ainsi qu'il suit :

Épreuves écrites : 1° Une composition littéraire (dissertation, narration, lettre, etc.) ;

2° Une composition sur un sujet de langue française ;

3° Une composition sur un sujet d'histoire moderne ;

4° Une composition sur les langues vivantes (allemand ou anglais, thème et version).

Épreuves orales : 1° Lecture et explication d'un texte français (avec commentaire grammatical, littéraire et historique) ;

2° Correction d'un devoir de littérature ou de grammaire;

3° Leçon sur un sujet d'histoire ;

4° Leçon sur un sujet de géographie avec croquis au tableau s'il y a lieu ;

5° Leçon sur un sujet de morale;

6° Interrogation sur les langues vivantes (allemand ou anglais).

Les textes à expliquer sont choisis dans les ouvrages portés au programme de l'enseignement secondaire des jeunes filles.

Les leçons sont tirées au sort parmi les questions énumérées au même programme.

Les interrogations de langues vivantes portent sur les auteurs désignés audit programme (4° et 5° année).

Le jury doit tenir compte aux aspirantes de leur aptitude pour la diction.

La nature et la durée des épreuves dans l'*ordre des sciences* sont déterminées ainsi qu'il suit :

Épreuves écrites : 1° Une composition de mathématiques;

2° Une composition de physique et de chimie;

3° Une composition d'histoire naturelle ;

4° Une composition littéraire.

Épreuves orales: 1° Une leçon de mathématiques;

2° Une leçon de physique ou de chimie (avec expériences);

3° Une leçon d'histoire naturelle avec démonstration ;

4° Une interrogation sur les langues vivantes (allemand ou anglais) avec thème au tableau.

Les épreuves écrites et les leçons portent sur les sujets énoncés au programme de l'enseignement secondaire des jeunes filles.

Certificat d'aptitude à l'enseignement secondaire des jeunes filles

Une session d'examens a lieu chaque année pour la délivrance du certificat d'aptitude à l'enseignement secondaire des jeunes filles dans l'ordre des lettres et dans l'ordre des sciences.

Pour se présenter à cet examen, les aspirantes doivent produire soit le diplôme de fin d'études secondaire des jeunes filles, soit un diplôme de bachelier, soit le brevet supérieur de l'enseignement primaire.

Les examens ont lieu à la fin de l'année scolaire; la date en est fixée par le Ministre.

Les inscriptions sont reçues au secrétariat des académies.

Les aspirantes produisent en s'inscrivant : 1° leur acte de naissance constatant qu'elles ont vingt ans accomplis au 1er juillet de l'année où elles se présentent ; 2° l'un des diplômes ci-dessus spécifiés ; 3° une notice individuelle.

Elles font connaître en même temps si elles se présentent pour les lettres ou pour les sciences.

L'examen comprend des épreuves écrites et orales qui concourent au classement définitif.

Les épreuves écrites se font au chef-lieu de chaque académie.

Deux compositions ne peuvent avoir lieu le même jour.

Les épreuves orales sont subies à Paris.

La nature et la durée des épreuves dans l'*ordre des lettres* sont déterminées ainsi qu'il suit :

Épreuves écrites : 1° Une composition sur un sujet de langue française ;

2° Une composition sur un sujet de littérature ou de morale ;

3° Une composition sur un sujet d'histoire ;

4° Une composition sur les langues vivantes (allemand ou anglais, thème et version).

Épreuves orales : 1° Lecture d'un texte français (avec commentaire historique, grammatical et littéraire). Le jury tiendra compte aux aspirantes de leur aptitude pour la diction ;

2° Leçon, suivie d'une interrogation, sur l'histoire ;

3° Interrogation sur la géographie (avec croquis au tableau s'il y a lieu) ;

4° Interrogation sur la morale ;

5° Interrogation sur les langues vivantes (allemand ou anglais).

La liste des ouvrages dans lesquels doivent être choisis les textes à expliquer et ceux sur lesquels doivent porter les interrogations relatives à la diction est arrêtée chaque année par le Ministre.

La composition écrite et la leçon d'histoire portent sur un sujet tiré de l'histoire de France et des principaux États de l'Europe pendant la période de 1515 à 1815 ; les interrogations sur l'ensemble du programme de l'enseignement secondaire des jeunes filles.

Le sujet de la leçon est tiré au sort.

Les interrogations de géographie portent sur la géographie générale des cinq parties du monde.

Les interrogations de morale portent sur les questions énoncées au programme de l'enseignement secondaire des jeunes filles ; les interrogations de langues vivantes, sur les auteurs désignés par arrêté ministériel.

La nature et la durée des épreuves dans l'*ordre des sciences* sont déterminées ainsi qu'il suit :

Épreuves écrites: 1° Une composition de mathématiques ;

2° Une composition de physique et de chimie ;

3° Une composition d'histoire naturelle ;

4° Une composition sur un sujet de littérature ou de morale.

Épreuves orales : 1° Interrogation sur les mathématiques.

2° Interrogation sur la physique et la chimie ;

3° Interrogation sur l'histoire naturelle ;

4° Lecture d'un texte français. (Le jury tient compte aux aspirantes de leur aptitude pour la diction);

5° Interrogation sur les langues vivantes (allemand ou anglais), avec thème au tableau.

Les épreuves écrites scientifiques et les interrogations portent sur les sujets énoncés au programme de l'enseignement secondaire des jeunes filles.

Les interrogations de langues vivantes portent sur les auteurs désignés audit programme (4e et 5e année).

Certificat d'aptitude à l'enseignement des langues vivantes

La date de l'examen pour le certificat d'aptitude à l'enseignement des langues vivantes dans les lycées et collèges de jeunes filles (allemand, anglais, italien, espagnol), est fixée, chaque année, par le Ministre, au moins six mois d'avance.

La commission instituée pour examiner les aspirantes à ce certificat est composée de trois membres au moins désignés par le Ministre.

Les aspirantes se font inscrire au moins deux mois avant le jour de l'ouverture de l'examen, au secrétariat de l'académie dans laquelle elles résident.

En s'inscrivant, les aspirantes au certificat d'aptitude doivent produire : 1° leur acte de naissance ; 2° soit un diplôme de bachelier (lettres, sciences, enseignement spécial ou enseignement moderne) ou un titre étranger reconnu équivalent, soit le certificat d'aptitude à l'enseignement spécial (lettres), soit le certificat d'aptitude à l'enseignement des classes élémentaires, soit le certificat d'aptitude au professorat des écoles normales primaires, soit le brevet de capacité supérieur de l'enseignement primaire, soit le diplôme d'études secondaires de jeunes filles.

Chaque aspirante, outre ses diplômes, est tenue de déposer, en s'inscrivant son *curriculum vitæ.*

Dans ce *curriculum,* écrit en entier et signé par elle, elle fera connaître ses antécédents, l'établissement ou les établissements auxquels elle a été attachée, soit comme élève, soit comme professeur, les fonctions diverses qu'elle a remplies, celles qu'elle exerce en ce moment, et depuis quand elle les exerce.

Le Recteur doit donner avis des inscriptions, dans les huit jours, au Ministre de l'Instruction publique, en y joignant ses observations.

La liste des aspirantes est définitivement arrêtée par le Ministre, et celles qui sont admises à prendre part aux épreuves sont averties quinze jours au moins avant l'ouverture du concours.

. Les épreuves du certificat d'aptitude à l'enseignement des langues vivantes sont de deux sortes : les épreuves préparatoires et les épreuves définitives.

Les épreuves préparatoires consistent en compositions qui se font à Paris, sous la surveillance d'un des membres du jury, soit hors de Paris au chef-lieu académique, sous l'autorité du Recteur et sous la surveillance d'inspecteurs d'Académie, de professeurs de facultés ou de lycées désignés par le Recteur.

Avant de subir les épreuves préparatoires chaque aspirante appose sa signature sur une feuille disposée à cet effet, en y joignant l'indication de ses grades universitaires ou des titres qui y sont assimilés. Cette signature est reproduite sur chacune des compositions.

Les sujets de composition sont donnés par le président du jury, sous l'approbation du Ministre.

Le jury dresse, d'après le résultat des épreuves préparatoires, une liste, par ordre alphabétique, des aspirantes admises à prendre part aux épreuves définitives ; cette liste est immédiatement transmise au Ministre et rendue publique.

Les épreuves définitives sont subies à Paris.

Les aspirantes sont tenues, à peine d'exclusion, de subir toutes les épreuves aux jours et heures qui leur sont indiqués. Aucune excuse n'est admise si elle n'est jugée valable par le jury.

Les épreuves préparatoires comprennent :

1° Un thème ;

2° Une version ;

3° Une composition française sur un sujet de grammaire ou sur un sujet se rapportant à la pédagogie spéciale des langues vivantes.

La durée de chacune de ces compositions est de trois heures.

Les aspirantes ne peuvent faire usage de dictionnaires ni de lexiques.

Les épreuves définitives consistent :

1° En un thème oral ;

2° En une version orale ;

3° En une leçon grammaticale et en une conversation dans la langue étrangère choisie par l'aspirante ;

4° En deux interrogations, l'une sur la littérature étrangère, l'autre sur la littérature française.

Les commentaires se font tour à tour en français et dans la langue étrangère.

La liste des auteurs à expliquer est publiée chaque année par le Ministre, avant le 1er octobre.

La durée de la préparation de la leçon est d'une heure.

La prononciation du français et de la langue

étrangère est l'un des éléments essentiels de l'appréciation du jury.

Après la dernière épreuve, le jury apprécie la valeur des épreuves de chaque aspirante et désigne, par ordre de mérite, celles qu'il estime dignes d'obtenir le certificat d'aptitude. En cas de partage, la voix du président est prépondérante.

Le procès-verbal de toutes les opérations, séance par séance, est dressé par un des juges remplissant les fonctions de secrétaire, et signé par tous. Chacun d'eux peut y joindre ses observations particulières. Ce procès-verbal est transmis au Ministre, avec un rapport du président du jury.

Un délai de dix jours est accordé, pendant lequel toute aspirante ayant pris part à tous les actes de l'examen, peut se pourvoir devant le Ministre contre les résultats dudit examen, mais seulement pour violation des formes prescrites.

L'institution n'est donnée qu'après l'expiration de ce terme et le jugement des réclamations qui seraient intervenues.

BACCALAURÉATS

Baccalauréat de l'Enseignement secondaire classique.

Le baccalauréat de l'enseignement secondaire classique a été substitué, par le décret du 8 août 1890, aux baccalauréats ès lettres et ès sciences. Les épreuves sont divisées en deux parties. Celles de la première partie sont les suivantes :

Épreuves écrites (éliminatoires) : une version latine et une composition française.

Épreuves orales : Des explications de textes latins, grecs et anglais ou allemands, et des interrogations sur les matières du programme de la classe de rhétorique.

Les épreuves de la seconde partie, qui sont subies au moins un an après celles de la première, sont divisées en trois séries, selon le diplôme que veut obtenir le candidat : Lettres-philosophie, Lettres-mathématiques, Lettres-sciences physiques et naturelles. Dans chaque série, il y a des épreuves écrites (éliminatoires), et des épreuves orales qui portent sur le cours de la classe de mathématiques élémentaires.

Avant l'examen, chaque candidat doit déposer au secrétariat de la Faculté des lettres ou des sciences :

1° Son acte de naissance légalisé, constatant qu'au moment de l'examen il aura seize ans accomplis ;

2° Une demande écrite de sa main et signée de ses nom et prénoms ;

3° Une note indiquant, pour l'examen de la première partie, sur quelle langue il désire être interrogé ; pour la seconde partie, quelle série d'épreuves il demande à subir.

Les droits d'examen sont les suivants :

Examens (deux à 30 fr.).	60 fr.
Certificat d'aptitude (deux à 10 fr.).	20 fr.
Diplôme	40 fr.
Total	120 fr.

Baccalauréat de l'Enseignement secondaire moderne.

Les épreuves de ce baccalauréat sont divisées en deux parties, subies à un an d'intervalle.

Les épreuves de la première partie sont :

Épreuves écrites (éliminatoires). — Un thème anglais et une version allemande, ou un thème allemand et une version anglaise, italienne ou espagnole ; une composition française.

Épreuves orales. — Explications de textes français, allemand et anglais, espagnol ou italien ; interrogations sur l'histoire, la géographie, les mathématiques, la physique et la chimie.

Les épreuves de la seconde partie se divisent en trois séries, correspondant aux diplômes de Lettres-philosophie, Lettres-sciences, Lettres-mathématiques. Les épreuves écrites (éliminatoires) comportent une dissertation sur un sujet de philosophie, ou une composition de mathématiques et de physique.

Les épreuves orales portent :

Pour la 1re série, sur la philosophie, l'histoire contemporaine, la géographie, la littérature et l'histoire naturelle ;

Pour la 2e série, sur les mathématiques, la physique, la chimie, l'histoire naturelle, l'histoire contemporaine, la philosophie et la géographie ;

Pour la 3e série, sur les mathématiques, la physique, la chimie, l'histoire contemporaine et la philosophie.

Les conditions d'admissibilité à l'examen sont

les mêmes que pour le baccalauréat secondaire classique.

Bourses des Lycées et Collèges de jeunes filles.

Les bourses d'enseignement secondaire entretenues par l'État, les départements et les communes dans les lycées et collèges de jeunes filles, sont partagées en trois catégories :

1° Bourses d'internat ;

2° Bourses de demi-pensionnat ;

3° Bourses d'externat.

Les bourses d'internes et de demi-pensionnaires peuvent être fondées soit dans les pensionnats annexés par les villes aux lycées ou aux collèges, soit, à défaut de ces internats municipaux, dans des institutions libres ou dans les familles agréées par le Ministre.

Les bourses de l'État ne sont accordées qu'après enquête constatant l'insuffisance de fortune de la famille. Elles sont conférées aux enfants qui se sont fait remarquer par leur aptitude, et particulièrement à celles dont la famille a rendu des services au pays.

Les bourses des départements et des communes sont concédées dans les mêmes conditions.

Suivant les titres et la situation de fortune des postulantes, les bourses de l'État, des départements et des communes sont entières ou fractionnées ainsi qu'il suit :

Les bourses d'internat et de demi-pensionnat, en demi-bourses ou en trois quarts de bourse ;

Les bourses d'externat en demi-bourses.

Les boursières de l'État sont nommées, sur la proposition du Ministre de l'Instruction publique, par le Président de la République.

Les boursières des départements sont nommées par les conseils généraux; les boursières communales par les conseils municipaux, avec approbation du préfet.

Le Recteur de l'Académie intervient, comme délégué du Ministre de l'Instruction publique, afin de constater l'exécution des règlements scolaires.

Le Ministre, pour les boursières de l'État; les conseils généraux pour celles des départements, et les conseils municipaux pour les boursières communales, peuvent accorder des promotions de bourses aux élèves inscrites au tableau d'honneur spécial dressé à la fin de chaque année scolaire par les directrices des lycées et collèges, après avis des professeurs.

Les boursières de l'État, des départements et des communes restent en possession de leur bourse jusqu'à l'âge de dix-huit ans accomplis. Si elles atteignent cet âge avant l'expiration de l'année classique, leur bourse est prorogée de droit jusqu'à la fin de la dite année.

Une prolongation d'études peut être accordée aux boursières inscrites au tableau d'honneur. Une seconde prolongation peut être accordée à celles qui ont été déclarées admissibles à l'école normale secondaire de Sèvres.

Des bourses peuvent être concédées sans examen à des élèves ayant plus de dix-sept ans et moins de vingt ans, si elles sont pourvues du grade de

bachelier ou du diplôme de fin d'études secondaires.

En cas de faute grave, les directrices de lycées
et collèges ont le droit de rendre provisoirement
une boursière à sa famille, sauf à en référer immédiatement au Recteur de l'Académie.

En cas d'insubordination habituelle et d'incapacité notoire, l'élève boursière peut, après deux
avertissements notifiés à la famille, être privée de
sa bourse.

La déchéance de la bourse, quelle qu'en soit
l'origine, est prononcée par le Ministre.

Examen d'aptitude. — Les aspirantes aux
bourses d'enseignement secondaire doivent justifier, par un examen préalable, qu'elles sont en état
de suivre la classe correspondant à leur âge.

Cet examen est subi devant une commission spéciale de cinq membres, nommée par le Recteur de
l'Académie et siégeant au chef-lieu du département.
Deux dames au moins font partie de cette commission.

Les examens pour la délivrance du certificat
d'aptitude aux bourses ont lieu chaque année dans
le courant du mois d'avril, au chef-lieu de chaque
département.

Les aspirantes doivent être inscrites du 1er au
25 mars, au secrétariat de la préfecture de leur
résidence ou de la résidence de leur famille.

La demande d'inscription doit être accompagnée
des pièces suivantes :

1° L'acte de naissance de l'aspirante ;

2° Un certificat de la directrice de l'établissement où elle a commencé ses études : ce certificat donne le relevé sommaire des notes obtenues par l'élève pour la conduite et le travail depuis la rentrée des classes et pendant l'année scolaire précédente, la liste des places de composition, avec indication de la classe et du nombre des élèves de sa division ; la liste de ses prix et accessits. Le certificat n'est pas exigé des aspirantes qui ont été élevées dans leur famille ;

Si l'élève sort d'une école primaire, les mêmes pièces sont fournies par l'institutrice, qui y joint, s'il y a lieu, le certificat d'études primaires ;

3° Une déclaration du père de famille faisant connaître sa profession, les prénoms, âge, sexe et profession de chacun de ses enfants vivants, le montant de ses ressources annuelles et celui de ses contributions ; la dite déclaration qui doit être signée du postulant et certifiée exacte par le maire de la commune, indiquera, en outre, si des bourses, remises ou dégrèvements ont déjà été accordés précédemment à l'aspirante ou à ses frères ou sœurs.

Après avoir vérifié la régularité des pièces fournies et procédé à une enquête sur les titres et la position de la famille, le préfet transmet le dossier au Recteur, qui le fait parvenir au Ministre de l'instruction publique.

Les aspirantes sont distribuées en autant de séries qu'il y a d'années de cours dans l'enseignement secondaire. Le résultat de l'examen est valable aussi longtemps que l'aspirante appartient, par son âge, à la série dans laquelle elle a été examinée.

Les séries d'examen sont ainsi réparties :

1re *série*. — Pour la première année de cours les aspirantes doivent avoir moins de treize an accompli au 1er octobre de l'année du concours ;

2e *série*. — Deuxième année de cours, moins de quatorze ans accomplis au 1er octobre de l'année du concours ;

3e *série*. — Troisième année de cours, moins de quinze ans accomplis au 1er octobre de l'année du concours ;

4e *série*. — Quatrième année de cours, moins de seize ans accomplis au 1er octobre de l'année du concours ;

5e *série*. — Cinquième année de cours, moins de dix-sept ans accomplis au 1e octobre de l'année du concours.

Programme des examens. — Les aspirantes sont interrogées, savoir :

Pour la 1re série, sur les matières du cours moyen de l'enseignement primaire obligatoire ;

Pour la 2e série, sur les matières du programme du cours de première année secondaire, et ainsi de suite jusqu'à la cinquième série.

L'examen se divise en une épreuve écrite et une épreuve orale.

L'*épreuve écrite* (éliminatoire) comprend :

Pour la 1re série, une dictée française suivie de questions sur certaines parties du texte permettan de constater chez les aspirantes la connaissance de la langue et de l'intelligence du texte, et une composition sur une des matières du cours moyen de l'enseignement primaire obligatoire ;

Pour la 2ᵉ et la 3ᵉ séries, deux compositions, l'une littéraire, l'autre scientifique, sur les matières des cours de première et deuxième années ;

Pour la 4ᵉ et la 5ᵉ séries, deux compositions, l'une littéraire ou historique ; l'autre scientifique, sur les matières des cours de troisième et de quatrième années, et une version de langue vivante.

Le nombre maximum de points à compter pour chaque épreuve écrite est de vingt. Pour être admise à l'épreuve orale, l'aspirante doit obtenir au moins la moyenne des points dans l'ensemble des épreuves écrites, soit vingt points dans les trois premières séries et trente points dans les deux autres.

Les épreuves orales portent sur les matières suivantes :

Pour la 1ʳᵉ série : grammaire, calcul, histoire, géographie ;

Pour les 2ᵉ et 3ᵉ séries : langue française, histoire et géographie, mathématiques, histoire naturelle ;

Pour la 4ᵉ série : littérature, histoire et géographie, sciences, langues vivantes ;

Pour la 5ᵉ série : morale et littérature, histoire, sciences, langues vivantes. Les élèves de la 5ᵉ série peuvent demander à être interrogées en outre sur les matières facultatives du cours de quatrième année, mais il n'en sera tenu compte que si le chiffre des notes obtenues dépasse 5 points, et l'excédent pourra servir à parfaire au besoin le minimum obligatoire.

Chaque épreuve orale est notée à l'échelle de 0 à 10.

Nulle ne peut être admise définitivement au certificat d'aptitude qu'avec la moitié du maximum des points attribués à l'ensemble des épreuves écrites et orales.

L'épreuve de langues vivantes, à l'examen écrit et à l'examen oral, porte sur l'anglais ou l'allemand.

L'obtention du certificat d'aptitude ne confère aucun droit absolu. Toutes les demandes de bourses de l'État sont soumises à une commission centrale siégeant au ministère, qui les classe par ordre de mérite d'après l'ensemble des titres produits à l'appui.

Cette commission tient compte aux aspirantes des deux premières séries de la production du certificat d'études primaires.

ÉCOLE NORMALE SECONDAIRE DES JEUNES FILLES

Cette école a été créée par une loi du 26 juillet 1881, dans le but de préparer des professeurs femmes pour les établissements d'enseignement secondaire des jeunes filles, collèges et lycées, institués par la loi du 20 décembre 1880.

L'École comprend deux sections : celle des lettres et celle des sciences. Elle est installée dans les bâtiments de l'ancienne manufacture de Sèvres (Seine-et-Oise).

La durée des cours est de trois ans.

Un concours pour l'admission à l'École normale secondaire de Sèvres est ouvert chaque année à la date fixée par un arrêté ministériel qui indique l'époque des inscriptions. Ces inscriptions sont reçues au secrétariat de chaque académie.

Les aspirantes doivent être âgées de vingt-quatre ans au plus et de dix-huit ans au moins, et justifier soit du diplôme de fin d'études secondaires des jeunes filles, soit d'un diplôme de bachelier, soit du brevet supérieur de l'enseignement primaire.

Elles doivent produire, en s'inscrivant :

1° Leur acte de naissance ; 2° les diplômes qu'elles ont obtenus ; 3° un certificat de médecin, constatant leur aptitude physique aux fonctions de l'enseignement ; 4° une notice individuelle renfermant les indications suivantes : établissements où l'aspirante a fait ses études, fonctions actuelles, services antérieurs dans l'enseignement public ou libre, épreuves subies antérieurement, profession des parents.

Elles font connaître en même temps si elles se présentent pour la section des lettres ou pour la section des sciences.

L'examen se compose d'épreuves écrites et d'épreuves orales.

Les épreuves écrites, qui se font au chef-lieu de chaque académie, comprennent :

1° Pour la *section des lettres*, une composition :

Sur la langue et la littérature françaises (4 heures).

Sur l'histoire et la géographie (4 heures).

Sur les éléments de la morale (3 heures).

Sur les langues vivantes (allemand ou anglais, thème et version, 4 heures) ;

2° Pour la *section des sciences*, une composition :

Sur l'arithmétique et la géométrie (4 heures).

Sur la physique et la chimie (4 heures).

Sur l'histoire naturelle (3 heures).

Sur un sujet de littérature ou de morale (3 heures).

Sur les langues vivantes (allemand ou anglais, thème et version, 4 heures).

L'admissibilité est prononcée, d'après l'ensemble des compositions écrites, par les jurys d'examens, soit des lettres, soit des sciences, composés des professeurs, sous la présidence de la directrice de l'École.

Les jurys fixent, préalablement à la correction, le coefficient attribué à chaque épreuve, soit écrite, soit orale.

L'examen oral porte sur les mêmes matières que les épreuves écrites et sur la diction. Il a lieu, à Sèvres, devant les commissions qui ont corrigé les épreuves écrites.

Les programmes des épreuves écrites et orales sont arrêtés, chaque année, par le Ministre et publiés avant le 1er octobre.

Il est tenu compte aux aspirantes des connaissances spéciales dont elles font preuve dans la langue latine et dans une seconde langue vivante.

L'admission est prononcée par arrêté ministériel, sur la proposition des jurys d'examens, d'après l'ensemble des épreuves écrites et des examens oraux.

Les élèves définitivement admises doivent, dans les huit jours de leur entrée à l'École, produire l'engagement, ratifié par leurs familles, si elles sont mineures, de se vouer pendant dix ans à l'enseignement public. En cas de rupture de l'engagement décennal, les élèves ou leurs familles sont tenues de rembourser une somme de 1,000 francs pour chaque année passée à l'École.

Les aspirantes déclarées admissibles aux épreuves orales, et appelées des départements pour subir l'examen définitif, reçoivent une indemnité de 6 fr. par jour pendant la durée des épreuves ; leurs frais de voyage, en deuxième classe, leur sont en outre remboursés. Les frais de séjour et de route ne sont payés qu'aux aspirantes qui ont subi toutes les épreuves orales.

Le régime de l'établissement est l'internat. Toutes les dépenses (instruction, nourriture, etc.), sont supportées par l'État, à l'exception de la fourniture et de l'entretien du trousseau, qui sont laissés à la charge des familles.

Aucun costume spécial n'est imposé aux élèves de l'École normale de Sèvres, mais les objets du trousseau apportés par elles doivent être en nombre suffisant pour assurer le service conformément au règlement de la maison.

Programme pour l'admission à l'École normale secondaire de jeunes filles de Sèvres

Voici, d'après l'arrêté du 6 novembre 1893, le programme établi pour l'admission à l'École de Sèvres :

SECTION DES LETTRES

Langue française

I. Notions très sommaires sur les origines et l'histoire de la langue française.

II. Cours complet de grammaire :

1° *Sons*. — Valeur des lettres. Rapports de l'orthographe et de la prononciation ;

2° *Mots*. — Dérivation et composition. Familles de mots. Sources diverses du lexique. Doublets. Signification des mots. Définitions et classement des sens. Notions sur la synonymie ;

3° *Formes grammaticales*. — Les dix parties du discours ;

4° *Syntaxe*. — Syntaxe des diverses parties du discours dans la proposition simple et dans la proposition composée.

III. Explication, au point de vue de la construction de la phrase et de l'emploi ou de la signification des mots, d'un texte choisi parmi les auteurs classiques du XVIIe siècle.

Littérature

Composition française sous forme de récit, lettre, discours, dissertation, analyse littéraire, etc.

EXAMEN ORAL

1° Lecture et explication d'un texte pris dans un des auteurs et des ouvrages suivants :

Bossuet. — *Oraison funèbre de Madame*.

La Bruyère. — Chapitre V : *De la Société et de la Conversation*.

Fénelon. — *De l'Éducation des filles*.

Voltaire. — *Siècle de Louis XIV* (chapitres XXXII, XXXIII, XXXIV).

Corneille. — *Polyeucte*.

Racine. — *Andromaque*.

Molière. — *Le Bourgeois gentilhomme*.

La Fontaine. — *Fables* : livres IV, V, VI.

Boileau. — *Satires* II, IX.

Petit de Julleville. — *Morceaux choisis* (Masson, éditeur). XVIIIe et XIXe siècles (T. III).

2° Interrogations sur les matières suivantes :

Notions générales de littérature.

Prose, poésie. Les principaux genres littéraires.

Principes de composition. Invention, disposition, élocution. Qualités générales et qualités particulières du style.

Notions sommaires de l'histoire des deux littératures classiques de l'antiquité.

Notions de l'histoire de la littérature française depuis ses origines.

Histoire abrégée de la littérature française depuis le commencement du XVIIe siècle jusqu'à la fin du premier tiers du XIXe siècle.

Histoire

I

Le monde européen à la fin du xv° siècle.

Idée générale de la Renaissance en Italie et en France.

Découvertes géographiques.

Les guerres d'Italie.

Les papes Jules II et Léon X.

Charles-Quint. Lutte de la France et de la maison d'Autriche sous François Ier et Henri II.

Notions sommaires sur la Réforme. Luther et Calvin.

Les luttes religieuses. Philippe II, Élisabeth. La Ligue en France et les États-Généraux.

Henri IV et Sully.

Louis XIII et Richelieu. Concentration du pouvoir monarchique.

La guerre de Trente-Ans et les traités de Westphalie.

Gouvernement personnel de Louis XIV. Administration de Colbert et de Louvois. Guerres et traités jusqu'en 1715.

Notions générales sur les lettres, les sciences et les arts au xviie siècle.

L'Angleterre au xviie siècle.

Pierre-le-Grand et Charles XII.

Louis XV. Le système de Law. Guerres et traités jusqu'en 1774.

Guerres maritimes et coloniales des Français et des Anglais au xviiie siècle.

Frédéric II et Marie-Thérèse.

Catherine II. Russie, Pologne, Turquie.

Louis XVI. Guerre de l'indépendance des États-Unis.

Mouvement de réformes en France et en Europe.

Les philosophes. Turgot, Necker.

Notions sommaires sur l'état politique et social de la France à la veille de la Révolution.

La Révolution de 1789. Constituante. Principales institutions.

Législative. Convention. Directoire. Guerre contre l'Europe.

Consulat. — Institutions du Consulat.

Empire. Guerre et traités jusqu'en 1815.

II

L'Europe après les traités de 1815.

Louis XVIII et Charles X. La Sainte-Alliance.

Louis-Philippe. Conquête de l'Algérie.

Notions sommaires sur les lettres, les sciences, les arts, le développement de l'industrie à la fin du xviiie siècle et au xixe siècle.

La Révolution de 1848 et le gouvernement républicain.

Le Second Empire. Guerres de Crimée, d'Italie, du Mexique; la guerre de 1870.

Résumé des modifications territoriales et politiques survenues depuis 1815 dans les pays suivants: Allemagne, Autriche-Hongrie, Belgique, Empire ottoman, Russie, Italie, États-Unis de l'Amérique du Nord, Amérique du Sud.

Développement des colonies anglaises. Les Anglais et les Russes en Asie.

Idées sommaires des principales constitutions politiques du monde.

Géographie

I. — *Géographie générale*

Notions élémentaires de géographie mathématique et de cartographie. — Étude des océans ; leur division ; répartition des profondeurs marines ; grands courants maritimes et leurs effets .Les continents : notions essentielles de géologie ; répartition des continents. — Relief du globe ; montagnes massifs, chaînes, plateaux ; distinction et classification des principales formes de relief, principaux traits du relief des continents. — Eaux courantes et lacs ; sources ; classification des fleuves ; discussion de la théorie des lignes de partage des eaux et des bassins. — Étude générale des côtes. — Notions sommaires sur les climats ; vents et pluies ; steppes, déserts. — Notions sommaires sur la répartition des plantes, des animaux, des races humaines.

II. — *Étude de quelques régions caractéristiques du globe*

L'Empire russe en Europe et en Asie.
Le Dominion du Canada.
L'Australie.

III. — *Géographie physique de la France*

Notions élémentaires de géologie; terrains perméables et imperméables.

Relief du sol; comment le relief de la France se rattache au relief du reste de l'Europe. — Classification des montagnes et des plaines; massifs, plateaux, chaines, collines.

Rapport du relief avec la géologie.

Esquisse d'une étude du régime des pluies. — Formation des sources, ruissellement des eaux; fleuves et rivières; classification, régime; comparaison avec les cours d'eaux d'autres régions de la zone tempérée.

Étude des côtes dans leur rapport avec le relief; pays montagneux et côtes rocheuses; plaines et côtes plates; plateaux et falaises; deltas, lagunes, étangs littoraux.

Climat; déterminer des régions climatériques, mais seulement après avoir indiqué les modifications graduelles du climat, suivant l'éloignement plus ou moins grand de la mer, suivant la latitude, suivant le relief.

SECTION DES SCIENCES

Arithmétique et Algèbre

EXAMEN ÉCRIT ET EXAMEN ORAL

Nombres entiers. Les quatre opérations.
Propriété des facteurs d'un produit.
Divisibilité par 2, 5, 4, 25, 8, 3, 9, 11.

Plus grand commun diviseur de deux ou de plusieurs nombres. Tout nombre qui divise un produit de deux facteurs, et qui est premier avec l'un d'eux, divise l'autre.

Plus petit commun multiple de deux ou de plusieurs nombres.

Décomposition des nombres en facteurs premiers. Formation du plus grand commun diviseur et du plus petit commun multiple de plusieurs nombres décomposés en facteurs premiers.

Fractions ordinaires. Simplification et réduction au même dénominateur. Opérations. Fractions de fractions.

Nombre décimaux rattachés aux fractions. Opérations. Conversion des fractions ordinaires en fractions décimales.

Système métrique.

Carré et racine carrée. Formation d'une table de carrés. Racine carrée des nombres entiers, des nombres fractionnaires, des nombres décimaux, à une approximation donnée.

Rapports et proportions. Partage d'un nombre en parties proportionnelles à des nombres donnés.

Règles de trois, de sociétés, de mélanges, d'alliages.

Intérêt. Escompte. Rente française.

Les différentes expressions algébriques. Emploi des lettres. Monômes. Polynômes. Addition, soustraction, multiplication et division des monômes et des polynômes Fractions algébriques.

Résolution d'une équation du premier degré à une inconnue.

Problèmes sur le mouvement uniforme.

Résolution d'un système de plusieurs équations du premier degré. Équation du deuxième degré.

Progressions arithmétiques et géométriques.

Géométrie

EXAMEN ÉCRIT ET EXAMEN ORAL

Géométrie plane

De la ligne droite. Des angles. Perpendiculaire.

Propriétés du triangle isocèle. Cas d'égalité des triangles.

Perpendiculaires et obliques. Parallèles. Sommes des angles d'un polygone.

Parallélogramme. Propriétés relatives aux côtés, aux angles, aux diagonales. Rectangle. Losange. Carré.

Des arcs et des cordes.

Tangente au cercle.

Mesure des angles.

Problèmes relatifs aux perpendiculaires, aux parallèles, aux tangentes.

Lignes proportionnelles. Propriétés de la bissectrice. Cas de similitude des triangles.

Des lignes proportionnelles dans le cercle.

Relations métriques relatives au triangle.

Problèmes relatifs aux lignes proportionnelles.

Quatrième proportionnelle. Moyenne proportionnelle.

Polygones réguliers. Inscription du carré, de l'hexagone, du triangle équilatéral et du décagone.

Mesure de la circonférence; homothétie.

Aires du rectangle, du parallélogramme, du trapèze, du triangle.

Aires du polygone régulier et du cercle.

Géométrie dans l'espace.

Perpendiculaires et obliques. — Parallélisme des droites et des plans.

Angles dièdres, plans perpendiculaires.

Angles trièdres. Cas d'égalité des angles trièdres.

Physique et Chimie

EXAMEN ÉCRIT ET EXAMEN ORAL

Physique

Pesanteur. Chute des corps ; verticale et horizontale.

Poids. Balance.

Équilibre des liquides pesants. Surface libre.

Pressions sur les parois des vases.

Vases communiquants.

Principe d'Archimède. Corps flottants.

Poids spécifiques. Densité.

Pesanteur des gaz. Pression atmosphérique. Baromètres.

Loi de Mariotte.

Machine pneumatique. Aérostats. Pompes.

Chaleur. Dilatation des corps par la chaleur. Thermomètres.

Changements d'état : fusion, solidification.

Mélanges réfrigérants.

Vaporisation. Vapeurs saturantes.

Ébullition. Distillation.

Conductibilité pour la chaleur.

Acoustique. Production du son. Vitesse du son dans l'air. Réflexion du son. Echos.

Production de l'électricité par le frottement.

Attraction et répulsion. Influence électrique. Électroscope.

Machines électriques. Électrophore.

Foudre. Paratonnerre.

Aimants. Attraction et répulsion.

Action de la terre sur les aimants. Boussole. Piles électriques. Effets calorifiques, chimiques et lumineux.

Optique. Propagation de la lumière. Ombres.

Réflexion de la lumière. Miroirs plans. Miroirs sphériques.

Réfraction de la lumière. Prisme.

Décomposition de la lumière. Prisme. Spectre solaire.

Lentilles. Leurs effets.

Chimie

Corps simples. Corps composés.

Lois des combinaisons chimiques en poids et en volume.

Oxygène. Hydrogène. Eau. Analyse et synthèse de l'eau.

Azote. Air atmosphérique. Sa composition.

Oxydes d'azote. Acide azotique. Ammoniaque. Phosphore. Acide phosphorique.

Soufre. Acide sulfureux. Acide sulfurique. Acide sulfhydrique.

Chlore. Acide chlorhydrique.

Acide borique. Acide silicique.

Carbone. Ses variétés. Acide carbonique. Oxyde de carbone. Carbures d'hydrogène gazeux (acétylène, éthylène, formène).

Histoire Naturelle

EXAMEN ÉCRIT ET EXAMEN ORAL

Zoologie

Caractère des êtres vivants. Règne animal et règne végétal.

Caractères extérieurs qui distinguent les grands types du règne animal.

Fonctions de nutrition.

Notions sur la digestion chez l'homme.

Notions sur la respiration chez l'homme.

Disposition générale de l'appareil circulatoire chez l'homme. Définition de la grande et de la petite circulation. Veine-porte. Sang; lymphe.

Fonctions de relation.

Rôle du squelette et des muscles dans la locomotion. Toucher, goût, odorat. Description générale de l'oreille.

Parties principales de l'œil, formation des images dans l'œil.

Notions élémentaires sur le rôle des nerfs et des centres nerveux.

Idée générale des classifications; valeur des termes par lesquels leurs divisions sont désignées.

Division des vertébrés et des articulés en classes.

Botanique

Caractères distinctifs des végétaux. Cryptogames. Phanérogames. Structure générale des végétaux.

Parties composantes d'une plante phanérogame ; tige, racines, feuilles et fleurs.

Description de la tige. Ses formes principales, Formes diverses des racines. Racines adventives. Radicelles.

Caractères des feuilles ; parties qui les composent.

Parties constitutives d'une fleur complète. Analogie des feuilles et des parties de la fleur. Les fruits et les graines.

Phénomènes généraux de la nutrition des végétaux ; chlorophylle. Absorption par les racines.

Germination ; définition des plantes monocotylédones et des dicotylédones.

PARTIE COMMUNE DES DEUX SECTIONS

Éléments de la morale.

EXAMEN ÉCRIT ET EXAMEN ORAL

1° De la psychologie ; sa place dans la philosophie, ses rapports avec les autres sciences et spécialement avec la morale;

2° De la sensibilité : sensations, sentiments, penchants, passions;

3° De l'intelligence ; perception extérieure, conscience, raison, opérations intellectuelles, association des idées, mémoire, imagination, langage ;

4° De l'instinct;

5° De la volonté ;

6° De l'habitude ;

7° Du libre arbitre ;

8° De la personnalité humaine ;

9° De la conscience et du sentiment moral ;

10° De la morale du devoir et des faux systèmes de morale ;

11° De la responsabilité ;

12° Du mérite et des sanctions de la loi morale ;

13° Des devoirs envers nous-mêmes ;

14° Des devoirs envers nos semblables ;

15° Des devoirs envers la famille ;

16° Des devoirs envers l'État ;

17° Des devoirs des peuples envers les peuples ;

18° Des devoirs relatifs aux animaux et aux choses ;

19° De la culture morale et des moyens de se perfectionner dans la vertu. De l'éducation ;

20° Notions relatives à l'existence de Dieu, à l'immortalité de l'âme et aux devoirs envers Dieu.

Langues vivantes.

EXAMEN ORAL

Explication grammaticale et littéraire d'un texte choisi dans deux ouvrages du programme (4ᵉ et 5ᵉ année) que l'aspirante désignera.

EXAMEN ÉCRIT

Sont seuls autorisés les dictionnaires de poche.

Diction.

Il sera tenu compte des qualités de la diction dans toutes les épreuves.

*Engagement décennal que doivent souscrire,
les élèves admises à l'École normale de Sèvres*

Ainsi que nous l'avons dit plus haut, dans la quinzaine qui suit la rentrée de l'École normale secondaire de Sèvres, les engagements décennaux des élèves nouvellement admises doivent être adressés au Ministre de l'instruction publique. Ces engagements doivent être conformes à l'un des modèles qui suivent, dans lesquels ont été prévues les différentes situations des élèves, savoir :

1° Élèves majeures qui n'ont encore contracté aucun engagement décennal;

2° Élèves mineures qui n'ont encore contracté aucun engagement décennal;

3° Élèves majeures ayant contracté antérieurement un engagement décennal pour l'enseignement primaire ;

4° Élèves mineures ayant contracté antérieurement un engagement décennal pour l'enseignement primaire.

On remarquera qu'il est tenu compte aux élèves du temps qu'elles ont déjà passé dans les écoles normales primaires ou dans les écoles communales; elles doivent seulement s'engager à terminer dans l'enseignement secondaire la période de dix années qu'elles doivent au service de l'Instruction publique.

Toute élève admise à l'École normale de Sèvres étant encore mineure, est astreinte, lorsqu'elle devient majeure, à contracter personnellement l'obligation de rembourser à l'État les frais de séjour à l'École, dans le cas où elle viendrait à rompre son engagement décennal. Le modèle n° 5 est préparé pour cette catégorie d'élèves.

MODÈLE N° 1. — *Élèves majeures n'ayant encore contracté aucun engagement décennal.*

Je, soussignée (nom et prénoms, née le   18
à   , département d   ,
nommée élève de l'École normale secondaire de Sèvres par arrêté du   18   , m'engage, conformément à l'arrêté du 31 janvier 1883, article 12, à me vouer, pendant dix ans, au service de l'Enseignement secondaire public. Je m'oblige, en outre, dans le cas où, par mon fait, je ne remplirais pas en entier mon engagement décennal, à rembourser au Trésor public une somme de mille francs pour chacune des années que j'aurai passées à l'École normale de Sèvres.

Fait à   , le   18   .

(*Signature de l'élève.*)

MODÈLE N° 2. — *Élèves mineures n'ayant encore contracté aucun engagement décennal.*

Je, soussignée (nom et prénoms), née le   18   ,
à   , département d   ,
nommée élève de l'École normale secondaire de Sèvres par arrêté du   18   , m'engage, conformément à l'arrêté du 31 janvier 1883, article 12, à me vouer, pendant dix ans, au service de l'Enseignement secondaire public.

Fait à   , le   18   .

(*Signature de l'élève.*)

Je, soussigné (nom, prénoms, qualité et domicile du père, de la mère ou du tuteur), consens à ce que ma fille (ou pupille), Mlle (nom et prénoms), se voue pendant dix ans à l'Enseignement secondaire public, et je m'oblige, dans le cas où elle romprait son engagement décennal, à rembourser à l'État une somme de mille francs pour chacune des années qu'elle aura passées à l'École normale de Sèvres.

Fait à   , le   18   .

(*Signature du père, de la mère ou du tuteur.*)

MODÈLE N° 3. — *Élèves majeures ayant contracté antérieurement un engagement décennal pour l'enseignement primaire.*

Je, soussignée (nom et prénoms), née le   18 , à   , département d   , nommée élève de l'École normale secondaire de Sèvres par arrêté du   18   , déclare affecter au service de l'Enseignement secondaire public l'engagement que j'ai contracté le   18   , à   , de me vouer, pendant dix ans, au service de l'Instruction primaire. Je m'oblige, en outre, dans le cas où je ne remplirais pas en entier mon engagement décennal, à rembourser au Trésor public une somme de mille francs pour chacune des années que j'aurai passées à l'École normale de Sèvres.

Fait à   , le   18   .

(*Signature de l'élève.*)

MODÈLE N° 4. — *Élèves mineures ayant contracté antérieurement un engagement décennal pour l'enseignement primaire.*

Je, soussignée (nom et prénoms), née le   18 , à   , département d   , nommée élève de l'École normale secondaire de Sèvres par arrêté du   18   , déclare affecter au service de l'Enseignement secondaire public l'engagement que j'ai contracté le   18   , à   , de me vouer, pendant dix ans, au service de l'Instruction primaire.

Fait à   , le   18   .

(*Signature de l'élève.*)

11.

Je, soussigné (nom, prénoms, qualité et domicile du père, de la mère ou du tuteur), consens à ce que ma fille (ou pupille), Mlle (nom et prénoms), affecte au service de l'Enseignement secondaire public l'engagement décennal qu'elle a contracté pour le service de l'Instruction primaire, et je m'oblige, dans le cas où elle romprait cet engagement, à rembourser à l'État une somme de mille francs pour chacune des années qu'elle aura passées à l'École normale de Sèvres.

Fait à   , le   18   .

(Signature du père, de la mère ou du tuteur.)

MODÈLE N° 5. — *Engagement complémentaire que doivent contracter, lorsqu'elles deviennent majeures, les élèves admises à l'École normale de Sèvres en âge de minorité.*

Je, soussignée (nom et prénoms), née le   18 , à   , département d   , nommée élève de l'École normale secondaire de Sèvres par arrêté du   18   , déclare m'obliger solidairement avec mon père (ou ma mère) à rembourser au Trésor public une somme de mille francs pour chaque année passée par moi à ladite École normale de Sèvres, dans le cas où, par mon fait, je ne remplirais pas en entier l'engagement que j'ai contracté de me vouer pendant dix ans au service de l'Enseignement secondaire public.

Fait à   , le   18 .

(Signature de l'élève.)

Note importante. — Ces certificats doivent être légalisés par le Maire, puis par le Préfet du département ou le Sous-Préfet de l'arrondissement où réside la famille. Ils sont, en outre, visés par le Vice-Recteur de l'Académie de Paris.

ENSEIGNEMENT SECONDAIRE LIBRE

COLLÈGE SÉVIGNÉ, A PARIS

Cet établissement d'enseignement secondaire libre a été fondé en 1876. C'est un externat. Les élèves y sont admises dès l'âge de six ans. Elles y suivent quatre séries de cours qui correspondent à peu près à ceux des lycées ou collèges de jeunes filles.

Le chiffre de la rétribution scolaire varie, selon les cours, de 175 à 400 fr. La demi-pension se paie 90 fr. par trimestre.

COURS DE LA SORBONNE

Les cours de la Sorbonne, fondés par l'Association de l'Enseignement secondaire des jeunes filles, se font pendant six mois de l'année. Les élèves qui suivent ces cours paient 75 fr. par trimestre.

ENSEIGNEMENT PRIVÉ

PENSIONNATS

La création des collèges de filles a rendu difficile l'existence des pensionnats particuliers. Cependant, dans les villes où n'existent pas ces collèges, des personnes pourvues du brevet supérieur et ayant des relations dans la bonne société peuvent, avec chances de succès, diriger un de ces établissements.

Tous les bons pensionnats préparent aux examens du brevet simple et du brevet supérieur de l'instruction primaire.

Les personnes munies de leurs brevets qui ne peuvent, pour quelque cause, entrer dans les écoles de l'État, et qui n'ont pas les ressources nécessaires pour ouvrir un pensionnat, peuvent utiliser leurs connaissances dans les professions suivantes :

Sous-maîtresses dans les pensionnats ;

Institutrices à domicile ;

Répétitrices.

Bien que n'offrant pas la même sécurité que les fonctions de professeur de collège ou d'institutrice primaire, l'emploi de sous-maîtresse dans certains pensionnats importants peut être avantageux et même agréable. Mais si l'on s'adresse à des établissements vivant péniblement et acceptant des élèves à tout prix, on a souvent fort à souffrir de la gêne de la maison, et l'on est, pour le moins, l'esclave des parents que la directrice du pensionnat tient à ménager.

Les sous-maîtresses des pensionnats sont ordinairement logées et nourries dans l'établissement; elles reçoivent des appointements variant de 300 à 800 fr. par an.

C'est là souvent leur bâton de maréchal, car elles n'ont pas en perspective de l'avancement comme les institutrices publiques, et elles n'ont souvent pas non plus les mêmes facilités pour développer leur instruction. En général, elles ont aussi moins de loisirs, car elles sont souvent chargées de cent détails qui se trouvent spécialisés dans les établissements d'enseignement public.

La pension de retraite leur échappe également.

A moins que l'on n'espère succéder à la directrice du pensionnat où l'on remplit les fonctions de sous-maîtresse, il est donc de beaucoup préférable d'appartenir à l'enseignement public.

Leçons particulières

Les jeunes personnes pourvues d'un diplôme peuvent trouver dans les leçons particulières données à domicile une occupation avantageuse. Mais, pour réussir dans cette voie, il faut être bien appuyée et avoir une capacité suffisante pour se faire apprécier. Les succès obtenus par les élèves

dans les examens publics, dont on recherche généralement la sanction aujourd'hui, sont souvent la
meilleure des recommandations.

Cours

Dans les grandes villes, les dames institutrices
qui ont des relations bien établies organisent des
cours chez elles, afin de ne pas perdre de temps
dans les courses que nécessitent les leçons particulières. Ces cours sont plus ou moins rémunérateurs, suivant la clientèle et la renommée du professeur.

Formalités à remplir pour l'ouverture d'un pensionnat

Aux termes de la loi du 30 octobre 1886, toute
personne qui veut ouvrir une école privée doit
préalablement déclarer son intention au maire de
la commune où elle veut s'établir, et lui désigner le
local.

Le maire remet immédiatement à la postulante
un récépissé de sa déclaration, et fait afficher
celle-ci à la porte de la mairie pendant un mois. Si
le maire juge que le local n'est pas convenable,
pour raisons tirées de l'intérêt des bonnes mœurs
ou de l'hygiène, il forme dans les huit jours opposition à l'ouverture de l'école et en informe la postulante. Les mêmes déclarations doivent être faites
en cas de changement de local, ou en cas d'admission d'élèves internes.

La postulante adresse les mêmes déclarations au

préfet, à l'inspecteur d'Académie et au procureur de la République ; elle y joint, en outre, pour l'inspecteur d'Académie, son acte de naissance, son acte de mariage, si elle est mariée ; ses diplômes, l'extrait de son casier judiciaire, l'indication des lieux où elle a résidé, et des professions qu'elle y a exercées pendant les dix années précédentes, le plan des locaux affectés à l'établissement, le programme de l'enseignement, le nombre maximum d'élèves qu'elle se propose de recevoir, les noms, prénoms, date de naissance et titres universitaires du personnel enseignant qu'elle doit s'adjoindre, et, si elle appartient à une association, une copie des statuts de cette association.

A défaut d'opposition, l'école est ouverte à l'expiration du mois, sans autre formalité.

Les oppositions à l'ouverture d'une école privée sont jugées contradictoirement par le Conseil départemental dans le délai d'un mois. Appel peut être interjeté de la décision du conseil départemental, dans les dix jours, à partir de la notification de cette décision.

En aucun cas, l'ouverture ne pourra avoir lieu avant la décision d'appel.

Les mêmes formalités doivent être remplies pour l'ouverture d'un établissement d'enseignement secondaire.

Les directrices des écoles primaires libres doivent être âgées de vingt et un ans au moins ; celles des écoles primaires supérieures, de vingt-cinq ans.

Aucune école privée ne peut prendre le titre d'école primaire supérieure si la directrice n'est munie des brevets exigés pour les directrices des écoles primaires supérieures publiques.

Les écoles privées sont soumises aux mêmes inspections que les écoles publiques. L'inspection porte sur la moralité, l'hygiène et la salubrité; elle ne peut porter sur l'enseignement que pour vérifier s'il n'est pas contraire aux lois.

Toutes les peines disciplinaires portées par la loi contre les institutrices publiques (réprimande, censure, interdiction, révocation), sont applicables aux institutrices des établissements libres.

ENSEIGNEMENT SUPÉRIEUR

Si la plupart des jeunes filles peuvent aborder les études secondaires et même y briller, il faut convenir que bien peu sont organisées pour suivre utilement les études de l'enseignement supérieur.

Un certain nombre, cependant, les ont abordées avec succès, mais c'étaient évidemment des natures exceptionnelles.

Quoi qu'il en soit, à une époque de progrès comme la nôtre, on ne s'est pas cru en droit de refuser à la femme l'accès des établissements d'enseignement supérieur. Les Facultés françaises lui sont ouvertes depuis 1863. Et en cela, notre pays n'a fait qu'imiter la plupart des États étrangers.

Les femmes sont admises dans les Universités d'Angleterre et d'Irlande. Il y a même à Londres une école de médecine pour les femmes. En 1890, cette école comptait trente-quatre élèves.

En Écosse, l'Université de Saint-Andrews a accueilli les femmes de la façon la plus large. Vingt bourses d'études sont mises au concours par parts égales entre les étudiants et les étudiantes.

En Belgique, deux lois confèrent aux femmes l'entrée des Facultés : celle du 20 mai 1876 et celle du 10 avril 1890. De 1882 à 1889, les Universités de Bruxelles, Gand et Liège ont inscrit plus de cent cinquante jeunes filles.

Les Universités hollandaises : celles d'Amsterdam, de Groningue, de Leyde, d'Utrecht, sont ouvertes aux femmes, et sont très fréquentées par elles.

En Italie, depuis 1876, les femmes sont autorisées à se faire inscrire comme étudiantes.

La Suède, la Norvège, le Danemark accueillent également les femmes dans leurs Universités.

En revanche, l'Espagne — qui pourtant accepte des femmes à la tête de son gouvernement — leur refuse l'entrée des cours universitaires.

Les femmes ne sont pas non plus admises dans les Universités de la Russie. Une école de médecine leur est toutefois consacrée dans ce pays.

Aux États-Unis les femmes sont reçues dans toutes les Universités.

C'est dans les Universités suisses qu'on trouve le plus grand nombre d'étudiantes. Cependant l'Université de Bâle n'a pas encore autorisé les femmes à fréquenter ses cours.

En 1892, sur 3,152 étudiants, les Universités suisses comptaient 432 étudiantes, ainsi réparties par Facultés : droit 8, médecine 170, philosophie 254 ; sur ce nombre, 219 étaient des étrangères, la plupart, étudiantes en médecine.

Hormis dans la médecine — que les femmes professent déjà un peu partout — les lauréates des Facultés n'ont pour la plupart pu jusqu'ici, utiliser leurs diplômes.

On ne trouve de femmes-avocats qu'aux États-Unis

où, dès 1891, cent dix femmes étaient inscrites au tableau des avocats.

Peut-être, cependant, sommes-nous à la veille de voir revêtir à quelques femmes la robe de professeur de Faculté. Deux d'entre elles ont déjà eu cet honneur : Mme Sophie Kowalewska, qui a longtemps été titulaire de la chaire de mathématiques à l'Université de Stockholm, et la doctoresse Giuseppina Catani, qui occupe encore à Bologne la chaire d'histologie dans la Faculté de médecine.

En France, ce sont surtout les Facultés des sciences, de médecine et des lettres qui sont fréquentées par les femmes. Cependant, la Faculté de droit de Paris a reçu l'inscription de deux jeunes filles : Mlle Bilbesco, reçue docteur en droit en 1890, et Mlle Chauvin, reçue licenciée à la même époque.

Les succès remportés par les femmes dans des études aussi ardues ont été une révélation pour notre époque, en même temps, il est vrai, qu'elles étaient un sujet de crainte pour nombre de philosophes pessimistes.

A ce propos, M. H. de Parville fait remarquer que si, en ce qui concerne la production littéraire, le don créateur est moins accentué chez la jeune fille que chez le jeune homme, les facultés d'entendement, de jugement, de raisonnement, sont en revanche très puissantes chez la femme.

« Longtemps, dit-il, on a cru que le cerveau de la femme n'était pas fait pour les spéculations abstraites. Quelle erreur! Quand une jeune fille le veut, elle acquiert rapidement les connaissances scientifiques les plus ardues. L'expérience de ces dernières années est bien là pour le prouver. La femme apprend le droit, la médecine, l'histoire naturelle, les mathématiques aussi bien, sinon mieux que l'homme, et elle se montre souvent supérieure à l'homme dans ces travaux sévères. »

Certaines femmes semblent, en effet, prédestinées pour l'étude des sciences. Telle est Mlle Dorothée Klumpke, américaine, qui a obtenu récemment à Paris le grade de docteur ès-sciences mathématiques. Notons qu'une de ses sœurs s'était, quelque temps auparavant, fait recevoir docteur en médecine.

« Mlle Klumpke est la première femme qui aura conquis le grade de docteur ès sciences mathématiques, dit M. de Parville. Attachée depuis plusieurs années à l'Observatoire de Paris, elle y a poursuivi des études importantes; elle dirige en ce moment les travaux très délicats du repérage des clichés de la grande carte photographique du ciel. Sa thèse de docteur portait sur une question de mathématiques extrêmement difficile, problème abordé par Maupertuis, par Laplace, par Mme Sophie Kowalevska, relatif aux anneaux de Saturne. Il fallait voir avec quelle maestria elle faisait défiler les équations les plus complexes sur le tableau noir de la Sorbonne. Évidemment, la vieille conception que beaucoup de personnes se faisaient de la femme devra se modifier du tout au tout. Même dans les sciences, la femme de génie existe et s'affirme par des travaux supérieurs. M. Darboux, l'éminent géomètre, doyen de la Faculté des sciences, qui présidait le jury, l'a fort bien dit en s'adressant à Mlle Klumpke : « Les grands noms de Galilée, de Huygens, de Cassini, de Laplace, sans parler de ceux de mes illustres collègues et amis, sont attachés à l'histoire de chacun des progrès sérieux; dans cette théorie aussi attrayante que difficile, des anneaux de Saturne. Votre travail vient encore apporter une contribution qui n'est pas à dédaigner et vous place dans un rang honorable à côté des femmes qui se sont consacrées à l'étude des mathématiques. »

Après avoir rappelé les travaux scientifiques qui illustrèrent Marie Agnesi au siècle dernier et Sophie Germain au commencement de ce siècle, M. Darboux ajoutait : « Votre thèse, mademoiselle, est la première qu'une femme ait présentée et soutenue avec succès devant notre Faculté pour obtenir le grade de docteur ès sciences mathématiques. Vous ouvrez dignement la voie, et la Faculté s'empresse de vous déclarer digne d'obtenir le grade de docteur avec toutes boules blanches. »

Ainsi que le fait remarquer M. de Parville, les docteurs ès sciences reçus avec toutes boules blanches se comptent. Que deviennent donc toutes les attaques faites contre l'intelligence des femmes, contre les demi-savantes, et qui peuvent se résumer dans ce mot du philosophe allemand Schopenhauer : « Les femmes sont des êtres qui ont les cheveux longs et les idées courtes. »

Le mouvement qui emporte de nos jours certaines femmes exceptionnellement douées jusqu'aux sommets de la science, est loin de nous effrayer autant qu'il effraye certains écrivains. Un d'entre eux, et des plus brillants, écrivait récemment les lignes suivantes [1] :

« La femme autrefois n'avait pas de profession. La grande dame dirigeait sa maison, tenait son salon; la bourgeoise l'imitait selon son pouvoir. Quand le mari était dans le petit commerce, elle était comptable ou vendeuse à côté de lui. L'ouvrière (je veux dire la femme de l'ouvrier) faisait quelque ouvrage à l'aiguille pour la pratique; mais sa besogne principale, presque unique, était de tenir en ordre la pauvre chambre, d'élever et d'instruire tant bien que mal les enfants, de préparer les repas, de faire et d'entretenir les vêtements. La fille du peuple, qui ne trouvait pas de mari, et la veuve avaient grand'-peine à vivre; elles vivaient sordidement, mais honnêtement. Nous avons fait de grands progrès qu'il faut bénir, accompagnés de grands malheurs qu'il faut déplorer. La femme n'est plus, comme autrefois, un être nécessairement dépendant et relatif. On lui a d'abord ouvert les ateliers de la grande industrie, où elle gagne presque autant que son mari, puis elle a obtenu des places d'expéditionnaire, de comptable, de gérante; elle est devenue employée de l'État dans les postes, les télégraphes; employée de chemin de fer, de téléphones, etc. A présent, pour dernier progrès, elle aborde les professions libérales. Elle est institutrice, pharmacienne, médecin (ajoutons qu'elle est en instance pour obtenir son inscription au barreau et plaider comme avocat). En revanche elle n'est plus femme, ou ne l'est plus

[1] M. Jules Simon.

qu'à demi. Elle a son courant d'affaires, son carnet, son cabinet. Elle est tout au plus l'associée de son mari. »

Nous croyons ces craintes un peu exagérées, et nous pensons que, presque toujours, lorsque la femme sort ainsi « de sa sphère » c'est que les circonstances l'y forcent ou qu'une vocation irrésistible l'y pousse. Nous savons que les femmes doivent être femmes avant tout; mais nous sommes persuadé qu'en général, il en est bien peu, même parmi celles qui abordent les hautes études, qui perdent les grâces et la bonté de la femme et ses instincts d'ordre et d'économie.

Nous croyons que la femme est surtout appelée à diriger le ménage, à être la gardienne du foyer, et nous reviendrons plus loin sur cette partie de sa tâche; mais nous pensons aussi que la femme avide d'instruction y a droit tout autant que l'homme, et que celle qui peut lutter contre les difficultés de la vie en développant et en utilisant son intelligence aurait grand tort de négliger une ressource aussi précieuse et aussi honorable.

Les femmes qui abordent l'enseignement supérieur sont, nous le répétons, des natures spéciales, et leur exemple n'est pas à craindre. L'aridité des études aurait vite découragé celles qui seraient insuffisamment armées pour la lutte.

Loin de les dénigrer, sachons donc les encourager et applaudir à leurs succès.

ÉCOLES PROFESSIONNELLES
ET MÉNAGÈRES DE JEUNES FILLES

—

PARIS

Paris possède six écoles municipales professionnelles de jeunes filles. Elles sont situées : rue Fondary, 20 ; rue Bouret, 11 ; rue Bossuet, 12 ; rue
Ganneron, 26 ; rue de Poitou, 17 et rue de la Tombe-
Issoire, à l'angle de la rue de Tolbiac.

Ces établissements sont destinés à enseigner une
profession aux jeunes filles et, en outre, à les familiariser avec les occupations du ménage.

Les élèves y terminent, en outre, leurs études
primaires.

On admet dans ces écoles les jeunes filles âgées
de douze à quinze ans et munies du certificat
d'études primaires.

L'enseignement y est gratuit. Des bourses d'habillement et des bourses de déjeuner ont été instituées par le Conseil municipal pour venir en aide
aux élèves peu fortunées

La durée de l'apprentissage est généralement de
trois ans. Pour quelques professions, comme le

blanchissage, par exemple, elle est réduite à deux ans.

Les élèves dont les notes sont satisfaisantes peuvent obtenir de faire une année d'apprentissage de plus.

A la fin de leurs études, les élèves subissent un examen, à la suite duquel, celles qui réussissent reçoivent un certificat spécial. Ce certificat leur permet souvent de se placer avantageusement.

SOCIÉTÉ POUR L'ENSEIGNEMENT PROFESSIONNEL DES FEMMES

Cette société, fondée en 1862, par Mlle Élisa Lemonnier, possède deux écoles à Paris : l'une située 24, rue Duperré, la seconde, rue des Boulets, 41. Elles comptent chacune environ 200 élèves.

La ville de Paris, le Conseil général de la Seine et plusieurs sociétés y envoient des boursières.

L'enseignement comporte trois années d'études et comprend deux séries de cours : les cours généraux et les cours spéciaux.'

Les cours généraux s'appliquent à la langue française, à l'arithmétique, la géométrie, l'histoire et la géographie, aux sciences élémentaires et à la couture.

Les cours spéciaux se divisent en cours commerciaux et en cours industriels.

Les cours commerciaux comprennent la tenue des livres, la comptabilité générale, des notions de droit civil et commercial et les langues allemande et anglaise.

Les cours industriels : la couture, la coupe, la confection, les costumes de femmes et d'enfants, le raccommodage, etc.

Le dessin industriel comprend : le dessin géométrique, le dessin d'imitation, le dessin d'après nature, l'anatomie, l'histoire de l'art, la composition décorative, la peinture sur faïence, sur émail, sur porcelaine, sur soie, sur bois, sur verre, sur ivoire et la gravure sur bois.

ÉCOLE PROFESSIONNELLE DES TERNES

22 *bis*, RUE BAYEN.

L'enseignement y est analogue à celui des écoles de la Société pour l'Enseignement professionnel des femmes.

Les jeunes filles y sont admises à l'âge de onze ou douze ans. L'enseignement est gratuit.

La durée des études est de trois années. Pendant la troisième, les jeunes filles reçoivent une légère rémunération.

L'enseignement pratique comprend le dessin, la couture, la lingerie, le repassage, le corset, le gilet.

Il y a en outre, dans cette école, une section commerciale ; les programmes sont ceux de l'enseignement général primaire supérieur. On y enseigne la comptabilité et les langues vivantes.

COURS PROFESSIONNELS DE LEVALLOIS-PERRET

Cet établissement, fondé par Mlle Menou, reçoit des élèves internes et des externes. L'enseignement y est entièrement gratuit.

Dans l'internat sont admises les jeunes filles présentées par les membres d'une œuvre française d'enseignement ou de bienfaisance.

L'enseignement comprend deux sections :

1º Une section formant des ouvrières en lingerie et trousseaux. Les études y durent trois années.

2º Une section de dessin et de peinture, comprenant également trois années de cours. On y enseigne le dessin géométrique, le dessin d'ornement d'après le plâtre, les objets usuels d'après nature, le lavis, l'aquarelle, etc. En troisième année, les élèves se divisent en deux sous-sections : la section d'art et la section de dessin industriel.

ÉCOLE PROFESSIONNELLE
DE SAINT-MAUR-LES-FOSSÉS

Cette école, placée sous le patronage du Conseil général de la Seine, est divisée en deux sections. La section industrielle comprend des cours de couture, de coupe et d'assemblage, de confection, de lingerie, de dessin industriel et de céramique.

Les élèves de la section commerciale suivent, outre les cours généraux, ceux de comptabilité et de langue anglaise.

MAISON ISRAÉLITE DE REFUGE
POUR L'ENFANCE

BOULEVARD DE LA SAUSSAYE, 9, NEUILLY-SUR-SEINE.

Cette maison reçoit des orphelines, des enfants abandonnés, des enfants d'ouvriers indigents, etc. L'institution est un internat. On y donne aux jeunes filles une instruction élémentaire, et on les initie aux travaux du ménage.

La maison contient en outre : 1° un atelier de construction; 2° un atelier de broderie d'art et d'ameublement; 3° un atelier de lingerie et de raccommodage.

Les pensionnaires qui sont arrivées à produire un travail utilisable sont rétribuées dans la proportion d'un tiers pour les plus jeunes et d'une moitié pour les plus âgées.

Ces sommes sont placées à la Caisse d'épargne, et les livrets de dépôt sont remis aux pensionnaires à la sortie de l'établissement.

ÉCOLE PROFESSIONNELLE DE CARTONNAGE

Cette école, établie par la *Chambre syndicale du Papier et des industries qui le transforment*, a son siège social rue de Lancry, 10.

Les cours sont ouverts aux jeunes gens des deux sexes, et sont entièrement gratuits. Ils comprennent : la langue française, l'arithmétique, la correspondance et la comptabilité commerciales,

l'histoire de la profession, la géograppie industrielle, les notions élémentaires scientifiques, le
dessin et la confection des cartonnages.

On y admet les apprentis dès l'âge de douze ans,
et on les divise en trois sections, suivant le degré
de leur instruction et leur temps d'apprentissage.

Les cours ont lieu : les lundi, mardi, mercredi et
jeudi, de huit à dix heures du soir, et de huit et
demie à onze heures le dimanche matin. Ils durent
environ sept mois, d'octobre à avril.

A la fin de l'année scolaire, les apprentis subissent
des examens qui se divisent en deux épreuves : une
épreuve pratique portant sur la confection d'un
objet, suivant des conditions déterminées, et une
épreuve théorique consistant dans la description
écrite des procédés employés dans l'épreuve précédente.

Les différentes épreuves sont soumises à l'examen d'un jury, qui se compose en partie égale de
patrons et d'ouvriers de la corporation.

Les élèves qui en sont jugés dignes, reçoivent pour
récompenses, soit des livrets de Caisse d'épargne,
des boîtes d'outils ou des livres.

COURS DE L'ASSOCIATION POLYTECHNIQUE
ET DE L'ASSOCIATION PHILOTECHNIQUE

La création de l'Association Polytechnique remonte à 1830. Elle fut fondée par d'anciens élèves
de l'École polytechnique, et son but fut ainsi défini
par le baron Charles Dupin, un de ses fondateurs :

« Enseigner les sciences appliquées aux jeunes gens de la classe industrielle, à l'heure où finit le travail des ateliers ».

L'Association Philotechnique, fondée, en 1848, par quelques professeurs qui s'étaient détachés de la première association, a le même but. Elle a même des tendances plus marquées à se rapprocher de l'enseignement professionnel.

Les cours ont lieu tous les soirs, de huit heures et demie à dix heures, rue Victor-Cousin, rue d'Argenteuil, 23, rue Corbeau, 34, rue Laugier, 16 (aux Ternes), à la mairie du 3ᵉ arrondissement (Temple), à l'école communale de la rue des Taillandiers, avenue d'Orléans, 19, à Montrouge, rue de l'Ouest, 90, à Plaisance.

Les cours accessibles aux jeunes filles sont les suivants :

Lecture et diction. — Histoire de France. — Histoire moderne. — Géographie. — Langue française. — Littérature. — Législation. — Éléments de latin. — Pédagogie et éducation. — Principes de morale. — Arithmétique et algèbre. — Géométrie et perspective. — Physique et chimie. — Astronomie. — Hygiène. — Histoire naturelle. — Comptabilité. — Calligraphie. — Langue anglaise. — Langue allemande. — Langue italienne. — Langue espagnole. — Dessin. — Modelage. — Fleurs et plumes. — Sténographie. — Aquarelle. — Peinture sur faïence et porcelaine. — Coupe, couture et assemblage. — Musique vocale.

Les cours sont entièrement gratuits.

SOCIÉTÉ POUR L'ASSISTANCE PATERNELLE AUX ENFANTS EMPLOYÉS DANS LES FABRIQUES DE FLEURS ET DE PLUMES

Cette Société a son siège 10, rue de Lancry. Elle a pour but de fournir des ouvriers et des ouvrières instruits aux fabricants de fleurs et de plumes.

Elle a organisé des cours d'instruction primaire, des conférences, des cours de dessin, auxquels sont admises, sur une simple demande, toutes les ouvrières fleuristes ou plumassières. Une bibliothèque de prêt est à la disposition des élèves.

Chaque année, la Société organise des concours de fabrication et de monture, à la suite desquels elle distribue de nombreuses récompenses.

Les cours d'instruction primaire et de dessin ont lieu tous les dimanches.

PROVINCE

ÉCOLE DE MELUN (Seine-et-Marne)

L'école de Melun a pour but d'apprendre aux jeunes filles la confection, la lingerie et le repassage. L'enseignement comprend quatre années d'études.

ÉCOLE PRIMAIRE SUPÉRIEURE
ET D'APPRENTISSAGE DU HAVRE

Cette école, q. .... été fondée par la municipalité, en 1880, a pour but d'enseigner aux jeunes filles une profession ou un métier et, en outre, de les perfectionner dans les travaux du ménage. L'enseignement y est gratuit. Les études comprennent une partie générale théorique et une partie technique. Les élèves sont admises à treize ans, à la suite d'un concours.

La durée de l'apprentissage est de trois années.

Le programme des études théoriques est celui des études primaires supérieures.

L'enseignement technique comprend : le dessin industriel, la lingerie, la broderie, les modes, la coupe et la confection, le repassage, l'économie domestique, le commerce. Les élèves choisissent leur section dès leur entrée à l'école. Toutefois, la spécialisation ne commence qu'en seconde année ; la première année est consacrée à la couture exclusivement.

ÉCOLE LA MARTINIÈRE
POUR LES JEUNES FILLES, A LYON

L'école La Martinière de Lyon, fondée en 1833, selon le vœu et au moyen d'un legs du major-général Martin, comprend deux sections distinctes : l'école des garçons et l'école des filles.

Cette dernière a pour but de donner aux jeunes filles peu fortunées un complément d'instruction générale et de leur faciliter l'apprentissage d'une profession.

La durée de l'enseignement dans cette école est de trois années.

Les cours comprennent une partie générale commune à toutes les élèves d'une même année et une partie spéciale qui diffère pour les élèves de chaque section.

L'enseignement général comprend : l'écriture, la grammaire, l'histoire et la géographie, les mathématiques, la physique, la chimie, le dessin, l'économie domestique et les travaux manuels.

Quant à l'enseignement spécial, il se divise en quatre sections, savoir :

Première section : Commerce, écriture, comptabilité, anglais.

Deuxième section : Dessin industriel, dessin avec application à la fabrique, mise en cartes, composition, lithographie, etc.

Une sous-section est destinée à la broderie pour vêtement, ameublement, ornements d'église, etc.

Troisième section : Robes et confections, couture à la main et à la machine, confection des patrons, coupe et assemblage.

Après leurs trois années d'études, qui les mettent généralement en situation de gagner immédiatement leur vie, les élèves peuvent continuer à fréquenter les ateliers de l'école La Martinière pendant une ou deux années pour se perfectionner. Elles peuvent y exécuter les travaux qui leur ont été commandés par l'industrie privée.

ÉCOLE DE ROUEN

C'est une école primaire supérieure professionnelle, qui renferme une section d'apprentissage où
l'on pratique les travaux de couture, de lingerie, de
repassage. On y enseigne aussi l'économie domestique et le commerce.

ÉCOLE MUNICIPALE PROFESSIONNELLE
DE FILLES A MARSEILLE

On y enseigne les travaux de lingerie, broderie,
repassage ; la confection des gilets et pantalons, et
celle des costumes de dames et d'enfants.

ÉCOLE MUNICIPALE PROFESSIONNELLE
ET MÉNAGÈRE A REIMS

On s'y occupe de lingerie, de repassage, de la
confection des robes et du rentrayage. Les jeunes
filles pourvues du certificat d'études primaires y sont
admises à l'âge de douze à quinze ans. L'enseignement y dure trois années.

ÉCOLE AUGUSTE DROUOT A NANCY

Travaux de couture, lingerie, coupe et confection,
repassage, cuisine et tenue de ménage. On y est
admis à treize ans, sur la production du certificat
d'études primaires.

ÉCOLE PRIMAIRE SUPÉRIEURE DE BLÉNEAU
(Yonne)

La section d'apprentissage comprend la couture, la lingerie, le ménage. Les études y sont de trois années.

ÉCOLE DE TISSAGE DE SEDAN

Les cours de cette école sont gratuits. Ils comportent trois années d'études et ont lieu tous les jours. La partie théorique est enseignée le soir. Pour la partie pratique, vingt métiers sont à la disposition des élèves pendant toute la journée, et sous la direction d'un contre-maître de tissage.

Cette école a été complétée, en 1888, par la création d'un cours de raccommodage qui, comme nous le disons à l'article *draperie,* permet aux élèves de doubler leur gain dans les manufactures.

ÉCOLE DES ARTS INDUSTRIELS DE REIMS

L'enseignement de cette école comprend le dessin géométrique et le dessin d'ornement, appliqués aux industries d'art de la fabrique rémoise : tapisserie meubles, etc.; le modelage, la peinture, la sculpture et le tissage.

Deux fois par sem: :e, des cours spéciaux sont faits pour les jeunes filles.

Les fournitures sont délivrées gratuitement aux élèves sans fortune.

MÉDECINE

Depuis 1868, un certain nombre de femmes ont passé leurs examens de médecine. La plupart ont réussi dans ces études difficiles; elles sont admises comme externes et même comme internes dans les hôpitaux, et nous ne tarderons sans doute pas à en voir quelques-unes aborder le professorat.

Évidemment, une telle carrière ne convient qu'à quelques natures exceptionnelles. Pour qu'une femme puisse aborder les longues et pénibles études qu'exige la médecine, il faut qu'elle soit non seulement douée d'une vive intelligence, mais encore d'une santé robuste et d'une énergie peu commune.

Mais les rares personnes qui réunissent ces qualités peuvent être assurées de se créer dans la suite une situation sérieuse, car la femme-médecin aura souvent la préférence sur le docteur auprès de certaines dames, tant pour elles-mêmes que pour leurs jeunes filles.

Les règles qui président à l'admission des hommes dans les Facultés de médecine sont également applicables aux femmes qui désirent s'y faire admettre.

DOCTEUR EN MÉDECINE

Les études pour le doctorat durent quatre années, mais l'étudiante doit ensuite passer ses derniers examens et préparer sa thèse. Il faut donc compter sur un minimum de cinq années d'études avant de pouvoir exercer cette profession.

Les étudiantes qui désirent obtenir le diplôme de docteur en médecine doivent produire dès le début des études, avant la première inscription, les deux diplômes de bachelier ès-lettres et de bachelier ès-sciences, restreint pour la partie mathématique, ou de bachelier de l'enseignement secondaire spécial. Elles doivent ensuite prendre seize inscriptions dans une faculté ou École de médecine, quatre par an; faire un stage de deux années dans un hôpital placé près la Faculté ou l'École, subir cinq examens et soutenir une thèse. Le deuxième, le troisième et le cinquième examen de réception sont dédoublés; le nombre des épreuves imposées aux candidates au doctorat est donc de neuf; cinq examens, dont trois divisés en deux parties, et une thèse. Les travaux pratiques sont obligatoires dès la première année d'études.

Les frais d'examens et autres pour le doctorat en médecine sont de 1,360 francs ainsi répartis :

16 inscriptions à 30 fr. . . . Fr.	480
Droit de bibliothèque (10 fr. par an). .	40
8 examens ou épreuves à 30 fr. . :	240
8 certificats d'aptitude à 25 fr. . .	200
A reporter. . Fr.	960

Report. . Fr.		960

Frais matériels de travaux pratiques :
1ʳᵉ année, 60 fr.; 2ᵉ année, 40 fr.;
   3ᵉ année, 40 fr.; 4ᵉ année, 20 fr..   160
Thèse.   100
Certificat d'aptitude   40
Diplôme.   100
     Total. . . . . . . Fr.   1.360

. Il convient d'ajouter à ces frais ceux d'impression de la thèse, les dépenses de livres, d'entretien et de nourriture. Il faut donc compter pour cinq ou six années d'études sur une dépense d'une dizaine de mille francs.

Pour les personnes qui feraient une partie de leurs études en province, ces frais se trouveraient naturellement un peu diminués.

OFFICIER DE SANTÉ

Nous ne parlons ici que pour mémoire du grade d'officier de santé, car il ne sera plus conféré à partir de 1894. L'officiat de santé était accessible aux femmes comme aux hommes pourvus du certificat de grammaire. On sait que ce certificat peut être obtenu après les cours de la classe de quatrième des lycées et collèges, ou lorsqu'on possède les connaissances équivalentes à celles des élèves sortant de cette classe. Plusieurs femmes avaient déjà conquis le grade d'officier de santé et s'étaient même fait une sérieuse clientèle. Pour elles surtout, la disparition de ce grade est regrettable.

PHARMACIENNES

Encore un titre qui peut être conquis par les femmes que ne découragent pas les longues études.

Un des baccalauréats est exigé pour l'inscription dans une École de pharmacie, si l'on veut obtenir le diplôme de première classe, lequel permet de s'installer dans n'importe quelle ville de France.

Les études pour l'obtention du titre de pharmacienne durent six ans, trois de stage dans une pharmacie, et trois d'études scolaires.

Le certificat de grammaire est seul exigible pour pouvoir aborder les études qui conduisent à l'obtention du titre de pharmacienne de 2e classe. Mais ce titre, qui ne s'obtient également qu'après six ans d'études, ne donne droit d'exercer que dans le département, où il est délivré.

HERBORISTE

Nous n'insisterons pas sur cet emploi, qui convenait tout particulièrement aux femmes intelligentes, soigneuses et qui ne pouvaient mettre dans le commerce qu'un faible capital — car une loi à l'étude propose la suppression des herboristes.

Donnons cependant, et à tout hasard, quelques

renseignements sur les examens à subir pour pouvoir exercer cette profession.

On sait que les herboristes ne peuvent vendre que des plantes médicinales et certaines drogues en gros. Il leur est interdit d'en débiter au poids médicinal, c'est-à-dire suivant les doses prescrites par les médecins.

Il existe actuellement deux diplômes d'herboriste : celui de 1re classe, valable dans toute la France ; celui de 2e classe, valable seulement dans le département pour lequel les candidats ont été reçus.

Les aspirantes au titre d'herboriste de 1re classe ont d'abord à subir un examen préparatoire portant sur les matières ci-après : 1° la lecture ; 2° l'orthographe ; 3° deux problèmes sur les quatre opérations fondamentales de l'arithmétique et portant spécialement sur les questions usuelles ; 4° notions élémentaires sur le système métrique.

L'examen définitif, subi à partir de vingt et un ans, porte sur la connaissance des plantes médicinales, les précautions nécessaires pour leur récolte, leur dessiccation et leur préparation ; il comprend, indépendamment de la détermination des plantes usuelles, quelques notions élémentaires concernant le caractère de ces plantes. Le prix de l'examen, du certificat d'aptitude et du visa de ce certificat est de 100 francs.

Aucune condition d'études n'est exigée pour l'admission à l'examen pour le diplôme d'herboriste de 2e classe. Il porte sur la connaissance des plantes médicinales, les précautions nécessaires pour leur récolte, leur dessiccation et leur préparation.

Le prix de l'examen, du certificat d'aptitude et du visa de ce certificat est de 100 francs à Paris et de 80 francs dans les départements.

CHIRURGIEN-DENTISTE

Cette profession est, depuis longtemps déjà, abordée par les femmes. Jusqu'ici, aucun diplôme n'était nécessaire pour l'exercer; mais on étudie actuellement un projet de loi aux termes duquel le grade de docteur serait désormais exigé des dentistes.

Les deux écoles dentaires de la capitale (l'École dentaire de France, rue de l'Abbaye, 3, et l'École dentaire de Paris, rue Rochechouart, 57), comptent des femmes parmi leurs élèves. Plusieurs ont déjà été diplômées.

Les cours relatifs aux sciences médicales sont professés dans ces écoles par des maîtres gradués en médecine; les cliniques et salles d'opérations sont dirigées par des chirurgiens-dentistes de premier ordre. L'enseignement y est donc aussi complet que possible, et les élèves travailleurs peuvent sortir de ces établissements excellents dentistes.

Les études durent trois ans dans les deux Écoles.

Les frais de scolarité s'élèvent environ à 1,000 francs.

Les élèves qui ont subi avec succès les examens de fin d'année reçoivent un diplôme de capacité.

De l'énergie et une bonne santé, de la dextérité

et du sang-froid sont nécessaires pour embrasser
cette carrière.

SAGES-FEMMES

La profession de sage-femme ne peut convenir
qu'à un très petit nombre de jeunes filles. Elle
exige, en effet, non seulement une santé robuste
permettant de résister aux veilles prolongées et aux
émotions inséparables de telles fonctions, mais
encore une grande dextérité et une intelligence
assez vive pour faire de bonnes études médicales.

Il est délivré deux diplômes de sage-femme :
celui de 1re classe, valable dans toute la France;
celui de 2e classe, valable seulement dans le département pour lequel l'aspirante a été reçue.

Pour être admises aux examens, les aspirantes
au diplôme de sage-femme doivent être reçues
préalablement élèves sages-femmes près d'un
hospice ou d'une maison d'accouchements, et présenter des certificats de sage-femme en chef, du
professeur ou du directeur de l'hospice, constatant
qu'elles ont suivi régulièrement les cours qui leur
sont destinés, et que leur conduite n'a donné lieu
à aucun reproche. Les aspirantes ne sont admises
élèves sages-femmes qu'en justifiant qu'elles savent
lire et écrire, qu'elles sont âgées de plus de dix-huit
ans et de moins de trente-cinq, et qu'elles sont de
bonne vie et mœurs.

L'examen pour le diplôme de sage-femme de
1re classe, n'a lieu que devant les facultés de méde-

cine. Les aspirantes à ce titre ont d'abord à subir
un examen préparatoire portant sur les matières
ci-après : 1° la lecture ; 2° l'orthographe ; 3° deux
problèmes sur les quatre opérations fondamentales
de l'arithmétique et portant sur des questions
usuelles ; 4° notions élémentaires sur le système
métrique. Le jury, pour cet examen, tient deux
sessions par an : la première à la fin du mois de
mars, la seconde à la fin du mois d'octobre. L'examen définitif se divise en deux parties, qui ont pour
objet les accouchements, les différentes manœuvres
auxquelles ils peuvent donner lieu, les premiers
soins que réclament l'état de la mère et celui de
l'enfant. Les frais pour les deux parties de l'examen définitif, le certificat d'aptitude et le visa
du certificat s'élèvent à 130 francs (1er examen,
40 fr. ; 2e examen, 40 fr. ; certificat, 40 fr. ; visa,
10 fr.).

L'examen pour le diplôme de sage-femme de
2e classe a lieu devant les facultés et les écoles de
médecine et de pharmacie de plein exercice ou préparatoires. Il porte sur les mêmes matières que
l'examen pour le diplôme de 1re classe. L'examen
est gratuit ; les droits du certificat d'apitude et du
visa sont de 25 fr. (certificat, 20 fr. ; visa, 5 fr.).

A Paris, les études de sage-femme peuvent être
faites à la clinique d'accouchement, rue d'Assas, 89,
où des cours pratiques ont lieu une fois par semaine.
Les femmes, âgées de dix-huit à quarante ans peuvent
s'y faire inscrire, à la condition d'être munies d'un
brevet de capacité ou, au moins, du certificat
d'études primaires. Un an d'études suffit générale-

ment aux élèves de cette clinique pour être reçues sages-femmes de 2ᵉ classe.

Aux jeunes filles qui désirent conquérir le diplôme de sages-femmes de 1ʳᵉ classe, on ne peut que conseiller de suivre les cours de la Maternité. Les départements envoient, d'ailleurs, à la Maternité les élèves sages-femmes dont ils paient les frais d'études.

Pour être admise comme élève interne à la Maternité, l'aspirante doit subir un examen assez sérieux, mais l'examen est plus facile pour l'admission au cours de clinique.

L'internat est de 1,500 francs pour le stage d'une année complète. Les départements accordent généralement à leurs boursières deux années d'internat à la Maternité.

Les sages-femmes internes des hôpitaux de Paris sont presque toujours choisies parmi les lauréates de la Maternité.

Ces sages-femmes reçoivent un traitement de 800 francs pour la première année, 1,000 francs pour la seconde et 1,200 francs pour la troisième.

Elles sont, en outre, logées et nourries, et reçoivent les différentes prestations allouées aux surveillantes.

Sages-femmes agréées. — Les sages-femmes agréées reçoivent des hôpitaux un certain nombre de femmes pendant la période de leur accouchement. Ces sages-femmes doivent être munies du diplôme de 1ʳᵉ classe. Elles sont nommées par le Directeur de l'Administration.

Leurs soins sont rémunérés à raison de 10 francs

par accouchement et de 6 francs par journée de présence de l'accouchée.

Ces sages-femmes doivent fournir le linge et les médicaments nécessaires à leurs pensionnaires.

Sages-femmes attachées aux Bureaux de Bienfaisance. — Elles doivent être pourvues d'un diplôme de 1re classe et avoir leur résidence dans l'arrondissement où elles exercent leurs fonctions. Elles sont nommées par le Préfet de la Seine sur la présentation du directeur de l'Assistance publique.

Leur rémunération est de 15 francs par accouchement, mais elles doivent faire neuf visites à l'accouchée dans les neuf jours qui suivent la délivrance. Ces sages-femmes sont placées sous la surveillance des médecins de l'Administration.

DAMES DÉLÉGUÉES DU SERVICE
DES ENFANTS ASSISTÉS

Ces dames sont chargées de la surveillance des filles-mères qui reçoivent des secours de l'Administration de l'Assistance publique.

Elles sont nommées par le Préfet de la Seine, sur la présentation du directeur de l'Assistance publique.

Aucune condition n'est exigée pour l'obtention de ces emplois, mais ils ne sont ordinairement accordés qu'à des veuves de fonctionnaires forcées de se créer quelques ressources.

Une déléguée principale est à la tête de ce service.

Elles a sous ses ordres dix-sept dames déléguées (dont deux suppléantes).

Les dames déléguées sont divisées en deux classes. Les déléguées de 1re classe reçoivent 2,000 francs de traitement; celles de 2e classe et les suppléantes, 1,800 francs. Toutes reçoivent en outre 500 francs d'indemnité de déplacement.

L'allocation de la déléguée principale est de 1,000 francs.

HOPITAUX (Personnel des)

Le personnel secondaire des hôpitaux de Paris comprend des surveillantes, des sous-surveillantes et des suppléantes, des infirmiers et des infirmières.

Tous ces emplois sont à la nomination du Directeur de l'Assistance publique.

Les traitements sont ainsi fixés : surveillantes 1re classe, logées, 800 fr., non logées, 2,200 fr. ; de 2e classe, 700 fr., non logées, 2,100 fr. ; sous-surveillantes de 1re classe, 600 fr., non logées, 1,900 fr. ; de 2e classe, 500 fr., non logées, 1,800 fr. ; suppléantes, 400 fr., non logées, 1,500 fr. ; infirmières, 230, 260 et 300 fr.

Après un certain nombre d'années de service, les personnes ayant occupé les fonctions ci-dessus énumérées ont droit à une pension de retraite ou à l'entrée dans un hospice.

Notons que les infirmières ne peuvent prétendre à l'avancement que lorsqu'elles ont suivi les cours des écoles municipales d'infirmerie et obtenu le diplôme qu'elles délivrent.

Les surveillantes, sous-surveillantes et suppléantes peuvent être autorisées à se marier. Le mari, même s'il n'appartient pas au service de l'hospice, peut être autorisé à y loger avec sa femme.

Les aspirantes doivent se faire inscrire à l'Administration générale de l'Assistance publique, munies de leur extrait de naissance et des certificats justifiant leurs antécédents.

Elles doivent être âgées de dix-huit ans au moins, pourvues d'une instruction élémentaire et être d'une bonne conduite.

ÉCOLES D'INFIRMIÈRES DE L'ASSISTANCE PUBLIQUE

Les surveillantes de l'Assistance publique de Paris sont recrutées dans l'École des hôpitaux de la Pitié et de la Salpêtrière.

L'École de la Pitié reçoit des externes femmes.

L'École de la Salpêtrière reçoit 20 élèves boursières externes et des internes, celles-ci représentées par des infirmières en fonctions.

Les élèves doivent, en s'inscrivant, passer un examen élémentaire prouvant qu'elles possèdent une instruction sommaire.

Les matières enseignées à l'École sont les notions de médecine, de chirurgie et de pharmacie usuelles nécessaires pour l'exercice des fonctions de surveillantes.

Les boursières de la ville de Paris reçoivent une pension de 1,000 francs; elles sont astreintes à la présence à l'hôpital de sept heures du matin à six heures du soir. C'est parmi elles que l'Assistance recrute, à la fin de l'année d'études, les *suppléantes*, surveillantes des salles.

Après avoir reçu leur diplôme, les élèves sont, au fur et à mesure des besoins, placées comme infirmières, et peuvent arriver ensuite aux fonctions de suppléantes ou de surveillantes.

MÉTIERS

DU CONTRAT D'APPRENTISSAGE

Bien que les contrats d'apprentissage soient rares aujourd'hui, nous croyons utile de donner quelques indications à ce sujet. Il serait, d'ailleurs, à désirer que l'usage de dresser ces contrats se répandît de nouveau : on obtiendrait peut-être ainsi un enseignement plus sérieux, plus consciencieux de la part des patrons, et plus d'assiduité, plus de persévérance du côté des apprentis.

La loi définit le contrat d'apprentissage « celui par lequel un fabricant, un chef d'atelier ou un ouvrier s'oblige à enseigner la pratique de sa profession à une personne qui s'oblige en retour à travailler pour lui, le tout à des conditions et pendant un temps convenus. »

Les notaires, les secrétaires des conseils de prud'hommes et les greffiers de justice de paix peuvent recevoir l'acte d'apprentissage.

Cet acte est soumis par l'enregistrement, au droit fixe de 1 fr. 50, lors même qu'il contiendrait des obligations de sommes ou valeurs mobilières, ou des quittances.

Les honoraires dus aux officiers publics sont fixés à 2 francs.

Nul ne peut recevoir un apprenti mineur, s'il n'est âgé de vingt et un ans au moins.

Aucun maître, s'il est célibataire, ou en état de veuvage, ne peut loger comme apprenties, des jeunes filles mineures.

Les deux premiers mois de l'apprentissage sont considérés comme un temps d'essai, pendant lequel le contrat peut être annulé par la seule volonté de l'une des parties.

Le contrat d'apprentissage est résolu de plein droit : 1° Par la mort du maître ou de l'apprenti ; 2° Si l'apprenti ou le maître est appelé au service militaire ; 3° Si le maître ou l'apprenti vient à être frappé d'une des condamnations prévues en l'article 6 de la loi du 22 février 1851 ; 4° Pour les filles mineures, dans le cas de décès de l'épouse du maître, ou de toute autre femme de la famille, qui dirigeait la maison à l'époque du contrat.

Le contrat peut être résolu sur la demande des parties ou de l'une d'elles : 1° Dans le cas où l'une des parties manquerait aux stipulations du contrat ; 2° Pour cause d'infraction grave ou habituelle aux prescriptions de la loi ; 3° Dans le cas d'inconduite habituelle de la part de l'apprenti ; 4° Si le maître transporte sa résidence dans une autre commune que celle qu'il habitait, lors de la convention ; néanmoins, la demande en résolution de contrat fondée sur ce motif ne sera recevable que pendant trois mois, à compter du jour où le maître aura changé de résidence ; 5° Si le maître ou l'apprenti encourait une condamnation emportant un emprisonnement de plus d'un mois; 6° Dans le cas où l'apprenti viendrait à contracter mariage.

Toute demande à fin d'exécution ou de résolution de contrat est jugée par le conseil des prud'hommes, dont le maître est justiciable, et, à défaut, par le juge de paix du canton.

DU TRAVAIL DES FEMMES DANS LES MANUFACTURES

Nous avons parlé plus haut du rôle des inspectrices du travail des femmes et des enfants dans les manufactures[1]. Nous croyons bon de donner ici, avant d'entrer dans l'énumération des travaux manuels, les principales dispositions des lois et décrets qui régissent ce travail.

Loi du 2 novembre 1892.

DISPOSITIONS GÉNÉRALES. — AGE D'ADMISSION. DURÉE DU TRAVAIL.

Le travail des enfants, des filles mineures et des femmes dans les usines, manufactures, mines, minières et carrières, chantiers, ateliers et leurs dépendances, de quelque nature que ce soit, publics ou privés, laïques ou religieux, même lorsque ces établissements ont un caractère d'enseignement professionnel ou de bienfaisance, est soumis aux obligations déterminées par cette loi.

1. Voir page 10.

Sont exceptés les travaux effectués dans les établissements où ne sont employés que les membres de la famille, sous l'autorité soit du père, soit de la mère, soit du tuteur.

Néanmoins, si le travail s'y fait à l'aide de chaudière à vapeur ou de moteur mécanique, ou si l'industrie exercée est classée au nombre des établissements dangereux ou insalubres, l'inspecteur aura le droit de prescrire les mesures de sécurité et de salubrité à prendre.

Les enfants ne peuvent être employés par les patrons, ni être admis dans les établissements énumérés ci-dessus avant l'âge de treize ans révolus.

Toutefois, les enfants munis du certificat d'études primaires, institué par la loi du 28 mars 1882, peuvent être employés à partir de l'âge de douze ans.

Aucun enfant âgé de moins de treize ans ne peut être admis au travail dans les établissements ci-dessus visés, s'il n'est muni d'un certificat d'aptitude physique délivré, à titre gratuit, par l'un des médecins chargés de la surveillance du premier âge ou l'un des médecins inspecteurs des écoles, ou tout autre médecin chargé d'un service public, désigné par le Préfet. Cet examen est contradictoire, si les parents le réclament.

Les inspecteurs du travail doivent toujours requérir un certificat médical de tous les enfants au-dessous de seize ans, déjà admis dans les établissements susvisés, à l'effet de constater si le travail dont ils sont chargés excède leurs forces.

Dans ce cas, les inspecteurs ont le droit d'exiger leur renvoi de l'établissement sur l'avis conforme de l'un des médecins désignés ci-dessus, et après un examen contradictoire si les parents le réclament.

Dans les orphelinats et institutions de bienfaisance visés plus haut, et dans lesquels l'instruction primaire est donnée, l'enseignement manuel ou professionnel, pour les enfants âgés de moins de treize ans, sauf pour les enfants âgés de douze ans munis du certificat d'études primaires, ne peut dépasser trois heures par jour.

Les enfants de l'un et de l'autre sexe âgés de moins de seize ans ne peuvent être employés à un travail de plus dix heures par jour.

Les jeunes ouvriers et ouvrières de seize à dix-huit ans ne peuvent être employés à un travail effectif de plus de soixante heures par semaine, sans que le travail journalier puisse excéder onze heures.

Les filles au-dessus de dix-huit ans et les femmes ne peuvent être employées à un travail effectif de plus de onze heures par jour.

Les heures de travail ci-dessus indiquées doivent être coupées par un ou plusieurs repos, dont la durée totale ne peut être inférieure à une heure, et pendant lesquels le travail sera interdit.

Travail de nuit. — Repos hebdomadaire.

. Les enfants âgés de moins de dix-huit ans, les filles mineures et les femmes ne peuvent être employés à aucun travail de nuit dans les établissements énumérés plus haut. '

Tout travail entre neuf heures du soir et cinq heures du matin est considéré comme travail de

nuit; toutefois le travail est autorisé de quatre
heures du matin à dix heures du soir quand il est
réparti entre deux postes d'ouvriers ne travaillant
pas plus de neuf heures chacun.

Le travail de chaque équipe est coupé par un
repos d'une heure au moins.

Il est accordé, pour les femmes et les filles âgées
de plus de dix-huit ans, à certaines industries qui
sont déterminées par un règlement d'administration
publique et dans les conditions d'application qui
sont précisées dans ledit règlement, la faculté de
prolonger le travail jusqu'à onze heures du soir à
certaines époques de l'année, pendant une durée
totale qui ne dépassera pas soixante jours. En aucun
cas, la journée de travail effectif ne peut être prolongée au-delà de douze heures.

Il est accordé à certaines industries déterminées
par un règlement d'administration publique l'autorisation de déroger d'une façon permanente aux
dispositions des paragraphes 1 et 2 de cet article,
mais sans que le travail puisse, en aucun cas,
dépasser sept heures par vingt-quatre heures.

Le même règlement pourra autoriser, pour certaines industries, une dérogation temporaire aux
dispositions précitées.

En outre, en cas de chômage résultant d'une
interruption accidentelle ou de force majeure, l'interdiction ci-dessus peut, dans n'importe quelle
industrie, être temporairement levée par l'inspecteur
pour un délai déterminé.

Les enfants âgés de moins de dix-huit ans et les
femmes de tout âge, ne peuvent être employés, dans

les établissements énumérés ci-dessus, plus de six jours par semaine, ni les jours de fête reconnus par la loi, même pour rangement d'atelier.

Néanmoins, dans les usines à feu continu, les femmes majeures et les enfants du sexe masculin peuvent être employés tous les jours de la semaine, la nuit, aux travaux indispensables, sous la condition qu'ils auront au moins un jour de repos par semaine.

Les travaux tolérés et le laps de temps pendant lequel ils peuvent être exécutés, sont déterminés par un règlement d'administration publique.

L'obligation du repos hebdomadaire et les restrictions relatives à la durée du travail peuvent être temporairement levées par l'inspecteur divisionnaire, pour les femmes et les enfants âgés de moins de dix-huit ans, pour certaines industries à désigner par le susdit règlement d'administration publique.

Surveillance des Enfants.

Les maires sont tenus de délivrer gratuitement aux père, mère, tuteur ou patron, un livret sur lequel sont portés les noms et prénoms des enfants des deux sexes âgés de moins de dix-huit ans, la date, le lieu de leur naissance et leur domicile.

Si l'enfant a moins de treize ans, le livret doit mentionner qu'il est muni du certificat d'études primaires, institué par la loi du 28 mars 1882.

Les chefs d'industrie ou patrons doivent inscrire sur le livret la date de l'entrée dans l'atelier et celle de la sortie. Ils doivent également tenir un

registre sur lequel sont mentionnées toutes les indications insérées ci-dessus.

Les patrons ou chefs d'industrie et loueurs de
force motrice, sont tenus de faire afficher dans
chaque atelier, les dispositions de cette loi, les
règlements d'administration publique relatifs à son
exécution et concernant plus spécialement leur
industrie, les adresses et les noms des inspecteurs
de la circonscription, et les heures auxquelles commence et finit le travail, ainsi que les heures et la
durée des repos.

Hygiène et sécurité des Travailleurs.

Les femmes, filles et enfants ne peuvent être
employés dans des établissements insalubres ou
dangereux, où l'ouvrier est exposé à des manipulations ou à des émanations préjudiciables à sa
santé, que sous les conditions spéciales déterminées
par des règlements d'administration publique pour
chacune de ces catégories de travailleurs.

Les établissements doivent être tenus dans un
état constant de propreté, convenablement éclairés
et ventilés. Ils doivent présenter toutes les conditions de sécurité et de salubrité nécessaires à la
santé du personnel.

Dans tout établissement contenant des appareils
mécaniques, les roues, les courroies, les engre-
nages ou tout autre organe pouvant offrir une cause
de danger, doivent être séparés des ouvriers, de
telle manière que l'approche n'en soit possible que
pour les besoins du service.

Les puits, trappes et ouvertures de descente, doivent être clôturés.

Tout accident ayant occasionné une blessure à un ou plusieurs ouvriers, survenu dans un de ces établissements, sera l'objet d'une déclaration par le chef de l'entreprise où, à son défaut et en son absence, par son préposé.

INSPECTION.

Les inspecteurs et inspectrices ont entrée dans tous les établissements visés ci-dessus; ils peuvent se faire représenter le registre d'inscriptions des ouvriers, les livrets, les règlements intérieurs et, s'il y a lieu, le certificat d'aptitude physique.

Les contraventions sont constatées par les procès-verbaux des inspecteurs et inspectrices, qui font foi jusqu'à preuve contraire.

PÉNALITÉS.

Les manufacturiers, directeurs ou gérants d'établissements visés dans la présente loi, qui ont contrevenu aux prescriptions de ladite loi et des règlements d'administration publique relatifs à son exécution, sont poursuivis devant le tribunal de simple police et, en cas de récidive, devant le tribunal correctionnel.

La loi du 2 novembre 1892 a été complétée par les deux décrets suivants, que nous croyons aussi important de reproduire :

Décret du 16 mai 1893.

ARTICLE PREMIER. — Il est interdit d'employer les enfants au-dessous de dix-huit ans, les filles mineures et les femmes au graissage, au nettoyage, à la visite ou à la réparation des machines ou mécanismes en marche.

ART. 2. — Il est interdit d'employer les enfants au-dessous de dix-huit ans, les filles mineures et les femmes dans les ateliers où se trouvent des machines actionnées à la main ou par un moteur mécanique, dont les parties dangereuses ne sont point couvertes de couvre-engrenages, garde-mains et autres organes protecteurs.

ART. 3. — Il est interdit d'employer les enfants au-dessous de dix-huit ans à faire tourner des appareils en sautillant sur une pédale.

Il est également interdit de les employer à faire tourner des roues horizontales.

ART. 4. — Les enfants au-dessous de seize ans ne pourront être employés à tourner des roues verticales que pendant une durée d'une demi-journée de travail, divisée par un repos d'une demi-heure au moins.

Il est également interdit d'employer les enfants au-dessous de seize ans à actionner au moyen de pédales les métiers dits « à la main ».

ART. 5. — Les enfants au-dessous de seize ans ne peuvent travailler aux scies circulaires ou aux scies à ruban.

ART. 6. — Les enfants au-dessous de seize ans

ne peuvent être employés au travail des cisailles et autres lames tranchantes mécaniques.

Art. 7. — Les enfants au-dessous de treize ans ne peuvent, dans les verreries, être employés à cueillir et à souffler le verre.

Au-dessous de treize ans jusqu'à seize ans, ils ne peuvent cueillir un poids de verre supérieur à 1,000 grammes. Dans les fabriques de bouteilles et de verre à vitre, le soufflage par la bouche est interdit aux enfants au-dessous de seize ans. Dans les verreries où le soufflage se fait à la bouche, un embout personnel sera mis à la disposition de chaque enfant âgé au moins de dix-huit ans.

Art. 8. — Il est interdit de préposer des enfants au-dessous de seize ans au service des robinets à vapeur.

Art. 9. — Il est interdit d'employer des enfants de moins de seize ans, en qualité de doubleurs, dans les ateliers où s'opèrent le laminage et l'étirage de la verge de tréfilerie.

Toutefois, cette disposition n'est pas applicable aux ateliers dans lesquels le travail des doubleurs est garanti par des appareils protecteurs.

Art. 10. — Il est interdit d'employer des enfants de moins de seize ans à des travaux exécutés à l'aide d'échafaudages volants pour la réfection ou le nettoyage des maisons.

Art. 11. — Les jeunes ouvriers ou ouvrières au-dessous de dix-huit ans, employés dans l'industrie, ne peuvent porter, tant à l'intérieur qu'à l'extérieur des manufactures, usines, ateliers et chantiers, des fardeaux d'un poids supérieur aux suivants :

Garçons au-dessous de quatorze ans : 10 kilos ;
Garçons de quatorze à dix-huit ans : 15 kilos ;
Ouvrières au-dessous de seize ans : 5 kilos ;
Ouvrières de seize à dix-huit ans : 10 kilos.

Il est interdit de faire traîner ou pousser par les dits jeunes ouvriers ou ouvrières, tant à l'intérieur des établissements industriels que sur la voie publique, des charges correspondant à des efforts plus grands que ceux ci-dessus indiqués.

Les conditions d'équivalence des deux genres de travail seront déterminées par arrêté ministériel.

Art. 12. — Il est interdit d'employer des filles au-dessous de seize ans au travail des machines à coudre mues par des pédales.

Art. 13. — Il est interdit d'employer des enfants, des filles mineures ou des femmes à la confection d'écrits, d'imprimés, affiches, dessins, gravures, peintures, emblèmes, images ou autres objets dont la vente, l'offre, l'exposition, l'affichage ou la distribution sont réprimés par les lois pénales comme contraires aux bonnes mœurs.

Il est également interdit d'occuper des enfants au-dessous de seize ans et des filles mineures dans les ateliers où se confectionnent des écrits, imprimés, affiches, gravures, peintures, emblèmes, images et autres objets qui, sans tomber sous l'application des lois pénales, sont cependant de nature à blesser leur moralité.

Art. 14. — Dans les établissements où s'effectuent les travaux dénommés au tableau A annexé au présent décret, l'accès des ateliers affectés à ces opérations est interdit aux enfants au-dessous de dix-huit ans, aux filles mineures et aux femmes.

ART. 15 — Dans les établissements où s'effectuent les travaux dénommés au tableau B annexé au présent décret, l'accès des ateliers affectés à ces opérations est interdit aux enfants au-dessous de dix-huit ans.

ART. 16. — Le travail des enfants, filles mineures et femmes n'est autorisé dans les ateliers dénommés au tableau C annexé au présent décret, que sous les conditions spécifiées audit tableau.

Décret du 15 juillet 1893

ARTICLE PREMIER. — Dans les industries et aux époques ci-après déterminées, les femmes et les filles âgées de plus de dix-huit ans, pourront être employées jusqu'à onze heures du soir, sans qu'en aucun cas la durée du travail effectif puisse dépasser douze heures par vingt-quatre heures :

Ameublement, tapisserie, passementerie pour meubles, *décembre, janvier.*

Bijouterie et joaillerie, *décembre, mai.*

Chapeaux (confection de) en toutes matières, pour hommes et femmes, *février, mars, avril.*

Confections, coutures et lingeries pour femmes et enfants, *décembre, avril.*

Confections pour hommes, *mars, octobre.*

Dorure sur bois et sur métal pour ameublement (Voir ameublement).

Fleurs artificielles, *février, mars.*

Fourrures (confection des), *novembre, décembre.*

Imprimeries typographiques, *du 15 novembre au 15 décembre et du 15 juin au 15 juillet.*

14

Imprimeries lithographiques, *décembre, janvier.*

Papier (transformation du), fabrication des enveloppes, du cartonnage et des cahiers d'école, des registres, des papier de fantaisie, *novembre, décembre.*

Papiers de tenture, *mars, septembre.*

Plumes de parure, *du 16 août au 15 octobre.*

Reliure, *décembre, juillet.*

Tabletterie et industries qui s'y rattachent, *novembre, décembre.*

Teinture, apprêt, blanchiment, impression, gaufrage et moirage des étoffes, *avril, octobre.*

Tissage des étoffes de nouveauté destinées à l'habillement, *du 15 avril au 15 mai et du 15 octobre au 15 novembre.*

Tulles, dentelles et laines de soie, *du 15 février au 31 mars.*

ART. 2. — Il pourra être dérogé d'une façon permanente aux dispositions des paragraphes 1 et 2 de l'article 4 précité, pour les industries et les catégories des travailleurs énumérées ci-dessous, mais sans que le travail puisse dépasser sept heures par vingt-quatre heures :

Imprimés (brochage des). — Journaux (pliage des). — Mines (allumage des lampes des), *filles majeures et femmes.*

ART. 3. — Les industries énumérées ci-après sont autorisées à déroger temporairement aux dispositions relatives au travail de nuit, sans que le travail effectif des femmes, filles ou enfants employés la nuit puisse dépasser dix heures par vingt-quatre heures :

Chapeaux (confections de) en toutes matières, pour hommes et femmes. — Confection, couture et lingerie pour femmes et enfants, *30 jours.*

Confiserie. — Conserves alimentaires de fruits et de
légumes. — Conserves de poissons, *90 jours.*
Délainage des peaux de mouton, *60 jours*
Fleurs artificielles. — Fourrures (confection des).
—Imprimeries typographiques. — Imprimeries lithogra-
phiques, *30 jours.*
Parfum des fleurs (extraction), *90 jours.*
Pâtes alimentaires. — Plumes de parure, *30 jours.*
Réparations urgentes de navires et de machines
motrices, *120 jours* (enfants au-dessus de seize ans).
Tonnellerie pour l'emballage des produits de la pêche,
90 jours.

Art. 4. — Dans les usines à feu continu, où des
femmes majeures et des enfants du sexe masculin
sont employés la nuit, les travaux tolérés pour ces
deux catégories de travailleurs sont les suivants :
Distilleries de betteraves (enfants et femmes). —
Laver, peser, trier la betterave, manœuvrer les
robinets à jus et à eau, aider aux batteries de diffusion et aux appareils distillatoires.
Fabrication d'objets en fer et fonte émaillés
(enfants). — Manœuvrer à distance les portes des
fours.
Usines pour l'extraction des huiles (enfants). —
Remplir les sacs, les secouer après pressage, porter
les sacs vides et les claies.
Papeteries (enfants et femmes). — Aider les sur-
veillants de machines, couper, trier, ranger, rouler
et apprêter le papier.
Fabriques et raffineries de sucre (enfants et
femmes). — Laver, peser, trier la betterave,
manœuvrer les robinets à jus et à eau, surveiller les
filtres, aider aux batteries de diffusion, coudre des

toiles, laver des appareils et des ateliers, travailler le sucre en tablettes.

Usines métallurgiques (enfants). — Aider à la préparation des lits de fusion, aux travaux accessoires d'affinage, de laminage, de martelage et de tréfilage, de préparation des moules pour objets de fonte moulée, de rangement des paquets, des feuilles, des tubes et des fils.

Verreries (enfants). — Présenter les outils, faire les premiers cueillages, aider au soufflage et au moulage, porter dans les fours à recuire, en retirer les objets, le tout dans les conditions prévues à l'article 7 du décret du 16 mai 1893.

Lorsque les femmes majeures et les enfants sont employés toute la nuit, leur travail doit être coupé par des intervalles de repos, représentant un temps total de repos au moins égal à deux heures.

La durée du travail effectif ne peut d'ailleurs dépasser dans les vingt-quatre heures dix heures pour les femmes et les enfants.

ART. 5. — Les industries pour lesquelles l'obligation du repos hebdomadaire et les restrictions relatives à la durée du travail pourront être temporairement levées par l'inspecteur divisionnaire, pour les enfants âgés de moins de dix-huit ans et les femmes de tout âge, sont les suivantes :

Briqueteries en plein air ;

Chapeaux (confection de) en toutes matières pour hommes et femmes ;

Corsets (confection de) ;

Confections, coutures et lingeries pour femmes et enfants ;

Conserves de fruits et confiseries; conserves de légumes et de poissons;

Corderie en plein air;

Délainage des peaux de mouton;

Fleurs artificielles;

Fleurs (extraction des parfums des);

Fourrures (confection des);

Imprimeries typographiques;

Imprimeries lithographiques;

Plumes de parure;

Réparations urgentes de navires et de machines motrices;

Teinture, apprêt, blanchiment, impression, gaufrage et moirage des étoffes;

Tissage des étoffes de nouveautés destinées à l'habillement.

ART. 6. — Chaque fois que les chefs des industries dénommées à l'article 3 voudront faire usage de la faculté inscrite audit article, ils devront en donner avis douze heures à l'avance à l'inspecteur ou à l'inspectrice et au maire de la commune.

Cet avis fera connaître la date à laquelle commencera et le temps que devra durer la dérogation.

Une copie de l'avis sera immédiatement affichée dans un endroit apparent des ateliers et y restera apposée pendant toute la durée de la dérogation.

Une copie de l'autorisation sera également affichée dans les cas prévus par l'article 5.

ARTICLES DE PARIS

Cette industrie comprend la fabrication, le brunissage et le polissage de la bijouterie dorée et de la bijouterie en acier et leur encartage.

Nombre de femmes sont employées à ces petits travaux, qui ne demandent qu'un apprentissage d'environ un an. Les ouvrières travaillant à l'atelier gagnent de 30 à 35 centimes l'heure; celles qui travaillent chez elles et sont chargées de travaux plus délicats gagnent de 3 fr. 50 à 4 francs par jour.

La vente de ces articles suivant les impulsions de la mode, il y a de fréquents chômages.

BATTEUR D'OR

L'industrie du batteur d'or consiste à réduire des lingots de ce métal en feuilles excessivement minces.

Elle comprend quatre opérations principales : la fonte, le forgeage, le laminage et le battage.

Après avoir été fondu et réuni en lingots par les procédés ordinaires, l'or est recuit à une douce chaleur pour l'adoucir. On le forge ensuite en le recuisant à diverses reprises, puis on le lamine de manière à le réduire en un ruban d'environ un millimètre d'épaisseur. On découpe alors ce ruban en morceaux ou quartiers de 27 millimètres de largeur sur 40 de longueur. Ces quartiers, assemblés par paquets de 24, sont battus sur une enclume en fer jusqu'à ce qu'ils soient réduits à l'épaisseur de la plus mince feuille de papier. On obtient ainsi des feuilles carrées de 0 m. 06, que l'on superpose par paquets de 60 en séparant chaque feuille l'une de l'autre au moyen de feuilles de vélin; pour amortir le coup du marteau, on dispose au-dessus et au-dessous de chaque paquet une vingtaine de feuilles de vélin. Le paquet ainsi formé est placé dans un double fourreau de solide parchemin. C'est ce que l'on appelle le *premier caucher*, que l'on bat, au moyen d'un marteau à manche court, sur un bloc de marbre bien poli. On a soin de s'assurer de l'état des quartiers et de séparer ceux qui sont arrivés au degré voulu; on continue ensuite l'opération sur les autres. Les premiers quartiers obtenus sont coupés en quatre pour en former de nouveaux que l'on réunit par paquets de 112, pour former un *second caucher*; on répète la première opération, et l'on a alors de nouvelles feuilles qui, coupées en quatre et séparées par des carrés de baudruche, forment ce que l'on appelle le *chaudret*. Les feuilles du chaudret, battues, coupées en quatre et réunies par paquets de 800, forment une *moule*. L'on bat une dernière fois les feuilles de la moule, et après les avoir coupées en quatre, on les place dans les *quarterons*. Le quarteron est un petit livre à feuilles de papier de couleur rouge-orange, destiné à faire valoir les feuilles d'or. Par ces diverses opérations, on parvient à réduire l'or à une épaisseur de 1/800 de millimètre. Quelques batteurs d'or effectuent leur travail au moyen de machines qui remplacent avantageusement le battage à la main.

Outre les ouvriers tels que le forgeur, le dégros-

sisseur, le batteur de moules, le presseur et le pla-
neur, plusieurs femmes sont employées chez le
batteur d'or. Ce sont : l'*étoupeuse*, qui est chargée
de la préparation et de la réparation des outils en
baudruche, la *brunisseuse*, qui étale sur les feuilles
du chaudret et de la moule une couche de poudre
de gypse calciné; l'*apprêteuse*, qui emplit et vide
les cauchers et le chaudret, qui coupe les feuilles
d'or en quartiers et qui remplit la moule avec les
quartiers extraits du chaudret, et enfin la *videuse*,
qui vide la moule et dispose les feuilles d'or dans les
cahiers de vente :

L'étoupeuse gagne de 20 à 25 francs par semaine.
La brunisseuse gagne de 12 à 18 francs par
semaine.
L'apprêteuse gagne de 15 à 30 francs par semaine
La videuse gagne de 15 à 28 francs par semaine.

L'apprentissage demande plusieurs mois; mais
dès le début, les jeunes filles reçoivent 3 à 4 francs
par semaine et sont ensuite augmentées graduellement.

————

BATISTE

La batiste est surtout fabriquée dans le Nord de la
France. C'est une sorte de toile blanche très serrée,
qui forme le plus fin de tous les tissus de lin. Elle
présente un aspect brillant et soyeux dû au lustré
du fil qui entre dans sa fabrication. Ce fil est le produit d'un lin très fin, appelé *rame*, et qui croît particulièrement dans le Hainaut français.

On prétend que la batiste doit son nom à Baptiste Chambray, industriel qui vivait au xiiie siècle, et qui fabriqua le premier cette sorte de toile. Selon d'autres, ce nom lui aurait été donné par analogie avec une toile des Indes très blanche et très fine, désignée sous le nom de *bastas*.

La batiste est souvent tissée avec encadrements pour mouchoirs. Dans le cas contraire, elle se fabrique généralement à 70 ou 80 centimètres de largeur. Elle s'imprime moins bien que les étoffes de coton, et reçoit cependant des impressions pour vignettes, des encadrements de couleur pour mouchoirs, de petits dessins pour chemises.

Le tissage de la batiste se fait à la fois dans les ateliers et chez les ouvriers habitant la campagne et qui possèdent un métier. Maris et femmes y travaillent de compagnie ; ces dernières sont préférablement chargées de la trame. Les pièces terminées, les fabricants ou les négociants font *repriser* les défectuosités du tissu.

Ce dernier travail, qui est assez délicat, est confié à des femmes qui peuvent gagner de 2 à 3 francs par jour, soit chez elles, soit en atelier.

La batiste livrée aux négociants par les tisseurs doit être apprêtée. Ce travail se fait soit dans la maison même, soit chez les entrepreneurs spéciaux.

Pour l'apprêt de la batiste on distingue différentes catégories d'ouvrières :

Les *laveuses*, qui nettoient les pièces tissées, soit à la main, soit à la batteuse ; elles gagnent environ 2 francs par jour, mais elles sont exposées à de fréquents chômages, et ne sont guère occupées que trois ou quatre jours par semaine.

Les laveuses peuvent, il est vrai, être aussi employées commé *plieuses*, c'est-à-dire être chargées du pliage des mouchoirs ou pièces de batiste qui doivent être remis aux empaqueteuses.

Les différentes pièces de batiste une fois lavées, sont repassées à la main par les plieuses ou à la machine par les *repasseuses*. Ces dernières ont un salaire quotidien qui varie de 2 à 3 francs par jour.

Dans le Nord on exécute en batiste un grand nombre de mouchoirs dits « à jour ». Ce travail, qui consiste à enlever des fils au tissu pour former des encadrements à jour, se fait, soit à domicile, soit à l'atelier. Les faiseuses de jours à domicile les font à la main, elles sont payées aux pièces et ne parviennent guère à gagner un salaire de plus de 1 franc par jour. A l'atelier, le travail est réparti entre les *tireuses de fil*, qui sont en général les apprenties et ne gagnent que 0 fr. 75 à 1 franc par jour, et les ouvrières qui font les jours à la machine et reçoivent de 2 à 2 fr. 50 par jour.

Ces différentes ouvrières sont occupées par les entrepreneurs quand l'apprêt de la batiste n'est pas fait chez le fabricant; ce dernier emploie, outre les ouvrières chargées des trames et les racommodeuses, des femmes qui empaquètent la batiste apprêtée, mettent les mouchoirs dans des boîtes, collent les étiquettes, etc.; celles-ci gagnent de 1 fr. 50 à 2 francs par jour.

BLANCHISSAGE

On distingue dans l'industrie du blanchissage deux spécialités principales : les blanchisseries-buanderies et les blanchisseries de linge fin.

Dans les blanchisseries-buanderies de Paris, les laveuses gagnent 2 fr. 25, 2 fr. 50 et 3 francs par jour, les repasseuses de 2 fr. 75 à 3 francs par jour.

Les laveuses n'ont guère besoin d'apprentissage, l'habitude suffit ; mais leur métier exige une santé très robuste.

Quant aux repasseuses, un apprentissage d'environ deux ans leur est nécessaire. Lorsqu'elles commencent à faire un bon travail, elles gagnent 50 à 60 centimes par jour, et sont ensuite augmentées graduellement.

Les prix sont analogues dans les blanchisseries de linge fin. Toutefois, la plupart des blanchisseuses paient aujourd'hui leurs ouvrières aux pièces. Mais le résultat ne diffère guère pour les bonnes ouvrières.

Il est difficile d'établir une blanchisserie-buanderie ou lavoir, à cause du capital assez important à engager et du personnel, en partie masculin, qu'un tel établissement exige ; mais il est aisé de s'établir blanchisseuse de fin. Un local modeste, un petit matériel suffisent lorsqu'on a les relations nécessaires pour se former une clientèle sérieuse. Mais il ne faut pas oublier que ce travail est assez pénible ; le lavage exige une grande dépense de forces, et le repassage a de sérieux inconvénients pour certaines constitutions.

Dans la plupart des écoles professionnelles, le blanchissage et le repassage du linge sont enseignés aux élèves.

BONNETERIE

Cette industrie est répandue par toute la France, mais la bonneterie de coton se fabrique surtout à Troyes, à Aix-en-Othe, à Falaise, en Artois, en Lorraine, à Paris, dans les départements du Gard, de l'Hérault et de la Haute-Garonne.

La Picardie a la spécialité de la bonneterie de laine; la bonneterie de soie se fabrique principalement à Paris. à Troyes et dans les départements du Rhône et du Gard.

La bonneterie de lin, la moins recherchée, se fait surtout dans le Pas-de-Calais.

Aux environs de Paris, on fabrique de la bonneterie de fantaisie, qui permet aux femmes de gagner 15 à 20 francs par semaine. L'apprentissage, qui se fait en atelier, est relativement très court.

Les châles, chaussons, bérets de laine pour femmes et enfants ne rapportent que 0 fr. 75 à 1 fr. 50 par jour, mais ils constituent un travail facile à faire chez soi et qui peut contribuer à augmenter les ressources d'un ménage.

Les confections ayant une certaine originalité, parmi lesquelles les petits vêtements de tricot au crochet pour poupées, peuvent rapporter de 4 à 5 fr. par jour.

Dans la bonneterie à façon les femmes sont employées comme défileuses, bobineuses, couseuses, remmailleuses, coupeuses, raccoutreuses, repasseuses, etc.

Les défileuses sont chargées de défiler quelques rangées de mailles pour permettre de remmailler. Elles gagnent de 0 fr. 75 à 1 fr. 25 par jour. Elles peuvent débuter dès l'âge de 12 à 13 ans. Leur travail, très facile, ne demande pas d'apprentissage.

Les remmailleuses sont choisies parmi les défileuses habiles. Elles gagnent de 1 à 4 francs par jour.

Les couseuses, qui font leur apprentissage comme les précédentes, gagnent aussi de 1 à 4 francs par jour.

Les bobineuses surveillent les métiers qui mettent le fil en bobines. Elles gagnent de 1 à 4 fr. 50 par jour.

Les coupeuses reçoivent de 2 à 4 fr. 50 par jour.

Les raccoutreuses, chargées de reprendre les mailles échappées au métier, gagnent de 2 à 4 fr. jour.

Et les repasseuses, de 2 à 4 fr. 50 par jour.

Il n'y a pas d'apprentissage proprement dit pour ces différents métiers. Pour les travaux les plus délicats, la débutante travaille sous les yeux d'une ouvrière faite, à laquelle elle abandonne, à titre d'indemnité, quinze jours de son gain.

BOUGIES (Fabrication des)

L'éclairage au pétrole, au gaz et même à l'électricité a considérablement nui à cette industrie.

Cependant, d'après une statistique publiée en 1873, au moment de l'établissement de l'impôt qui frappait la fabrication de l'acide stéarique d'un droit de 30 francs par 100 kilogs, il existait en France 156 fabriques réparties dans 43 départements et ayant produit pendant l'année 1872, 30,257,000 kilogrammes d'acide stéarique, qui représentaient une valeur de 50 millions de francs. Ces 156 fabriques employaient environ 3,000 ouvriers et ouvrières.

Le département de la Seine était classé en tête pour cette production. Venaient ensuite le Rhône, l'Hérault et les Bouches-du-Rhône.

Le travail des fabriques de bougies stéariques est divisé entre les fondeurs de suif, les presseurs, chargés de la surveillance du travail des presses hydrauliques, les *couleuses,* femmes chargées du coulage de la matière fondue dans les machines qui renferment des moules en étain, et les *paqueteuses,* ouvrières chargées de la confection des paquets de bougies. Ces ouvrières gagnent de 2 fr. 50 à 3 fr. 50 par jour.

On distingue dans la fabrication les bougies de cire qui sont de moins en moins employées, la bougie de blanc de baleine (spermaceti) qui décline également, et la bougie stéarique, formée de suif provenant de la graisse du bœuf et du mouton.

Une autre espèce de bougie, la bougie de paraffine, est particulièrement employée en Allemagne et en Angleterre.

Le nom de bougie fut d'abord réservé aux chandelles de cire; elles furent ainsi nommées parce qu'on tirait de Bougie, ville du littoral de l'Afrique algérienne, la plus grande partie de la cire avec laquelle on les fabriquait.

Il existe deux procédés de fabrication pour les bougies de cire : on les fait à la cuiller ou au moule. Dans le premier procédé, les mèches étant suspendues verticalement au-dessus d'un bain de cire fondue, on prend cette cire dans une cuiller pour la verser le long des mèches, et l'on répète cette opération jusqu'à ce que les bougies aient atteint la grosseur convenable ; on les roule ensuite sur une table de noyer poli, en les pressant, au moyen d'une planche triangulaire du même bois, afin de leur donner une forme régulière. Par l'autre procédé, la cire fondue est coulée dans des cylindres en métal, après que les mèches ont été tendues dans l'axe de ces cylindres. Pour fabriquer les bougies appelées *rats de cave,* on plonge une mèche très longue dans la cire fondue, puis on fait passer cette mèche, chargée de cire, dans une filière qui enlève l'excès d'épaisseur, et enfin on la roule sur elle-même en lui donnant la forme que l'on veut.

Les bougies dites diaphanes se font avec du blanc de baleine, mélangé avec une certaine proportion de cire. Elles sont remarquables par leur transparence, et elles donnent, en brûlant, une lumière très vive. On les colore souvent en jaune, en rose ou en bleu, en ajoutant à la matière en fusion du carmin, du chromate de plomb ou du bleu de Prusse.

Dans la fabrication des bougies stéariques, celles qui sont encore les plus répandues, les bougies fines se fabriquent avec du suif de mouton, qui contient le plus d'acides solides et qui se travaille le mieux,

et les bougies communes avec le suif de bœuf, qui
a l'avantage de coûter moins cher.

BOUTONS (Fabrication des)

La fabrication des boutons emploie en France un
grand nombre de femmes et d'enfants.

Le plus grand centre de fabrication est Paris. Les
boutons en os, en corne ou en nacre sont surtout
fabriqués dans l'Oise.

Cette industrie met en œuvre les matières les
plus diverses, et principalement le bois, la corne,
l'ivoire, les métaux et la terre à porcelaine.

A l'exception des boutons de corne, de métal et
de porcelaine, tous les boutons se fabriquent au
tour, mais la disposition de l'outil varie suivant
qu'ils doivent avoir un seul ou plusieurs trous.

Pour fabriquer les boutons de corne, on découpe
la matière première en rondelles, que l'on ramollit
dans l'eau bouillante et que l'on comprime ensuite
fortement dans un moule pour leur donner la forme
voulue. Les boutons métalliques s'obtiennent de
plusieurs manières, suivant le métal employé. On
fait ceux d'étain ou d'un alliage de laiton et d'étain
par les procédés de coulage; tantôt on exécute en
même temps la rondelle et la queue, tantôt on ne
coule que la rondelle et l'on y soude après coup la
queue. Les boutons de laiton pur ou de cuivre doré
ou argenté se font avec des disques découpés dans
les plaques émincies par le laminoir à l'épaisseur

convenable, puis estampées au balancier : on y fixe
la queue par la soudure.

Les boutons dits *semi-métalliques* se fabriquent
par les mêmes procédés. Ils se composent de deux
rondelles de cuivre ou de tôle mince entre lesquelles
est pincée une rondelle de toile, et dont la supérieure, ayant un diamètre un peu plus grand que
l'inférieure, est sertie sur celle-ci.

Les diverses espèces de boutons qui précèdent
sont tellement soumises aux caprices de la mode,
que, dans l'espace d'une cinquantaine d'années, une
seule maison de Paris en a livré au commerce plus
de six cent mille variétés. Les boutons de porcelaine, ou boutons de pâte céramique, sont une
conquête de l'industrie contemporaine. Ils ont été
créés, en 1840, par l'Anglais Prosser; mais en 1845,
le fabricant français Félix Bapterosse est parvenu à
les produire à si bon marché que, depuis cette
époque, les Anglais trouvent plus de profit à s'ap-
provisionner chez nous qu'à fabriquer eux-mêmes.
Il y a deux espèces de boutons : les *boutons strass*
qui se font avec du feldspath pur et les *boutons
agate,* qui se font avec un mélange de feldspath et de
phosphate de chaux. Dans les deux cas, on ajoute
un peu de lait à la pâte pour lui donner du liant.
Cette pâte se travaille avec une presse qui moule
cinq cents boutons à la fois, et qu'un ouvrier fait
fonctionner deux ou trois fois par minute. A mesure
qu'ils sont moulés, les boutons viennent se ranger
sur une feuille de papier, que l'on porte ensuite
dans un four construit d'après le même principe
que les fours usités dans les cristalleries : dix

minutes suffisent pour que la cuisson soit complète. Les boutons de porcelaine sont naturellement blancs, mais on peut les teindre dans la masse en introduisant dans cette masse des oxydes métalliques appropriés.

Les boutons de porcelaine ou en pâte céramique sont principalement fabriqués à Briare (Loiret). Le Rhône, la Garonne, le Lot-et-Garonne, les Vosges ont aussi des fabriques de boutons, mais elles ne fournissent guère qu'au commerce local.

Les boutons métalliques en or, plaqués or ou acier, à cercles dorés, argentés, oxydés, bronzés ou avec appliques donnent du travail non seulement dans les fabriques, mais encore au dehors.

Les salaires sont généralement établis à l'heure ou aux pièces. Les femmes gagnent environ de 20 à 25 centimes l'heure.

Dans la fabrication des boutons de fantaisie, on distingue parmi les femmes employées : l'*emboutisseuse*, la *perçeuse*, la *riveuse* et la *fermeuse*. Leur salaire est ordinairement de 2 fr. 50 à 3 ou 4 francs par jour. Celui des enfants varie entre 1 et 2 francs.

Il y a dans ce métier quelques moments de chômage, notamment en juillet.

BROCHAGE

Le brochage consiste dans l'assemblage des feuilles imprimées et dans la couture rapide de ces feuilles.

Beaucoup de femmes et de jeunes filles sont employées dans les ateliers de brochage.

L'apprentissage ne dure guère que six mois. Une jeune fille peut le commencer dès l'âge de douze à treize ans.

Pendant les trois premiers mois, l'apprentie ne gagne rien. Elle peut ensuite gagner de 1 franc à 1 fr. 50 par jour.

Au bout de deux ans, une ouvrière adroite et active gagne de 2 fr. 50 à 4 francs par jour. Quelques-unes gagnent même 5 francs par jour.

Le travail étant payé aux pièces, il s'agit de faire vite et bien. Une certaine dextérité naturelle est nécessaire, pour arriver au maximum du gain.

Peu de chômage, surtout pour les bonnes ouvrières.

L'assemblage se fait de la manière suivante : les feuilles d'impression sont placées en tas sur une table ; chaque tas ou forme est composé de feuilles semblables ; la première forme ne comprend que des feuilles portant pour signature le n° 1 ou la lettre A, et contenant les premières pages du volume ; les feuilles de la seconde forme ont la signature 2 ou B, et ainsi de suite. L'assembleur prend une feuille sur la première forme, une sur la seconde, une sur la troisième, etc., et de toutes ces feuilles il forme un cahier qui contient tout ce qui devra composer un volume. Quand le premier cahier est terminé, il en fait un second, puis un troisième, et ainsi de suite jusqu'à ce qu'il y en ait assez pour former une pile. On reprend ensuite toutes ces feuilles formant des cahiers, on les plie en quatre feuillets si le format est in-4°, en huit si c'est in-8°, en douze si c'est en in-12; on a soin qu'elles soient toujours rangées selon l'ordre des signatures, et on en forme de nouveaux tas, qu'on appelle parties. Alors, le brocheur, après avoir pris sur un de ces derniers tas la feuille dont la signature est 1 ou A, la renverse sur une garde, feuillet de papier sur lequel doit être collée la couverture, et dont il replie le bord le long du petit cahier formé par la feuille, en ayant soin, toutefois, que le pli ne couvre pas entièrement la marge; il enfile une grande aiguille courbe, appelée broche, en perce la feuille par dehors, tire le fil en dedans de manière à en laisser dépasser une longueur de quelques centimètres, et perce de nouveau la feuille du dedans en dehors, à quelque distance du premier trou. Alors il prend la feuille suivante, la pose sur la première en la retournant, la perce à la hauteur même où la broche est sortie de la première feuille, du dehors en dedans, fait ressortir le fil à la première piqûre faite à la première feuille et le noue avec le bout laissé à l'intérieur. Il prend ensuite la troisième feuille, y fait de nouveau deux piqûres, et, quand le fil est sorti par la seconde, passe l'aiguille entre le point qui unit les deux premières feuilles, ce qui commence un entrelacement qui durera jusqu'à la dernière feuille et se reproduira du côté où il a fait le premier nœud. Cet entrelacement est nommé chaînette. La dernière feuille doit être couverte, comme la première, d'une garde, mais posée en sens inverse, et le fil doit être arrêté enfin par un dernier nœud.

Cela fait, il ne reste plus qu'à étendre, avec un pinceau, une légère couche de colle sur les deux gardes et sur le dos du volume, à y poser d'une manière convenable la couverture, à faire sécher à l'air libre, et à ébarber avec des ciseaux les bords qui dépassent les parties où les feuilles ont été pliées sur elles-mêmes.

BRODERIE

On divise généralement la broderie en quatre catégories principales : la broderie blanche, la broderie de soie, d'or ou d'argent, la broderie de fantaisie pour nouveautés et la broderie de tapisserie.

Ces différents travaux peuvent souvent être exécutés chez soi; ils sont donc très agréables pour les dames et les jeunes filles auxquelles sont ainsi évités les ennuis des ateliers. C'est, en outre, un métier artistique, surtout dans certaines de ses parties, pour lesquelles la connaissance du dessin est indispensable.

Des entrepreneurs servent généralement d'intermédiaires entre le fabricant et les ouvrières qui travaillent chez elles. Leur gain est d'environ 10 p. 100 du prix de la main-d'œuvre.

En général, pour la broderie, les prix les plus élevés sont payés par Paris; en province ils baissent considérablement.

Deux sortes de machines sont employées pour la broderie : le *couso-brodeur*, machine à pédale, qui rappelle la machine à coudre, et le *métier suisse*.

Le *couso-brodeur* est employé pour toutes espèces de broderie. Les pièces brodées au moyen de cette machine sont terminées à la main.

Un couso-brodeur coûte de 300 à 500 francs. Certains métiers à broder, plus simples, ne coûtent guère qu'une trentaine de francs.

La broderie au métier suisse n'est pratiquée que par quelques entrepreneurs. Ces métiers coûtent de 2,000 à 2,500 francs pièce; certains sont même mus par la vapeur. Le travail fait par ces machines doit aussi être terminé à la main.

BRODERIE BLANCHE

Cette broderie s'applique particulièrement à la lingerie. Elle se divise en broderie au feston, broderie en reprise et broderie de dentelle.

Pour la broderie blanche, l'apprentissage peut être commencé de très bonne heure. Dans les ateliers, l'apprentie n'est d'abord que nourrie, mais au bout de quelques mois, elle peut gagner de 0 fr. 80 à 1 franc par jour. Devenue bonne ouvrière, elle gagne de 2 à 4 francs par jour. Les grandes maisons de blanc forment la meilleure clientèle des brodeuses en blanc.

De juin à septembre, les ouvrières à domicile reçoivent peu de travail, car à cette époque les commandes se ralentissent régulièrement.

BRODERIE DE SOIE, D'OR ET D'ARGENT

Ces broderies sont employées pour les livrées et pour certaines étoffes d'ameublement. Elles exigent un apprentissage assez long (trois ou quatre ans). La connaissance du dessin est, en outre, très utile dans cette partie.

Dès la seconde année, les apprenties gagnent ordinairement 1 franc ou 1 fr. 50 par jour. Après la troisième année, elles peuvent gagner de 3 à 4 francs. Quelques ouvrières habiles arrivent même à gagner 5 et 6 francs à l'atelier, et jusqu'à 8 et 10 francs chez elles, mais ces dernières peuvent avoir de fréquents chômages.

La broderie pour ornements d'église est surtout pratiquée dans les ouvroirs, aussi est-elle peu rémunératrice pour les personnes qui veulent travailler chez elles, C'est à peine, paraît-il, si elles peuvent gagner 30 à 40 centimes par heure.

Les brodeuses sur soie, or et argent, qui travaillent chez elles, doivent se procurer plusieurs métiers de différentes grandeurs.

Les figures et autres sujets exigent du goût et une grande habileté. Ces broderies se paient généralement aux pièces ; les personnes qui les exécutent gagnent facilement de 10 à 15 francs par jour.

Notons que les broderies à la machine sont généralement employées pour les travaux ordinaires. La broderie à la machine ou broderie au passé n'exige pas un long apprentissage. En revanche, elle ne rapporte guère que 2 francs à 2 fr. 50 par jour.

La broderie pour ameublement est enseignée dans les Écoles professionnelles de la ville de Paris.

BRODERIE DE FANTAISIE POUR NOUVEAUTÉS

La broderie de fantaisie pour nouveautés peut

être rattachée aux précédentes; elle se fait aussi en jais et en perles.

Les brodeuses à la main gagnent dans cette partie de 3 à 6 francs par jour.

Ici encore les ouvroirs et les pensions font une concurrence sérieuse.

BRODERIE DE TAPISSERIE

Les ouvrières qui s'occupent de cette broderie peuvent gagner de 3 à 6 francs par jour. Beaucoup de dames qui ont des loisirs et qui désirent augmenter leurs ressources s'adonnent à la broderie de tapisserie.

On ne peut guère faire d'apprentissage dans ce genre de travail qu'auprès des personnes exercées qui le pratiquent, car on l'apprend rarement en atelier. Au début, le gain sera très modeste, mais devenue bonne ouvrière on parvient aisément aux chiffres que nous venons d'indiquer. Quelques ouvrières habiles et pouvant fournir beaucoup de travail, arrivent même à doubler ces chiffres.

Lorsque les ouvrières en broderie de tapisserie travaillent chez elles, elles doivent posséder deux ou trois métiers, lesquels coûtent une vingtaine de francs chaque.

La restauration des broderies et des tapisseries de meubles est confiée à des ouvrières habiles qui gagnent de 10 à 12 francs par jour.

École de la Société industrielle de l'Aisne.

Un cours gratuit de broderie mécanique existe

dans cette école. Chaque élève doit suivre le cours pendant au moins trois mois.

Dans le cours de dessin et de mise en carte qui dure toute l'année, du mois d'octobre au mois d'août, on enseigne la mise en œuvre des modèles de broderie sur les métiers.

La broderie à la main est aussi enseignée au cours de lingerie de la même école.

BROSSERIE

On distingue dans cette industrie la brosserie fine, la brosserie pour artistes et pour peintres en bâtiments, et la grosse brosserie, laquelle comprend les brosses pour chevaux, harnais, voitures, balayeuses des rues, etc.

Les principaux centres de fabrication de la brosserie fine sont Beauvais et plusieurs autres localités du département de l'Oise. Paris, qui en fabriquait beaucoup jadis, a vu diminuer considérablement sa production par suite de la cherté de la main-d'œuvre.

La grosse brosserie se fabrique un peu par toute la France, et particulièrement dans l'Oise, à Lyon, Bordeaux, Lille, Rouen, Nantes et Rennes.

Les principales matières employées pour le montage des brosses sont les soies, les crins, le chiendient, la bruyère, les poils de blaireau, d'écureuils, de chèvres, de petit-gris, etc.

L'ivoire, l'os, la corne, la nacre, le buffle, l'écaille et certaines espèces de bois sont, comme l'on sait, employés pour les montures de la brosserie fine.

Plus de trente mille ouvriers et ouvrières sont employés en France dans l'industrie de la brosserie.

En général, les opérations de cette fabrication sont saines. En outre, l'apprentissage est court, et les prix sont assez rémunérateurs. Aussi peut-on engager les jeunes personnes qui se trouvent dans les régions où se fabrique la brosserie et qui n'entrevoient d'autres ressources que celles que peut leur procurer un travail manuel, à s'adonner à celui-ci.

Les jeunes filles sont admises dans les ateliers dès l'âge de treize ou quatorze ans. Elles gagnent 50 ou 75 centimes par jour, presque en débutant. Au bout d'un an, leur salaire se trouve à peu près doublé, puis elles arrivent graduellement à gagner de 3 à 4 francs par jour.

Il n'y a pas de chômage absolu dans les fabriques de brosserie ; on signale seulement une réduction d'heures de travail pendant les mois de juillet et d'août.

CARTONNAGE

Le cartonnage, et particulièrement le cartonnage de fantaisie, est une des industries les plus abordables aux femmes.

Le cartonnage ordinaire s'applique aux articles de bureaux, au commerce de nouveautés, d'épiceries, de mercerie, de parfumerie, de pharmacie, de bijouterie, etc.

Quant au cartonnage de fantaisie, il comprend les boîtes de confiserie, les coffrets de luxe, les jouets, etc.

Les principaux centres de fabrication de cartonnage sont Paris, Lyon, Bordeaux et, en général, toutes les grandes villes.

La fabrication des cartonnages se fait généralement dans les ateliers; cependant, dans quelques régions, les ouvrières peuvent emporter le travail chez elles.

La coupe et l'assemblage des cartons sont ordinairement confiés aux ouvriers; les ouvrières sont plutôt chargées du collage des couvertures et de l'application des garnitures.

L'apprentissage est de deux ou trois ans pour les travaux les plus délicats. Pendant cette période, les apprenties touchent de 50 centimes à 2 francs par jour, selon leur capacité.

Dans les ateliers, les journées de travail sont ordinairement de dix heures. Les ouvrières gagnent de 2 fr. 50 à 4 francs par jour.

L'industrie du cartonnage convient particulièrement aux ouvrières d'une constitution un peu délicate; elle n'exige, en effet, aucun effort et n'emploie pas de substances dangereuses.

La peinture et la gravure des coffrets et des cartonnages de luxe sont confiées à des artistes spéciaux, hommes ou femmes.

Il y a par an trois à quatre mois de chômage, ou du moins de ralentissement de travail, dans la fabrication des cartonnages de luxe. Dans le cartonnage ordinaire le travail est plus régulier.

Une école professionnelle de fabrication de cartonnages existe à Paris, rue de Lancry, 10. Elle a été organisée par la *Chambre syndicale du Papier et des industries qui le transforment.*

(Voir *Écoles professionnelles.*)

CÉRAMIQUE

Les principaux centres de fabrication de la porcelaine sont en France : Limoges (où près de la moitié de la population est employée à cette industrie), Briare, où l'on fabrique spécialement les boutons de porcelaine, la manufacture de Sèvres, Chantilly, Champroux (Allier), Bayeux, Vierzon, Toulouse et Villedieu.

Les principaux centres de production de la faïence sont, outre la manufacture nationale de Sèvres et celle de Choisy-le-Roi : Lunéville, Longwy, Gien, Nancy, Parthenay, Châtillon, Blois, etc.

Les femmes sont employées aux travaux d'émaillage, au triage, au classement des pièces fendues, déformées, tachées, écaillées, etc. Elles gagnent en moyenne de 2 à 3 francs par jour.

(Voir *Peinture sur porcelaine.*)

CHAPEAUX ET CASQUETTES

Dans la fabrication des chapeaux de feutre, les

femmes sont spécialement chargées de la garniture intérieure des chapeaux.

Les centres de fabrication pour cet article sont en France : Paris, Bordeaux, Aix, Châlons, Louhans, Montélimart, Chazel, Gringu, Bourg-de-Péage et Romans.

Les femmes sont aussi employées à la fabrication des casquettes, qui se fait surtout à Paris, à Lyon, à Rouen et dans toutes les grandes villes. Les femmes travaillent surtout chez elles à la fabrication de cet article de chapellerie.

L'apprentissage est court pour toute jeune fille sachant bien coudre. Mais il faut une certaine habitude pour arriver à travailler rapidement. L'apprentie gagne dès le début, et son salaire varie entre 10, 20 ou 25 francs par mois, selon son habileté.

Le salaire des ouvrières faites varie de 2 à 2 fr. 50 par jour, pour les casquettes, et de 2 fr. 50 à 3 fr. pour les chapeaux.

Peu de chômage, mais un relèvement du travail à certaines époques de l'année.

CHAPEAUX DE PAILLE

Les principaux centres de fabrication pour les chapeaux de paille, sont en France : Paris, Nancy, Aix et quelques villes du Midi.

Dans l'industrie du chapeau de paille, les hommes mettent le chapeau en forme et les femmes cousent la paille.

L'apprentissage est assez rapide pour toute personne qui sait coudre. Au bout d'un mois ou six semaines, une personne intelligente peut faire un travail utile.

Les ouvrières travaillent généralement chez des entrepreneuses qui servent d'intermédiaires entre elles et le fabricant. Les ouvrières gagnent de 3 à 5 francs par jour pendant la période de la fabrication, qui, malheureusement, n'est que de trois à quatre mois, au commencement de l'année. Il est donc indispensable de posséder une autre corde à son arc.

CHAPELETS

L'industrie des chapelets est surtout concentrée à Saumur, à Lyon, à Lourdes et à Ambert (Puy-de-Dôme).

Ce travail est généralement fait par des femmes qui, au moyen de petites pinces, coupent un fil de fer très ténu, le recourbent en mailles, forment les chaînes et intercalent entre les chaînons les petites boules de bois, d'os, d'ivoire, de nacre, etc., qui doivent former les grains des chapelets.

Le gain de ces ouvrières est médiocre, car la fabrication mécanique a amené une forte diminution dans le prix du chapelet fabriqué à la main.

Les ouvrières qui savent faire le chapelet tout d'une pièce, plier le fil de fer, joindre les mailles, y placer les «*pater*» et les «*ave*» sont payées à raison de 75 centimes la douzaine; celles qui sont expéditives peuvent arriver à en faire deux douzaines par jour. Les ouvrières moins habiles, qui ne s'occupent que d'une partie du chapelet, gagnent beaucoup moins.

La fabrication des grains, des croix, des mailles de chapelet emploie un grand nombre de bras. La plus grande partie du travail se fait à la machine, mais certaines pièces, telles que les crucifix et les têtes à double face des rosaires, sont sculptées dans de petits ateliers.

Saumur possède des ateliers spéciaux où l'on travaille au tour le bois, l'os ou l'ivoire, la noix de coco, blanche ou bistre. « Avec des moyens primitifs, dit un auteur, les ouvriers arrivent à obtenir des reliefs saisissants. En un clin d'œil, ils ont détaché un crucifix dans un morceau de coco. Quelques coups de burin y sculptent le corps du Christ. Rien de précis dans les contours, ce sont des lignes droites ou brutalement brisées, à peine striées, pour donner une vague expression anatomique, et, cependant le corps fixé sur la croix est d'une vérité saisissante. Quelques coups de scie mécanique, quelques traits de burin et de lime ont suffi. »

« Le crucifix achevé, haut de quatre à cinq centimètres, se vend 1 fr. 50 la douzaine ».

La fabrication des grains de chapelet s'est longtemps faite au tour manœuvré à la main ; mais les machines à vapeur tendent à remplacer partout ce système. On retire ces petites boules de l'ivoire, de l'os, et surtout des noix de coco, dont quelques-unes ont l'aspect de l'ivoire, d'autres celui du vieux noyer.

Après avoir été débitée en disques minces, la noix de coco est présentée à une machine qui abat les perles en creusant alternativement le disque à l'envers et à l'endroit. D'autres machines, surveillées par des ouvrières, servent au guillochage. Au milieu des cercles dessinés sur le grain, on produit des dessins variés.

On teint ensuite ces perles en rouge, en bleu, en noir ou en jaune.

La fabrication de l'œuf à chapelet ou bonbonnière est aussi fort curieuse. Une noix de coco fournit une moitié de cet œuf destinée à être vissée sur l'autre. Les noix de coco sont évidées, sculptées et les vis y sont pratiquées par les machines.

CHAUSSURES

Ouvrières des fabriques de chaussures. — Dans les fabriques de chaussures, les ouvrières sont divisées en apprêteuses, piqueuses à la machine à coudre et finisseuses. Ces dernières sont chargées de border et de faire les boutonnières. Le salaire de ces ouvrières est d'environ 2 francs à 2 fr. 25 par jour.

Les femmes employées dans les magasins de chaussures gagnent environ 40 francs par mois et sont nourries.

Piqueuses de bottines. — Ce travail se fait généralement à domicile. A Paris, les ouvrières ont des machines à coudre chez elles : les unes piquent les tiges en étoffe, les autres les tiges en cuir.

En quelques mois, une personne sachant coudre et diriger une machine à coudre peut devenir une bonne piqueuse de bottines. Les ouvrières sont généralement payées à la façon ; elles gagnent de 1 fr. 50 à 3 francs par jour.

CHEMISERIE

Après Paris, la chemiserie a surtout pour centre de fabrication les départements de la Seine-Inférieure, du Nord, du Cher, de l'Indre, de l'Indre-et-Loire et de la Gironde.

On distingue dans cette industrie, outre le travail des coupeurs, celui des *apprêteuses* qui bâtissent le travail, des *mécaniciennes* ou *piqueuses* à la mécanique, et des *finisseuses*.

Toutes les parties du travail qui ne sont pas exécutées dans les ateliers sont confiées à des entrepreneuses qui s'adressent à leur tour à des ouvrières travaillant chez elles.

Généralement, les chemises sont préparées chez les entrepreneuses et terminées par les ouvrières du dehors.

Les entrepreneuses prennent comme apprenties des jeunes filles de quatorze ou quinze ans. Dès qu'elles sont en mesure de faire une besogne utile, elles gagnent environ 50 centimes par jour ; elles sont ensuite augmentées graduellement.

Les ouvrières qui préparent les chemises à l'atelier, apprêteuses et monteuses, gagnent de 3 fr. 50 à 4 fr. 50 par jour.

Les finisseuses travaillent à la pièce. Elles font ordinairement trois chemises en deux jours, et sont payées à raison de 1 fr. 40 ou 1 fr. 50 par chemise. L'entrepreneuse reçoit ordinairement 2 fr. 50 par chemise.

Les caleçons, les gilets de flanelle et les cravates se rattachent généralement à l'industrie de la chemiserie.

Les ouvrières qui confectionnent des caleçons au moyen de la machine à coudre peuvent en faire une douzaine par jour. Chaque caleçon leur est payé environ 25 centimes.

Celles qui s'occupent des gilets de flanelle sont payées à raison de 60 à 70 centimes par gilet; elles peuvent en faire une demi-douzaine par jour.

Dans la fabrication des cravates les ouvrières gagnent de 2 à 3 francs par jour.

Les prix que nous indiquons ici ne sont qu'approximatifs. Paris paie plus cher que les grandes villes, et celles-ci davantage que les petites localités.

CHEVEUX

L'industrie des faux cheveux devient si importante, surtout à Paris et dans les grands centres, que nous croyons devoir en dire quelques mots ici.

Nos lecteurs savent qu'on emploie pour la préparation des faux cheveux ou postiches non seulement les cheveux de coupe, mais encore les cheveux tombés, dits cheveux de *chute*.

Ces cheveux sont d'abord transformés par les préparateurs en cheveux lisses, ce qui exige plusieurs manipulations très délicates.

Ces différentes préparations occupent à Paris et dans les environs un grand nombre d'ouvriers et d'ouvrières; ces dernières gagnent de 2 fr. 50 à 3 fr. 50 par jour.

Les femmes sont aussi employées à la fabrication des coiffures postiches : chignons, nattes et frisures, etc. Les tresseuses et implanteuses gagnent de 2 fr. 75 à 3 fr. 50 par jour. Ce travail demande deux ou trois années d'apprentissage. Les apprenties sont généralement logées et nourries, et reçoivent de 50 centimes à 1 franc par jour, à partir de la seconde année.

Dans la fabrication des dessins et bijoux en cheveux, les femmes peuvent gagner de 4 à 5 francs par jour, parfois plus. Des connaissances en dessin sont nécessaires dans cette partie. Il convient d'ailleurs d'observer qu'elle ne paraît plus dans le goût du jour et décline de plus en plus.

COLS ET LINGERIE MILITAIRE

Une grande partie de ce travail se fait à la machine, le reste (les boutonnières et quelques coutures) se fait à la main. La plupart des maisons remettent le travail tout préparé aux ouvrières, qui l'achèvent chez elles. Elles gagnent de 30 à 40 centimes l'heure en moyenne.

COMPOSITRICE TYPOGRAPHE

Le métier de compositrice typographe est depuis quelques années largement ouvert aux femmes. Après la fameuse grève des typographes de 1878, plusieurs imprimeurs de la capitale décidèrent d'avoir recours au travail des femmes. Cet essai ayant réussi, l'exemple a été suivi, et aujourd'hui l'imprimerie occupe un grand nombre de femmes tant à Paris qu'en province.

Les éléments du métier, c'est-à-dire la composition des lignes courantes, qui permet de s'occuper à nombre de travaux ordinaires, tels que la composition des journaux et des livres à bon marché, s'apprend assez rapidement et permet à la femme de gagner des journées convenables au bout de quelques mois d'apprentissage. Mais la connaissance complète du métier, la composition des tableaux, des ouvrages soignés et des ouvrages de luxe demandent des études plus longues et plus approfondies. Il est vrai que ces parties sont jusqu'ici presque exclusivement réservées aux hommes.

Une jeune fille peut commencer son apprentissage de compositrice typographe vers l'âge de quatorze ou quinze ans, lorsqu'elle a obtenu son certificat d'études, car il est indispensable dans ce métier de posséder au moins une bonne instruction élémentaire. Au bout de six ou huit mois, l'apprentie intelligente est en mesure de faire des travaux courants. Elle peut alors commencer à gagner de 1 franc à 1 fr. 50 par jour. Après dix-huit mois ou deux ans de pratique elle arrivera à gagner 2 fr. 50 à 3 francs par jour. Les compositrices habiles et instruites parviennent à gagner 4 à 5 francs par jour, mais dépassent rarement ces chiffres.

La journée des compositrices est généralement de neuf à dix heures, coupées par un repos d'une heure ou d'une heure et demie.

Les compositrices travaillent ou à la tâche ou *en conscience*.

Celles qui travaillent à la tâche sont payées par mille lettres levées et ne sont chargées que des travaux ordinaires.

Aux ouvrières qui travaillent en conscience c'est-à-dire à la journée, sont réservés les travaux plus minutieux qui exigent du goût et une connaissance assez approfondie du métier.

Les ouvrières typographes possédant une instruction assez sérieuse peuvent occuper l'emploi de *correctrices*. Elles corrigent alors les épreuves et sont payées au mois. Elles peuvent gagner de 100 à 150 francs.

CORSETS

Le corset n'est pas d'origine moderne, on en trouve trace dans l'histoire de l'antiquité. A Athènes et à Rome, de véritables corsets étaient employés pour dissimuler les défauts de la taille ou pour l'amincir. Il paraît même que les femmes n'étaient pas seules alors à se servir de buses pour amincir leur taille, certains hommes en portaient aussi, et ces buses étaient faits en bois de tilleul. Aristophane raillait un poète qui en usait, en l'appelant *l'Homme au tilleul*.

Au moyen âge, le corset n'était qu'une simple cotte qui se moulait sur la poitrine, sans la comprimer.

Mais le véritable corset ne fit son apparition en France que sous Henri II, Catherine de Médicis apporta d'Italie l'usage du corset à buse et cet usage se répandit bientôt dans toute l'Europe.

Depuis lors, malgré les protestations des médecins, le corset ne fut plus abandonné. Il disparut bien pendant quelques années, au moment de la Révolution, mais l'Empire le ramena en modifiant seulement sa forme.

Les corsets actuels sont en général souples et ne peuvent exercer une influence fâcheuse sur la santé que lorsqu'on abuse de la façon de les serrer. La plupart n'ont en fer que le buse, les autres parties sont garnies de baleines minces et flexibles.

Principaux centres de fabrication — En France, les principaux centres de fabrication des corsets sont : Paris, Lyon, Bar-le-Duc, Orléans, Troyes, Toulon, Laigle, Rouen, Lille, Bordeaux, Limoges, Le Mans, Blois, Nîmes et Marseille.

Bar-le-Duc est le centre de la fabrication du corset tissé ou sans contour. Ce genre de corset, fait d'un seul morceau d'étoffe tissée, est fabriqué sur des métiers spéciaux et assez compliqués.

Les jeunes filles sont admises à l'apprentissage vers treize ans, elles reçoivent alors 1 fr. 50 par jour. Elles doivent posséder une bonne vue. Des écoles professionnelles ont été fondées à Paris rues Fondary, Blomet et de la Tombe-Issoire.

Dans les grands ateliers, les ouvrières sont divisées en mécaniciennes, baleineuses, prépareuses, piqueuses et brodeuses. Cette spécialisation du travail permet aux apprenties de se former rapidement.

Une ouvrière faite arrive à gagner de 3 à 6 francs par jour, suivant le travail.

Le chômage n'est pas à craindre dans ce métier; la fabrication est continuelle et l'écoulement assuré.

COSTUMES DE THÉÂTRE

Ce travail ne peut être fait d'une façon régulière qu'à Paris. La coupe et les parties les plus difficiles sont réservées aux hommes.

Les femmes qui sont occupées à la confection des costumes de théâtre ne gagnent guère plus de 2 francs par jour en moyenne; cependant quelques-unes arrivent à gagner 5 francs et plus pour les travaux exigeant une habileté particulière.

On ne peut compter sur ce genre d'occupation que pendant la saison d'hiver.

COUPE

La coupe est aujourd'hui enseignée dans les Écoles primaires et les Écoles professionnelles de Paris et dans nombre d'écoles de province.

En outre, certaines maisons de Paris initient en quelques mois, pour un prix à forfait (de 150 à 200 francs) les dames et les jeunes filles au travail de la coupe.

Les maisons de Paris accordent généralement des appointements de 1,600 à 1,800 francs aux jeunes personnes ayant appris la coupe, qui débutent dans leurs ateliers. Au bout d'un an ou deux, elles peuvent arriver à gagner 2,500 francs. Une coupeuse de talent, qui peut être chef d'atelier, parvient dans certaines grandes maisons à gagner 4 et 5,000 francs par an. Elle est souvent logée et nourrie.

COURONNES FUNÉRAIRES

La fabrication des couronnes funéraires en perles de verre est devenue une industrie importante, et beaucoup de femmes trouvent à s'y employer, car tout s'y fait à la main.

Le principal centre de fabrication est naturellement Paris. Mais des fabriques se sont établies dans toutes les grandes villes, et principalement à Lille, Bordeaux et Orléans.

L'apprentissage dure un an ou deux; mais l'apprentie est payée dès le début et gagne de 50 à 75 centimes par jour.

Dans les grands ateliers, les ouvrières sont généralement divisées en carcassières, en fleuristes et en monteuses.

Les premières font la carcasse de la couronne au moyen de fils de fer ; les fleuristes confectionnent les fleurs en perles et en métal. Quant aux monteuses, elles réunissent les différentes parties du travail et font la couronne. Ce sont, bien entendu, celles des ouvrières qui doivent montrer le plus de goût et d'initiative.

Dans cette partie le travail se fait ordinairement aux pièces.

Les carcassières gagnent environ 1 fr. 50 par jour.

Les fleuristes, de 3 francs à 3 fr. 50 par jour.

Quant aux monteuses, elles gagnent de 4 à 5 francs par jour, selon leur capacité.

Il paraît que dans certaines maisons de détail de Paris qui travaillent principalement sur commande, les ouvrières de talent reçoivent des appointements plus élevés que celles des grandes fabriques.

COUTELLERIE.

La coutellerie offre peu de travail aux femmes. Elle est à peu près concentrée en France dans les localités suivantes : Thiers (Puy-de-Dôme), Châtellerault (Vienne), Nogent-le-Roi, Langres (Haute-Marne), et Paris.

Les principales matières employées dans cette industrie sont : le fer en barre ou en tôle ; l'acier puddlé, laminé ou fondu ; le maillechort, le cuivrelaiton; la corne de France et d'Amérique; l'ébène du Gabon ou de Maurice; les os de France ou d'Amérique; l'étain, le plomb et, comme combustible, la houille. A Langres et à Nogent, on emploie presque exclusivement des moteurs hydrauliques; les rares essais de moteurs à vapeur qu'on a faits ont été peu profitables à cause du prix du charbon. Les meules sont une des grandes charges de cette industrie; la Haute-Saône les fournit à peu près toutes. Le prix de cet article, qui est de 10 à 12 francs sur le lieu de production, est à peu près triplé et même quadruplé par les frais de transport. L'industrie de la coutellerie n'emploie de machines que pour estomper les métaux, scier et presser les manches de couteaux. Les conditions de la fabrication sont différentes selon les localités : à Thiers, les ouvriers, qui font chacun une partie du couteau, travaillent chez eux, au milieu de leur famille; à Châtellerault, ils travaillent en manufacture.

La partie généralement réservée aux femmes dans la fabrication de la coutellerie exige un travail assez pénible. Elles polissent les lames sur le bord des rivières et doivent, pour exécuter leur travail, s'étendre sur des planches inclinées et baignées dans l'eau. Dans certains ateliers, on cherche à combattre cet inconvénient en dressant des chiens à rester couchés sur les jambes des travailleuses, afin d'en empêcher le refroidissement. Ajoutons que pour ce dur labeur les femmes ne reçoivent guère que 1 fr. à 1 fr. 25 par jour.

Dans les fabriques d'instruments de chirurgie, les *garnisseuses* gagnent de 4 à 6 francs par jour.

Celles qui sont employées au ponçage des instruments en gomme gagnent en moyenne 3 fr. 50 par
jour.

. COUTURIÈRES ET TAILLEUSES.

Voici un genre de travail qui semble bien devoir
être attribué exclusivement à la femme. Au moment
où l'homme lui reproche de lui faire une concurrence presque déloyale dans certaines fonctions et
dans certains métiers, il est curieux de rappeler les
luttes que nos aïeules ont dû soutenir pour que le
droit d'habiller les femmes et les enfants leur fût
accordé.

Pendant longtemps, les maîtrises des tailleurs pré-
tendirent qu'ils avaient seuls le privilège de faire
des vêtements de femmes. Les couturières luttèrent
énergiquement et obtinrent enfin gain de cause. En
1675, Louis XIV érigea leur profession en titre de
maîtrise-jurée « considérant, disait l'édit royal,
qu'il était dans la bienséance et convenable à la pu-
deur et à la modestie des femmes et filles de leur
permettre de se faire habiller par les personnes de
leur sexe ». Malgré ce considérant, et par un singu-
lier contresens, il fut interdit aux couturières de
confectionner les corps de robes pour lesquels les
tailleurs conservèrent le privilège jusqu'en 1781.
Alors seulement, elles obtinrent l'autorisation exclu-
sive d'entreprendre, tailler, coudre, garnir et
vendre toutes sortes de robes et d'habillements
neufs de femmes, de filles et d'enfants. Mais cette
autorisation ne leur fut pas accordée sans res-

triction. Il leur était, en effet, défendu de tenir dans leur boutique aucune étoffe en pièce et d'en faire le commerce. Les couturières protestèrent : « Il doit nous être permis, disaient-elles, comme à toute personne, soit de faire venir en droiture, soit d'acheter chez les marchands toutes sortes d'étoffes en pièces, puisque sans cela nous ne pouvons user du droit d'entreprendre et de vendre les robes neuves ; c'est même l'avantage du public, en ce que cela nous met à même de procurer et de donner à meilleur marché les vêtements tout faits ». Leur protestation resta sans résultat.

Elles durent donc se résigner à travailler à façon, et réussirent cependant à importer les modes françaises à l'étranger. Pour les propager, on eut recours à un procédé ingénieux : on habilla des poupées et on les envoya en tous pays. Mais les poupées ne tardèrent pas elles-mêmes à éprouver des difficultés pour circuler. Au moment de la guerre d'Espagne, les cabinets de Versailles et de Saint-James échangèrent nombres de notes diplomatiques, l'un pour obtenir, l'autre pour accorder un sauf-conduit à une poupée qui portait de l'autre coté de la Manche, les dernières modes de la cour de France. Et cependant, lorsque la Révolution de 1789 eut émancipé l'industrie, les couturières n'usèrent pas de cette liberté du travail si chèrement acquise et si longtemps poursuivie. « Aucune entrave n'étant plus apportée à leur commerce, dit un auteur, elles purent, il est vrai, fournir les étoffes à leur gré, mais elles ne songèrent plus à faire d'avance des habillements confectionnés. Elles restèrent donc coutu-

rières, travaillant à façon et fournissant quelquefois
les étoffes; mais elles abandonnèrent la confection
pour femmes à une autre industrie qui créa cette
spécialité, devenue depuis si prospère ».

Chose singulière, de nos jours, il paraît de bon
ton, dans les classes élevées de la société, et principalement de la société parisienne, d'avoir recours
aux couturiers pour les vêtements de femmes. Le
couturier n'existe, d'ailleurs, qu'à Paris. Les dames
de la province, de l'étranger, les dames du théâtre
ont recours à lui pour leurs costumes. Il produit,
nous dit-on, de véritables œuvres d'art, et sa science
est surtout fondée sur l'histoire du costume. C'est
là, pensons-nous, une étude qui est abordable aux
femmes intelligentes, connaissant le dessin et la
coupe. Chercher des femmes médecins pour les
maladies de nos femmes et de nos enfants, et confier
leur toilette à des couturiers nous semble aussi contradictoire que choquant. Aussi, espérons-nous que
de ce côté les femmes ne tarderont pas à reprendre
leur place.

Quoi qu'il en soit, la couture est un des travaux
qui offrent le plus de ressources aux femmes; il
n'est, en effet, guère de jeune fille, à quelque situation qu'elle ait appartenu, qui n'ait appris à coudre.
Mais les variétés de couture sont nombreuses. Certaines exigent un apprentissage spécial; quelques-
unes sont très rémunératrices, tandis que d'autres
sont faiblement payées et ne peuvent que servir
d'appoint pour équilibrer un modeste budget de
ménage. Aussi croyons-nous devoir diviser ici nos
renseignements par spécialités.

Chemises et mouchoirs. — Ces objets sont remis aux ouvrières tout préparés. Il ne s'agit donc que de savoir bien coudre pour entreprendre ce genre de travail. Mais à cause de la concurrence des ouvroirs et autres établissements analogues, le gain est fort peu rémunérateur.

Une bonne ouvrière ne peut guère espérer gagner plus de 1 fr. 25 à 1 fr. 50 par journée de 7 à 8 heures.

Lingerie de luxe. — On classe dans cette catégorie les chemises fines, garnies, les cache-corsets riches, les parures en mousseline et dentelles, etc., qui se fabriquent principalement à Paris, et particulièrement rue du Sentier.

L'apprentissage pour ce genre de lingerie dure deux ou trois ans. Les apprenties sont pour les deux premières années engagées au pair; elles gagnent ensuite 1 fr. par jour.

Les ouvrières qui travaillent dans les grandes maisons de Paris gagnent de 3 à 5 fr. par jour, les autres ne gagnent guère que 2 à 3 fr.

Dans les maisons de gros, les premières reçoivent un traitement de 1,500 à 3,000 fr., plus la table.

Dans la lingerie de luxe, le chômage est irrégulier; il ne se fait guère sentir dans les grandes maisons.

Robes et manteaux. — La jeune fille qui s'adonne aux robes et manteaux doit être une bonne couturière. Dix-huit mois à deux ans d'apprentissage sont nécessaires avant d'espérer un gain sérieux. Une jeune fille habile gagnera ensuite 1 fr. par jour, puis elle arrivera rapidement à 2, 3 et 4 fr., surtout si elle s'est exercée aux travaux de coupe et d'apprêt.

Les ouvrières employées aux *corsages* et qui savent couper et apprêter, gagnent de 4 à 5 fr. par jour, quelquefois plus. Celles qui s'occupent des jupes sont payées à peu près sur la même base.

Quelques grandes maisons donnent à leurs premières ouvrières des traitements de 2,000, 2,500 ou 3,000 fr. Elles sont, en outre, nourries.

Les *essayeuses* gagnent environ 1,200 fr. par an, plus la table. Dans les maisons de premier ordre, certaines essayeuses gagnent de 5 à 6,000 fr. par an, plus la table et la robe d'atelier.

Les dames employées à la correspondance reçoivent ordinairement de 2,000 à 2,500 fr. par an, plus la table. Elles doivent parfaitement connaître le métier, afin de répondre aux demandes et aux observations des clientes.

Les interprètes gagnent dans les maisons de Paris environ 150 fr. par mois, plus la table.

Les vendeuses gagnent environ 1,200 fr. par an, plus la table et la toilette de magasin. Elles ont, en outre, un bénéfice sur la vente. La plupart arrivent facilement à se faire de 3 à 4,000 fr. par an.

Il nous reste à parler des *mannequins*, c'est-à-dire des jeunes personnes qui essaient les vêtements pour les faire valoir aux yeux des clientes. On les choisit parmi les jeunes filles bien faites. Elles gagnent environ 150 fr. par mois et ont en outre droit à la table. Ici, aucune connaissance spéciale n'est exigée, mais ce n'est pas un emploi à recommander.

Confections. — La machine à coudre joue naturellement un grand rôle dans la *confection*. En atelier, comme à domicile, on est presque toujours payé aux pièces.

Le travail est coupé et préparé d'avance, et les ouvrières reçoivent généralement à confectionner des séries de vêtements semblables.

Dans les ateliers de confection, l'apprentissage est assez rapide. Au bout de quelques mois, une apprentie intelligente peut gagner de 0 fr. 75 à 1 fr. par jour, plus la nourriture.

Les ouvrières gagnent de 2 fr. 50 à 5 fr. par jour.

Peu de chômage dans cette partie, surtout pour les grandes maisons.

Jerseys. — Le jersey se confectionne en atelier et à la machine à coudre. Les jerseys sont distribués aux ouvrières tout préparés. Le travail est payé aux pièces.

Pour une journée de huit heures de travail, les débutantes gagnent de 1 fr. 75 à 2 fr. par jour ; les ouvrières habiles gagnent de 2 fr. 50 à 4 fr.

La fabrication de cet article ralentit considérablement de novembre à janvier et de juin à août. Il est donc prudent de se garantir d'autres ressources pour ces deux époques.

Couvre-pieds. — Les couvre-pieds se font à la main et à la machine. Cette dernière méthode est de beaucoup la plus fatigante, parce que les ouvrières doivent travailler debout.

L'apprentissage pour le travail à la main est assez long, mais les apprenties sont payées dès qu'elles peuvent faire un travail utile.

Elles gagnent 1 fr. et 1 fr. 50 pour débuter, puis arrivent graduellement à 2 fr. et 2 fr. 50 par jour.

Peu de chômage, un peu de ralentissement seulement pendant l'été.

Travaux pour tapissiers. — Ces travaux consistent principalement dans la fabrication des housses et des rideaux et dans le doublage.

Lorsque l'on sait bien coudre, l'apprentissage est rapide et l'on gagne presque en débutant. Les bonnes ouvrières gagnent de 2 à 3 fr. par jour. Les heures supplémentaires sont payées 30, 40 ou 50 centimes, selon la nature du travail.

Couturières à domicile. — Les couturières qui travaillent à la journée chez leurs clientes, gagnent à Paris, de 3 à 4 fr. par jour, suivant leur capacité. Elles donnent généralement leur temps de 8 heures du matin à 7 heures du soir, et ont une heure pour leur déjeuner du midi.

En province, le prix des journées varie de 2 fr. 50 à 2 fr. par jour. A ce dernier prix, les couturières à domicile ont ordinairement droit au repas du midi.

Observons que pour les couturières qui travaillent chez elles, la machine à coudre est un puissant auxiliaire. Une dame pouvant offrir quelques garanties de solvabilité ou produire quelques bonnes références peut facilement acquérir une machine à coudre qu'elle paiera par versements mensuels de 10 à 15 fr. L'augmentation de la quantité de son travail lui permettra de faire face à ces petites échéances sans trop de gêne.

Couturières employées chez les tailleurs. — Cer-

tains tailleurs emploient chez eux des ouvrières.
Ce sont surtout les apiéceurs, c'est-à-dire ceux qui
assemblent les pièces venant des magasins.

Les ouvrières employées par ces tailleurs gagnent
ordinairement les salaires suivants :

Piqueuses et rabatteuses, de 3 à 5 francs par jour ;
Mécaniciennes, 5 francs par jour.

CUISINIÈRES.

A Paris les cuisinières sont surtout employées
dans les maisons bourgeoises ; les grands hôtels et
les restaurants ont de préférence recours aux
hommes.

Ce métier est très fatigant et exige une santé robuste, car les cuisiniers et les cuisinières sont forcés
de rester debout pendant de longues journées
devant un feu ardent et dans une atmosphère souvent étouffante.

Il est bon qu'une cuisinière ait au moins une
instruction élémentaire qui lui permette de tenir
d'une façon nette les comptes de la cuisine.
Quelques notions de dessin d'ornement sont aussi
très utiles pour celles qui veulent se perfectionner
et s'occuper un peu de pâtisserie.

Un apprentissage de dix-huit mois à deux ans est
nécessaire aux jeunes filles qui veulent devenir de
bonnes cuisinières. Il va sans dire qu'il faut, en outre,
qu'elles aient le goût du métier.

A Paris l'apprentissage se fait souvent dans les

cuisines des cercles. Les apprenties paient de 25
à 40 francs par mois.

Des écoles spéciales de cuisine existent à Paris.
L'une d'elles : l'*École professionnelle de cuisine et
des sciences alimentaires,* installée 6, rue Bona-
parte, reçoit une subvention de l'État.

Les cours comprennent un enseignement gratuit
pour dames, divisé en deux sections. La première,
qui est gratuite, est ouverte les lundis, à trois heures ;
la seconde, a lieu les mercredis et vendredis, à trois
heures. On y paie 1 franc le cachet.

Une seconde école professionnelle de cuisine est
ouverte 50, rue de Bellechasse. Elle est entièrement
réservée aux dames et donne trois séries de cours :
1° des cours gratuits, le soir, de huit heures à dix
heures et demie ; 2° des cours de cuisine bourgeoise
et ménagère, où l'on paie une rétribution de 75 francs
pour quinze jours et de 125 francs pour un mois,
nourriture comprise. Un diplôme est délivré après
examen aux élèves de ce cours ; 3° et des cours à
l'usage de maîtresses de maisons, où le cachet est
de 2 francs.

Les gages des cuisinières sont excessivement
variés. A Paris, elles gagnent généralement de 60 à
100 francs par mois, dans les bonnes maisons.
Grâce aux remises des fournisseurs, beaucoup
trouvent aussi le moyen d'augmenter considérablement leurs gages, et souvent d'une manière illicite.
Nous ne les donnerons pas comme exemple.

DENTELLES.

Ce travail délicat, et qui semble si bien fait pour les doigts souples et agiles de la femme, est malheureusement mal payé en général. Aussi ne s'y livre-t-on guère que pour son agrément ou dans les pays dépourvus d'autres ressources industrielles.

La fabrication de la dentelle pourrait cependant revendiquer de nombreux quartiers de noblesse. Elle remonte à la plus haute antiquité. La mythologie et la Bible nous en parlent. Les peintures funéraires des Égyptiens nous en montrent sur les robes d'apparat.

Au moyen âge, la broderie, la confection des dentelles de soie, d'or et d'argent, était l'occupation principale des reines et des châtelaines dans leurs manoirs, pendant les loisirs que leur faisaient les Croisades et les guerres continuelles de l'époque.

C'était alors la coutume des chevaliers d'envoyer leurs filles chez leurs suzerains pour y apprendre à filer, à tapisser et à broder sous les yeux des châtelaines. Marie Stuart, Catherine de Médicis excellaient dans cet art. La reine Berthe « aux grands pieds », faisait aussi de la dentelle et c'est, paraît-il, à cette occupation que fait allusion le dicton légendaire : « Quand la reine Berthe filait ». Les broderies et dentelles étaient en outre particulièrement exécutées dans les couvents, aussi ces ouvrages de patience et d'élégance furent-ils longtemps appelés « œuvres de nonnain » ; il y avait même des moines renommés pour leur talent à les exécuter.

A l'époque de la Renaissance, les artistes vinrent prêter le concours de leur talent à la fabrication des dentelles, qui devinrent alors de véritables chefs-d'œuvre reproduisant les dessins, armoiries et emblèmes les plus compliqués et les plus variés. De Henri II à Louis XV, la consommation des dentelles fut énorme; non seulement les deux sexes en portaient, mais les hommes avaient des fraises, des jabots, des manchettes, des canons ou des jarretières en dentelles. Il y avait même des manchettes de jour et des manchettes de nuit en dentelles; ces dernières se faisaient ordinairement en valenciennes. On peut se rendre compte du prix que devaient coûter ces manchettes en sachant que les dentellières de Valenciennes pouvaient à peine produire de 0 m. 035 à 0 m. 040 de dentelle par jour. De certaines valenciennes, on ne pouvait faire que 0 m. 36 par an. Il fallait environ dix mois, en travaillant quinze heures par jour, pour faire une paire de manchettes d'hommes. Aussi ces manchettes pouvaient-elles coûter jusqu'à 4,000 livres !

Les dentelles se divisent aujourd'hui en trois catégories principales : dentelles au fuseau, dentelles à l'aiguille et tulles ou imitations de dentelles. Les deux premières sont fabriquées à la main, la dernière, à la mécanique.

La fabrication de la dentelle à la main n'exige pas un matériel compliqué : Un petit métier, ovale ou rectangulaire, nommé carreau, formé d'une planchette recouverte d'un rembourrage très doux et très égal, sur lequel est tendu un morceau de drap; une bande de vélin, de parchemin tendre ou de fort papier vert ou bleu, sur laquelle est indiqué le dessin à suivre et que l'on place sur le métier; des fuseaux, dont le nombre varie suivant la largeur de la dentelle et la complexité des points; des ciseaux de différentes grandeurs et des épingles, tel est l'outillage de la dentellière. Les fuseaux doivent être faits de bois très lisse et divisés en trois parties : la poignée, la casse et la tête. La poignée a la forme d'une poire allongée; au-dessous de la partie renflée de cette poignée, le bois est évidé en forme de bobine, c'est la casse; à l'autre extrémité du fuseau se trouve la tête ou petite rainure circulaire. On enroule le fil sur la casse, de là il passe dans la rainure de la tête où il est fixé par trois ou quatre trous, et va s'attacher au haut du métier à de grosses épingles fichées pour le soutenir. Afin d'empêcher que le fil ne s'évente et ne devienne cassant, on place autour de la casse une enveloppe faite de deux morceaux de corne très mince, dont les côtés évidés sont cousus deux à deux.

Le travail de la dentellière consiste, suivant sa capacité, à composer une dentelle sans modèle, à en exécuter une dont le dessin est tracé sur le vélin, ou enfin à en copier une dont elle a le modèle sous les yeux.

Dans l'un ou l'autre cas, l'ouvrière commence par piquer des épingles sur le vélin ou sur le métier. Ces épingles indiquent les angles de la figure que doit rendre le point et servent d'attache ou d'appui au fil qui en forme les contours. C'est donc la partie la plus délicate du travail et celle qui exige le plus d'expérience. Ce premier travail fait, l'ou-

vrière compte ses épingles et détermine par leur
nombre combien il lui faut de fuseaux. Elle pique
ensuite une rangée horizontale de grosses épingles,
enroule autour de la première épingle deux ou trois
tours de fil de son fuseau et fait une boucle au quatrième tour, puis elle dévide de dessus la casse le fil
nécessaire à son travail, un peu plus que la longueur
de son métier. Pour empêcher qu'il ne s'en dévide
davantage, elle lui fait faire deux ou trois tours
dans la rainure de la tête du fuseau et termine ces
tours par une boucle. Elle laisse le fuseau ainsi
suspendu, et en place un nouveau de la même manière sur la même épingle; un troisième ou un
quatrième sont disposés de la même façon. Lorsque
cette épingle est chargée d'autant de fuseaux qu'elle
en peut soutenir, l'ouvrière charge la seconde, la
troisième, et ainsi de suite, jusqu'à ce que tous les
fuseaux soient employés.

Pour copier une dentelle, l'ouvrière dispose son
modèle appliqué sur un carton, debout derrière
la rangée des épingles qui soutiennent ses fuseaux.
Alors commence le véritable travail de la dentelle.

L'ouvrière prend quatre de ses fuseaux de droite,
les amène au milieu du métier, croise les fils, les
tord en faisant le point, et les rejette à gauche en
conservant leur ordre, après avoir placé une épingle
à chaque point d'appui ; elle prend ensuite quatre
autres fuseaux, leur fait subir le même déplacement,
posant des épingles à tous les points d'appui, et
ainsi de suite, jusqu'à la fin du travail, en croisant
les fils, suivant la nature des points indiqués. Lors-

qu'au lieu de quatre fuseaux on en prend huit, on
les travaille deux à deux.

Les dentelles flamandes sont considérées comme
les plus belles dentelles de fil de lin. La Belgique a
conservé sa supériorité dans cette fabrication, mais
la quantité de ses produits a naturellement diminué
de beaucoup. Les dentelles de Bruxelles, qui sont
les plus recherchées, sont faites à plusieurs fuseaux
et par plusieurs mains. Chaque ouvrière exécute une
partie du travail : l'une fait le fond, une seconde la
fleur, une autre la brode, etc. Les fleurs de ces dentelles sont entourées d'un cordonnet fin qui indique la provenance du tissu et sont pour ainsi
dire la marque de fabrique. Ces dentelles prennent
le nom d'*application de Bruxelles* pour les distin-
guer du point de Bruxelles, dans lequel les dessins
et le fond sont faits ensemble.

Les dentelles de Malines offrent plus de solidité
que celles de Bruxelles, mais elles sont en général
d'une exécution moins soignée. Elles sont fabriquées
au fuseau et d'une seule pièce. On emploie cependant des fonds différents, suivant la nature et le
genre du dessin. On les distingue au fil plat qui
borde les fleurs et dessine les contours.

Les centres de fabrication, pour les dentelles de
Normandie, sont Bayeux et Caen. On y fabrique ordinairement des châles et autres pièces de grandes
dimensions, dans lesquelles le travail peut être divisé entre plusieurs ouvrières.

Les *valenciennes,* qui sont aujourd'hui fabriquées
non dans la ville qui porte ce nom, mais à Ypres,
Bruges, Gand et Courtrai, sont faites d'un même

fil et à un seul fuseau. Elles sont moins belles que les malines, mais la façon dont leur point est croisé et bouclé leur donne une solidité bien supérieure.

Le travail du point d'Alençon, dit aussi de Caen ou de Venise, diffère de celui des dentelles flamandes. Le fond et la bordure en sont faits à l'aiguille. Autrefois la fleur en était entourée d'un fil de crin, de même que celles de la dentelle de Bruxelles d'un cordonnet; mais cette méthode, qui nuisait à l'aspect de la broderie, a été abandonnée. Le fil de crin est encore employé au moment de la brode, mais on le retire lorsque la dentelle est achevée. Dans la fabrication de cette dentelle, le travail est généralement distribué à des ouvrières différentes, et ensuite raccordé d'une façon imperceptible.

Le point d'Alençon, qui est d'origine italienne, fut introduit en France sous Louis XIV, et Colbert en protégea les débuts. Cette fabrication a occupé à Alençon environ trois mille ouvrières, mais ce nombre est de beaucoup diminué. Il en a été de même du salaire journalier des dentellières, qui n'est plus guère que de 50 centimes, alors qu'à une époque où l'argent avait beaucoup plus de valeur il atteignait 0 fr. 75 à 1 fr.

On désigne sous le nom de *Chantilly* les dentelles de soie noire avec réseau d'Alençon.

Les *blondes*, ainsi nommées parce qu'elles étaient autrefois fabriquées en soie écrue, sont aujourd'hui faites d'une soie plate et brillante rappelant celles des mantilles espagnoles.

Le centre de fabrication des dentelles de Lorraine est Mirecourt. On fabrique surtout dans cette région de très belles guipures pour vêtements et ameublements, et des dentelles à dessins variés dans lesquelles on tisse parfois de l'or et des perles de jais.

Nous croyons inutile de parler du point d'Angleterre, qui n'est qu'une imitation des dentelles flamandes et du point de Bruxelles.

Une des fabriques de dentelles les plus considérables de France est celle de la Haute-Loire. On assure que des titres anciens y mentionnent la fabrication de la dentelle dès 1408. Cette industrie eut des fortunes diverses, suivant les époques ; mais la révocation de l'Edit de Nantes lui porta un coup fatal. Elle avait cependant repris une certaine vigueur à la fin du dix-huitième siècle, mais une nouvelle crise s'est déclarée depuis quelque temps ; le nombre des ouvrières a été réduit des deux tiers, et les salaires sont diminués de plus de moitié.

« La dentelle dans le Velay, dit un auteur, se travaille sur un petit carreau, le même qu'il y a trois cents ans, coquettement et fantasquement orné et pomponné, couvert d'une armée d'épingles à têtes de cire de toutes couleurs et de centaines de fuseaux babillant sous les doigts. Cette industrie enrégimente toute la population féminine des campagnes, l'été dans des ateliers en plein air, l'hiver dans des chambrées, autour d'une faible lampe dont des bouteilles rondes de verre blanc pleines d'eau envoient un rayon de lumière clarifiée sur chaque carreau. On fait là, entre une bourrée et un rosaire, des merveilles de grâce et de finesse.

« C'est l'industrie des petits profits, de ceux que

l'on applique spécialement aux besoins quotidiens du ménage. Elle forme le goût des paysannes et les accoutume à une certaine propreté. Elle a mis en rapport la ville avec les champs ; elle a importé le bien-être et les idées dans les coins les plus reculés de la montagne. Chaque fabricant a son canton à lui, visité par ses commis, surveillé par les leveuses et où l'on ne travaille que pour lui. »

C'est à peu près de cette façon que la dentelle est fabriquée dans les Vosges. Sur la frontière belge, beaucoup d'ouvrières françaises se rendent chaque jour dans les manufactures de Belgique et rentrent chez elles la journée finie.

Ainsi que nous l'avons dit plus haut, la fabrication de la dentelle à la main est relativement très peu payée.

Dans les pays de production, l'apprentissage commence de très bonne heure, soit dans la famille, soit dans les ouvroirs. Des enfants de dix ans gagnent trois à quatre francs par semaine. Les femmes gagnent ordinairement de 0 fr. 75 à 1 fr. 50 par jour. Cependant, il est des ouvrières qui sont payées de 2 fr. 50 à 3 fr.

Tulles. — Les tulles ou imitations de dentelles rivalisent souvent avec les dentelles à la main par la richesse du coup d'œil, mais elles n'ont ni leur souplesse ni leur solidité.

Ces dentelles sont fabriquées à la mécanique Jacquard. De grandes usines, occupant un certain nombre de métiers, font généralement toutes les opérations de la fabrication, depuis le perçage de cartons, suivant l'indication de la mise en cartes des

dessins et la fabrication proprement dite de la dentelle sur le métier, jusqu'au raccommodage des
pièces écrues, et même la teinture et l'apprêtage des
pièces.

Les principaux centres de fabrication de ces imitations de dentelles sont Lyon et Calais-Saint-Pierre.
Lyon fabrique particulièrement les dentelles en tulle
de soie.

A Calais, plus de 25,000 ouvriers et ouvrières
sont occupés dans cette industrie.

Les emplois réservés aux femmes dans les manufactures de tulle sont ceux de bobineuse, de rac-
commodeuse, de plieuse, de paqueteuse et de découpeuse.

Les bobineuses gagnent de 25 à 30 francs par
semaine, les raccommodeuses, les plieuses et les
paqueteuses de 15 à 20 francs. Quant aux décou-
peuses, elles sont payées aux pièces. L'apprentissage se fait assez rapidement, pourvu que l'on soit
douée d'une bonne vue et d'une certaine agilité de
main.

DORURE, ARGENTURE ET NICKELAGE, DORURE SUR CADRES

Dans les ateliers des doreurs, on s'occupe généralement à la fois de la dorure, de l'argenture et du
nickelage. Cependant quelques maisons ne pratiquent qu'une de ces spécialités.

La dorure, l'argenture et le nickelage s'appliquent
spécialement aux bijoux faux, aux petits bronzes,
aux couverts et à certaines pièces d'orfèvrerie.

Les principaux procédés de dorure employés aujourd'hui sont : la dorure par immersion ou dorure au trempé, la dorure au feu, dite au mercure, la dorure galvanique à la pile, la dorure mate, la dorure sur argent, dite au chiffon, et la dorure mate sur zinc.

Dans la dorure galvanique, lorsque les objets sont retirés du bain, on les frotte avec des grattes-boësses ou brosses métalliques circulaires, humectées dans une eau légèrement mucilagineuse, et qui tournent avec une grande rapidité.

Les pièces perdent ainsi leur couleur terne. Ensuite, pour les rendre plus brillantes encore, on les soumet au brunissage à la main, au moyen d'outils en acier ou en hématite, suivant la nature des surfaces à brunir.

Les principaux centres de fabrication pour la dorure et l'argenture sont Paris et Lyon, mais cette industrie est pratiquée dans nombre de grandes villes.

Les ouvriers sont chargés de dorer, d'argenter, de nickeler et de passer à l'eau-forte.

Les ouvrières sont enfileuses ou épargneuses.

Les enfileuses réunissent au moyen de fils de cuivre les pièces à dorer, mais de façon à ce qu'elles ne se touchent pas à la dorure.

Les épargneuses recouvrent au moyen d'un vernis les parties sur lesquelles le dépôt ne doit pas se produire.

Le brunissage est aussi réservé aux femmes. C'est une des parties les plus fatigantes du travail, car il exige la même position du corps pendant plusieurs heures et un mouvement de va-et-vient continu du bras droit.

L'apprentissage des jeunes filles dans les ateliers de dorure peut commencer dès l'âge de 13 à 14 ans. Elles gagnent pendant la première année environ 1 franc par jour, pendant la seconde 1 fr. 50, et 2 fr. pendant la troisième. Elles sont ensuite classées parmi les ouvrières et gagnent 3 fr., 3 fr. 50, 4 fr., 5 fr. et même 6 fr. par jour, selon leur capacité et le genre de travail qui leur est confié.

Dans la dorure des cadres, qui diffère comme travail, un peu de l'industrie précédente, car elle se fait au pinceau, l'apprentissage est d'environ deux ans, pendant lesquels l'apprentie peut gagner de 0 fr. 50 à 1 fr. par jour.

Devenue ouvrière habile, la jeune fille peut gagner de 5 à 6 fr. par jour.

Il y a peu de chômage dans les ateliers de dorure, surtout pour les bonnes ouvrières.

DRAPERIE

Les principaux centres de fabrication des étoffes de laine sont en France : Roubaix, Tourcoing, Fourmies, la région du Nord, Reims (laines peignées), Louviers, Vienne, Lodève, Romorantin, Chateauroux (laines cardées), Elbeuf et Sedan (laines peignées, cardées et étoffes de laines peignées, mélangées de cardé).

L'industrie des étoffes occupe en France environ cent mille femmes.

Les ouvrières employées au tissage gagnent de 2 fr. 50 à 6 fr. par jour.

Les femmes occupées à l'épincetage et au rentrayage gagnent de 2 à 3 fr. par jour.

Les raccommodeuses ne gagnent en commençant que 0 fr. 75 par jour.

Elles doivent passer par un apprentissage au pair; celles qui ont suivi les cours de l'école professionnelle de Sedan arrivent à se faire un salaire de 1 fr. 50 à 1 fr. 75 par jour.

ÉPINGLES ET AIGUILLES (Fabrication des).

La fabrication des aiguilles est peu importante en France. Ce sont surtout l'Angleterre et l'Allemagne qui se livrent à cette industrie.

En Angleterre on fabrique les aiguilles avec de l'acier étiré en fils; en France, on emploie ordinairement du fil de fer que l'on cémente après que l'aiguille est dégrossie; on rend ainsi les opérations plus faciles, mais au détriment de la perfection des produits. M. Marié-Davy divise en cinq séries les opérations diverses par lesquelles doit passer une aiguille : 1° *Façonnage* de l'aiguille ou conversion du fil métallique en aiguilles brutes, comprenant une vingtaine d'opérations, dont les principales sont : l'*empointage* ou formation de la pointe, l'*estampage*, qui a pour but de dessiner la double gouttière de la tête, et le perçage du chas; 2° *cémentation*, trempe et recuit des aiguilles brutes, comprenant une douzaine d'opérations; 3° *polissage*, cinq opé-

rations répétées chacune dix fois et une dernière
qui ne s'exécute qu'une fois; 4° *triage*, cinq opérations; 5° derniers tours de main (bronzage, drillage,
brunissage) et mise en paquets, une dizaine d'opérations.

L'invention de l'aiguille en métal est fort ancienne.
Quant à la fabrication d'aiguilles en acier poli, elle
ne remonte pas au delà de 1370. Cette industrie
fut introduite en Angleterre pour la première fois
fois en 1543, et en France dans la seconde moitié
du xviii° siècle. La France possède aujourd'hui onze
fabriques d'aiguilles [1]. Ces onze fabriques réunies
ne fournissent pas tout à fait le cinquième de la
consommation intérieure; les quatre autres sont
importés de l'Angleterre et de l'Allemagne.

Dans la fabrication des aiguilles, les femmes sont
principalement employées aux opérations du perçage, de l'évidage et du drillage.

Quant aux épingles, elles se fabriquent surtout à
Paris, à Bordeaux, à Laigle et dans plusieurs autres
localités de la Normandie.

La fabrication des épingles se fait aujourd'hui
presque exclusivement à la mécanique. Les ouvrières
sont principalement chargées de l'encartage, c'est-
à-dire de la mise des épingles dans les feuilles de
papier, du pliage et de l'empaquetage. Une plieuse,
paraît-il, arrive à plier jusqu'à un million d'épingles
par jour.

Les travaux confiés aux femmes dans la fabrica-

[1] Les principales sont établies en Normandie, et notamment à
Laigle (Orne).

tion des aiguilles et des épingles ne demandent que
de l'habitude.

Elles gagnent de 2 à 3 fr. par jour, selon le genre
de travail et l'habileté.

ÉVENTAILS

Après la Chine, la France est, assure-t-on, le pays
où l'on fabrique le plus d'éventails, mais ce gracieux
écran est certainement né en Orient, et son origine
paraît se perdre dans la plus haute antiquité

Sans remonter aussi loin, nous savons qu'au
moyen âge, les éventails étaient faits de plumes de
paon, d'autruche, de perroquet ou de faisan, fixées
à un manche d'or, d'argent ou d'ivoire. Ils se portaient à la ceinture, pendus par une chaînette d'or.
C'est Catherine de Médicis qui a introduit l'éventail
en France. L'éventail qu'elle y apporta se pliait,
paraît-il, comme les éventails de nos jours. Ce
coquet appareil fut accueilli avec faveur par la cour
de Henri III, et l'on assure que le roi et les sei-
gneurs s'en servirent ostensiblement. Sous Louis
XIV et sous Louis XV, les éventails devinrent le
complément indispensable de la toilette des dames.
On les fit en papier de Chine, en taffetas de
Florence, on les décora de peintures exquises, on
les garnit de diamants et de pierres précieuses.

Les éventails de la Chine, et ceux d'Angleterre
qui les imitaient assez bien, ont eu longtemps beaucoup de vogue, de même que ceux d'Italie et

d'Espagne, lesquels étaient couverts de peaux de
senteur. Ce commerce finit cependant par tomber,
parce qu'il s'en fallait de beaucoup que les peintures
et les bois eussent la délicatesse, la beauté et la
légèreté des éventails français. A Paris, au siècle
dernier, on fabriquait des éventails dont le prix
variait de quinze deniers la pièce jusqu'à trois ou
quatre cents livres. Depuis Louis XIV, les éventails
plissés en papier ou en étoffe et ornés de peintures,
n'ont pas cessé d'être en usage, l'ornementation
et les proportions en ont seulement varié.

On distingue dans la fabrication de l'éventail deux
parties principales : la monture et la feuille.

La monture est depuis longtemps fabriquée
presque exclusivement dans le département de l'Oise
où elle occupe plus de trois mille ouvriers. Ces
ouvriers, qui ignorent généralement le dessin et se
transmettent leur industrie de père en fils, gravent
cependant, sculptent, découpent au moyen d'outils
fort primitifs, des branches qu'on dirait souvent
sorties des mains de véritables artistes.

Les matières principales employées pour la monture des éventails sont : la nacre, l'ivoire, l'écaille,
l'ébène, la corne, l'os, la peau d'âne, le citronnier,
le santal, l'alisier et le prunier.

La feuille de l'éventail est entièrement faite à
Paris. On y exécute les dessins qui sont ensuite
gravés, lithographiés, collés et coloriés. La peinture à la gouache et la bordure en or sont réservés
aux éventails de prix ; parfois des artistes de talent
en font les peintures. Les bordures sont dessinées
au pinceau avec un mordant, et sont ensuite dorées

avec de l'or fin en feuille. Les plus riches sont en relief.

Avant d'être terminée la feuille de l'éventail passe des mains de l'imprimeur à celles de la colleuse, de la coloriste, du peintre, de la monteuse, de la borduriste, de la bordeuse et de la visiteuse.

L'apprentissage des ouvrières dure environ trois ans. L'apprentie commence généralement à être payée la seconde année. Elle gagne alors 1 fr 50 ou 2 fr par jour.

Les ouvrières travaillant en atelier, à la journée, gagnent 3 fr 50 à 4 fr. Quelques-unes arrivent même à gagner 5 et 6 francs. D'autres, qui travaillent chez elles, arrivent à gagner 8 et 10 fr par jour.

L'apprentissage de la peinture sur éventail demande environ une année d'études aux jeunes personnes qui connaissent le dessin. Il serait difficile d'indiquer ici le gain, même approximatif, des artistes chargées de la peinture sur éventails. Il est généralement très rémunérateur, mais les commandes de ces travaux soignés deviennent de plus en plus rares

Dans la plupart des ateliers, on se livre ,d'ailleurs, à une sorte de peinture mécanique qui nuit beaucoup à la peinture artistique des éventails. La feuille d'un éventail passe par autant de mains que le sujet à reproduire comprend de couleurs; chaque ouvrière est chargée de plaquer une couleur, toujours la même, et la reproduit sur toute une série d'éventails. De cette façon, le travail est beaucoup plus rapide; mais aux yeux des connaisseurs, le cachet artistique laisse certainement à désirer.

Les éventails se peignent sur soie, sur gaze, sur dentelles, sur écaille et sur plume.

Les plumassières en éventails sont occupées toute l'année. Elles gagnent 1 franc par jour en débutant, et peuvent arriver à gagner 3 fr. ou 3 fr. 50.

FILATURE

La filature est plus active dans le département du Nord que dans toutes les autres régions de la France. Lille et sa banlieue emploient plus de 12,000 ouvriers et ouvrières pour la filature du lin et des étoupes. Le Cateau, Roubaix et Tourcoing fournissent aussi un important contingent à cette industrie.

La filature de jute est venue augmenter récemment cette industrie, particulièrement dans le Nord. Le jute est, on le sait, une matière textile qui nous vient de l'Inde.

En résumé, le Nord occupe environ 9,000 ouvriers et ouvrières à la filature du coton, 34 à 35,000 à la filature de laine et 60,000 à la filature du jute.

En dehors du département du Nord les principaux centres de filature pour la laine sont : Reims, Saint-Quentin, Amiens, Rethel et Guise (laines peignées), Elbeuf, Sedan, Reims, Louviers, Lisieux, Vienne, Castres et Châteauroux pour les laines cardées.

Les femmes employées dans les filatures gagnent :

les étaleuses (pour le lin et le coton) et les bambro-cheuses (ouvrières des bacs à broches) 2 francs à 2 fr. 25 par jour; les étirayeuses, 1 fr. 75 à 2 francs; les fileuses (ouvrières qui dirigent des métiers à filer), 2 fr. 25 à 2 fr. 50; les dévideuses 2 à 3 francs par jour. Inutile d'ajouter que ces chiffres peuvent varier un peu, suivant les régions.

FLEURS ARTIFICIELLES

Voici encore une industrie bien française, et sur laquelle l'étranger n'a pu jusqu'ici, malgré ses efforts, empiéter que d'une façon fort peu importante. On estime, en effet, à 20 millions de francs le produit annuel de la fabrication française des fleurs artificielles. Sur ce chiffre l'exportation en enlève pour environ 15 millions.

La fabrication des fleurs artificielles a, il est vrai, atteint chez nous un haut degré de perfection. Les Italiens, sans rivaux pendant longtemps pour leur habileté dans cet art, sont considérablement distancés par nos fabricants. Les fleurs, même les plus délicates, sont imitées avec une netteté et une précision merveilleuses ; et depuis le bouton entr'ouvert jusqu'aux pétales étiolées et aux feuilles fanées, toutes les modifications de la plante sont reproduites de façon à s'y méprendre.

Les premières fleurs artificielles furent fabriquées avec des rubans de diverses couleurs tordus ensemble et fixés sur des tiges de fil de fer. Ces imitations n'avaient avec les fleurs naturelles, cela va sans dire, qu'une ressemblance plus ou moins vague ; par la suite, on substitua aux rubans des plumes, matières premières beaucoup plus élégantes, mais auxquelles il était fort difficile de donner les nuances exactes. Le plumage des oiseaux de l'Amérique du Sud, qui ne perd jamais ses teintes brillantes, est particulièrement propre à cet usage ; aussi les indigènes de cette partie du monde ont-ils longtemps pratiqué avec succès la fabrication des fleurs en plumes. Le duvet délicat qui se trouve sous l'aile des jeunes pigeons était aussi fort apprécié pour cette industrie spéciale.

Paris compte sept à huit cents fabriques de fleurs, plus les petits fabricants en chambre, qui sont très nombreux. On évalue à 15,000 le nombre d'ouvriers et d'ouvrières employés à Paris à la fabrication des fleurs.

Le quartier central de production a été dès le début et est encore la rue Saint-Denis. Cependant, cette rue ayant subi d'immenses modifications, beaucoup d'industries qui y avaient eu leur berceau se sont disséminées dans différents quartiers. Les fabriques de fleurs artificielles sont du nombre.

La province compte pour sa part environ 30,000 ouvrières. Quelques grandes villes fabriquent spécialement des fleurs artificielles. Lyon doit être citée en tête, mais ses fleurs ne sont montées que dans la capitale.

On sait qu'une infinité de substances sont employées à la fabrication des fleurs artificielles, ce sont principalement· le papier, la soie, le taffetas, la gaze, la cire, la gomme, la colle de poisson, la glycérine, le fil de fer ou de laiton.

Ces substances sont désignées sous le nom d'*apprêts* et sont confectionnées dans des ateliers spéciaux.

Les différents organes des fleurs ayant été groupés par espèces dans certains ateliers, sont ensuite combinés dans d'autres pour former les fleurs, enfin les fleurs arrivent en de nouvelles mains pour être montées en bouquets.

Avant d'entrer en apprentissage, les jeunes filles doivent opter pour l'une des deux grandes spécialités de la fabrication des fleurs artificielles :

La fabrication des fleurs proprement dite.

La monture.

La fabrication des fleurs n'exige que de l'attention, du soin et une bonne vue. Il est toutefois indispensable de ne pas être sujette à la transpiration des mains.

La monteuse doit avoir beaucoup de goût naturel ; elle a souvent un rôle de créatrice à remplir. L'harmonie des nuances, les caprices de la mode, l'assortiment avec les toilettes qu'accompagnent les bouquets doivent être ses sujets de préoccupation.

Autrefois, les apprenties fleuristes étaient nourries et logées, mais payaient une pension annuelle pendant leur apprentissage. Il n'en est plus de même aujourd'hui : les apprenties sont généralement nourries, mais retournent chez elles le soir. Elles reçoivent 1 franc par jour dès qu'elles peuvent faire un travail utilisable. L'apprentissage dure

deux à trois ans. Malheureusement, les maisons de
fleurs prennent de plus en plus l'habitude de ne
faire apprendre qu'une spécialité restreinte à leurs
apprenties, et ce afin d'arriver à une production
plus rapide. L'inconvénient de ce procédé est que
peu d'ouvrières sont aujourd'hui capables de faire
non seulement un bouquet, mais une fleur complète.

Le salaire des ouvrières fleuristes est très variable.
Il dépend non seulement de leur capacité et de la
rapidité avec laquelle elles travaillent, mais encore
des variétés que fabriquent les maisons où elles
sont employées.

En général, les prix varient entre 3 et 6 francs par
jour. Les ouvrières qui sont payées à l'heure gagnent
de 30 à 70 centimes l'heure.

Les contre-maîtresses chargées de diriger les
ateliers gagnent de 3 à 6,000 francs par an.

Les monteuses travaillent généralement au mois,
elles reçoivent de 50 à 250 francs ; presque toujours elles ont droit à la table.

Celles qui créent les modèles peuvent arriver à
gagner de 2 à 3,000 francs par an.

Les monteuses travaillant chez elles peuvent
gagner de 2 à 2 fr. 50 par jour ; mais elles ont à
redouter des chômages fréquents.

Dans les magasins, les monteuses en guirlandes
gagnent de 1,800 à 2,000 francs par an. Elles sont
en outre logées et nourries.

Beaucoup de bonnes ouvrières arrivent à s'établir
à leur compte et à travailler directement pour le
fabricant. Une mise de fonds de quelques milliers

de francs suffit ordinairement pour ouvrir un atelier.

Le tout pour réussir est d'avoir des relations et
de l'activité.

Le chômage est fort irrégulier et dépend principalement des fluctuations de la mode. Il convient
aussi de remarquer qu'un grand tort est fait aux
ouvrières par la concurrence des couvents auxquels
s'adressent nombre de fabricants ; car ces établissements produisent à des conditions de bon marché
tout à fait exceptionnelles.

La plupart des Écoles municipales professionnelles de filles de Paris ont une section spéciale
pour l'enseignement de la fabrication des fleurs.

————

FOURRURE

On sait que la France et la Russie sont les deux
pays où se fabriquent les plus belles fourrures. La
France reçoit même les peaux brutes de la Russie,
lorsqu'il s'agit d'un travail délicat, et les réexpédie
ensuite dans ce pays.

La fourrure fine se fait surtout à Paris et à Lyon.

La fabrication des fourrures de luxe n'emploie
que les peaux rares, déjà préparées dans les pays de
production. Dans la fabrication des fourrures ordinaires, les femmes sont employées non seulement
au montage, mais encore à la préparation des peaux.

Le travail dans les peaux rares est sans danger,
mais les matières colorantes qui entrent dans

l'apprêt des autres offrent souvent de sérieux inconvénients.

Le nombre des ouvriers et ouvrières employés à la préparation des fourrures est évalué actuellement à 6,000, dont 4,000 pour Paris. Après Lyon, les autres villes qui s'occupent spécialement de cette fabrication sont : Bordeaux, Marseille, Troyes et Sens.

Dans cette industrie, les apprenties débutent généralement par l'emploi de coursières. Elles gagnent alors de 0 fr. 50 à 1 fr. 50 par jour. Devenues ouvrières, elles peuvent gagner de 2 fr. 50 à 4 et 5 fr. par jour. Les contre-maîtresses d'atelier reçoivent ordinairement 5 fr. par jour.

Peu de chômage dans cette partie, mais un peu de ralentissement dans les commandes au commencement de l'année. Les bonnes ouvrières sont généralement employées quand même.

GAINERIE

Le travail des gainiers consiste principalement dans la fabrication des fourreaux, des boîtes, des écrins de toute espèce. Les gainiers font aussi des portefeuilles, des ronds de serviette, des vases de petites dimensions en cuir naturel ou en cuir bouilli.

L'organe principal de la fabrication est une sorte de modèle appelé *mandrin*, qui est destiné à réserver le vide de forme voulue, dans lequel on doit loger l'objet. De la fabrication du mandrin, qui est

souvent faite par le gaînier, dépend presque toute
la réussite de la gaîne. La gaîne doit, en effet, embrasser exactement la forme du mandrin, être en
quelque sorte moulée sur lui.

Après avoir frotté le mandrin de savon bien sec
ou de talc de Venise en poudre, afin que les matières
que l'on doit appliquer dessus n'y adhèrent pas, on
le recouvre d'une première enveloppe de papier, de
cuir mince ou de drap. On coupe la quantité nécessaire de l'étoffe qu'on a choisie, puis on l'applique
sur le mandrin et on la joint soigneusement par les
bords avec de la colle forte. Cela fait, on entoure
cette doublure d'une matière solide, dure, qui doit
former le corps résistant de la gaîne ou du fourreau.
Ce sera, suivant les cas et d'après le plus ou moins
de résistance que l'on veut donner à l'objet, du parchemin, du bois, du papier enroulé sur lui-même, etc.

Pour les gaînes en bois, qui sont naturellement
les plus solides, on commence par ajuster sur la
première enveloppe qui repose directement sur le
mandrin une feuille de parchemin ramollie par l'eau;
on la colle solidement avec de la colle forte; puis,
lorsqu'elle est bien sèche, on y applique des feuilles
de bois de hêtre étroites et très minces, de façon à
embrasser exactement le contour du fourreau. On
colle soigneusement ces sortes de lanières entre
elles et sur le parchemin avec de la colle forte, on les
lie ensuite fortement tout autour avec de la ficelle,
afin de les bien appliquer les unes sur les autres et
sur le parchemin, auquel elles doivent adhérer fortement. Quand le tout est parfaitement sec, on enlève la ficelle et on polit à la lime la surface exté-

rieure formée par la réunion des feuilles étroites de
bois de hêtre. La même rigidité et une solidité à
peu près aussi grande peuvent être obtenues en
enroulant un grand nombre de fois sur elles-mêmes
des feuilles de papier et en interposant de la colle
forte.

Dans la fabrication des fourreaux et des gaînes
ordinaires, on se contente de peindre ou de vernir
ensuite le papier ou le bois de frêne; mais, si l'on
veut faire du luxe, on peut recouvrir le bois de
hêtre d'un placage en bois précieux ou bien de cuir,
de maroquin, de chagrin, etc., ou enfin d'étoffes,
telles que la soie ou le velours.

Les écrins sont, on le sait, des boîtes, plus ou
moins grandes, en bois ou en carton, destinées à ren-
fermer des bijoux, de la coutellerie fine, des instruments de chirurgie, de mathématiques ou de musique. L'intérieur de ces boîtes est garni de coton
fin ou de laine bien cardée, recouvert d'étoffe plus
ou moins riche et présentant des compartiments,
afin de serrer sans ballottage les objets que ces
boîtes sont destinées à contenir.

De même que les gaînes, les écrins sont recou-
verts d'étoffe, de cuir, de maroquin, de chagrin ou
de plaques de bois précieux.

La matière la plus employée pour la gaînerie de
luxe est le chagrin; on l'orne souvent ainsi que le
maroquin de dorures poussées au fer, à la manière
des relieurs. Le chagrin que l'on nomme galuchat,
du nom d'un gaînier qui en perfectionna le travail,
est obtenu au moyen de la peau d'une sorte de
requin appelé *roussette*. La peau, à l'état naturel,

est dure et couverte de rugosités. On polit ces dernières à la lime et on lisse la peau autant qu'il est
possible.

On désigne d'ailleurs, généralement, sous le nom
de chagrin la peau de toutes les espèces de squales.

La fabrication de la gaînerie se fait, surtout à
Paris, par des hommes.

Les femmes sont cependant employées pour les
articles à bon marché. Elles couvrent les écrins,
gaînes, fourreaux, etc. en velours ou en satin.

Soit qu'elles travaillent à la journée ou à façon,
elles arrivent à se faire un salaire de 4 à 5 fr. par
jour.

GANTERIE

Les principaux centres de fabrication en France
sont : Paris, Grenoble, Milhau, Niort, Lunéville,
Chaumont et Saint-Junien (Haute-Vienne).

La préparation et la coupe de la peau sont réservées aux hommes. Les pièces dont se compose le
gant sont ensuite livrées aux ouvrières.

Au moyen d'un instrument spécial, la brodeuse
frappe sur le dessus de la main le dessin de broderie
qu'elle doit recevoir, puis elle exécute la broderie,
soit à la main, soit à la mécanique. Le percement
des boutonnières et la fixation des boutons sont
ensuite confiés à d'autres ouvrières. D'autres encore
sont chargées de la couture.

Le salaire des ouvrières qui s'occupent de ganterie
est de 75 centimes à 1 franc au début. Puis elles

arrivent à gagner 1 fr. 50 et 2 francs par journée de dix heures environ.

Les couturières qui travaillent chez elles et qui doivent sacrifier une partie de leur temps aux soins du ménage restent nécessairement au-dessous de ces chiffres.

GILETS ET CULOTTES

Les giletières peuvent travailler chez elles.

Les culottières travaillent surtout en atelier, les tailleurs étant chargés de préparer la besogne.

L'apprentissage pour une giletière est d'environ deux ans. Il se fait généralement chez une ouvrière travaillant chez elle.

La culottière n'a guère d'apprentissage à faire, il suffit qu'elle sache bien coudre.

L'ouvrière giletière gagne assez facilement de 4 à 5 francs par jour.

La culottière ne gagne guère que 2 à 2 fr. 50 par jour.

Ces professions ont généralement leur chômage en juillet et en octobre.

IMPRESSIONS SUR TISSUS, TEINTURE

En France, les principaux centres d'imprimeries sur tissus sont Épinal, Lyon et Rouen. Mulhouse (Alsace) a encore plus d'importance ; ses produits se répandent beaucoup en France et à l'étranger.

Lyon imprime surtout la soie ; les autres centres manufacturiers, impriment plutôt le coton et la laine.

Dans les grands établissements d'impressions sur tissus, les femmes sont employées pour l'impression à la main, aux travaux de couture et aux machines à plier, à coudre, à enrouler.

Chez les teinturiers-nettoyeurs qui nettoyent et rendent la couleur aux vêtements, les femmes et les jeunes filles sont employées à l'attachage, au bâtissage et au repassage.

Les imprimeuses sur tissus gagnent de 2 à 3 francs par jour ; les femmes des teintureries ordinaires ont un salaire de 2 fr. 50 à 5 francs par jour.

JOUETS

Dans les articles de jouets la variété est infinie ; aussi n'entreprendrons-nous ici aucune énumération, ni aucune classification.

Contentons-nous de constater que la femme a pris une grande place dans la fabrication de ces articles : elle peint et découpe les jouets en métal, les soude, décore les têtes des bébés, etc.

En outre, beaucoup de femmes sont employées à l'habillage des bébés, des poupées et des marionnettes, à la fabrication de leurs chaussures, etc.

Tous ces travaux sont relativement faciles et ne demandent qu'un court apprentissage. Il est vrai que le gain est peu élevé : les bonnes ouvrières ne gagnent pas plus de 2 à 4 francs par jour.

La fabrication même des {bébés demande un plus long apprentissage, trois ans au moins ; après ce temps les ouvrières faites gagnent de 3 fr. 50 à 4 francs par jour. Elles n'ont, paraît-il, jamais de chômage.

Il va sans dire que le plus grand centre de fabrication de ces objets est Paris et ses environs.

LINGÈRES

LINGÈRES DES LYCÉES

Les lingères des lycées sont chargées de la garde et de la comptabilité des vêtements et du linge des internes et du linge de table de l'établissement. Elles en font exécuter le blanchissage et le raccommodage sous leur surveillance et leur responsabilité.

La nomination des lingères des lycées est faite par le recteur, sur la proposition du proviseur ou de la directrice du lycée.

Les lingères sont logées et nourries au lycée. Elles reçoivent un traitement de 400 à 800 francs par an en province. A Paris, les traitements sont plus élevés mais les vacances sont rares et fort disputées.

Ces emplois sont accordés de préférence aux parentes des membres ou des anciens membres de l'Université, mais cette condition n'a rien d'absolu.

LINGÈRES DES ÉCOLES VÉTÉRINAIRES

Dans les Écoles vétérinaires, les lingères sont

divisées en trois classes et touchent des appointements variant de 1,200 à 1,600 francs.

LINGÈRES DU SÉNAT ET DE LA CHAMBRE DES DÉPUTÉS

Au Sénat et à la Chambre des Députés, les lingères touchent des appointements variant de 1,500 à 1,900 francs; les femmes de service reçoivent de 1,000 à 1,300 francs. De puissantes recommandations sont nécessaires pour obtenir ces rares emplois.

LINGÈRES DES GRANDS HOTELS

Dans les hôtels importants des grandes villes, on emploie des maîtresses lingères qui reçoivent au moins 100 francs par mois et sont nourries et logées.

LINGÈRES DES COMPAGNIES DE TRANSPORTS

Les compagnies de transport et de navigation ont à leur service des maîtresses et sous-maîtresses lingères. Leur traitement est de 1,200 à 1,800 francs pour celles employées à l'administration centrale, et de 1,100 à 2,000 francs pour les lingères du service des ports.

MANUFACTURES DES TABACS

On sait que la fabrication du tabac s'opère dans des établissements appartenant à l'État, et désignés sous le nom de Manufactures des tabacs. Ces manufactures sont situées à Bercy, Bordeaux, Château-

roux, Dieppe, Le Havre, Lille, Lyon, Marseille,
Morlaix, Nancy, Nantes, Nice, Paris (quai d'Orsay
et Gros-Caillou), Reuilly, Tonneins et Toulouse.

L'administration centrale des Manufactures des
tabacs se trouve à Paris (quai d'Orsay).

Ces établissements n'emploient pas moins de
18,000 femmes, dont une centaine ont le grade de
préposées.

Le travail des ouvrières des Manufactures des
tabacs consiste dans le triage des feuilles, la mise en
paquets et en boîtes et la fabrication des cigares et
des cigarettes.

L'apprentissage ne demande guère que six mois.
Au bout de ce temps, l'ouvrière qui a fait preuve
d'aptitudes reçoit 70 centimes par jour. Elle est
ensuite augmentée graduellement et peut arriver à
un salaire quotidien de 3 fr. 50.

Les surveillantes et les contre-maîtresses sont
recrutées parmi les ouvrières les plus actives et les
plus intelligentes. Avant d'être nommées, elles
subissent un examen portant sur l'écriture, l'orthographe et le calcul.

Les surveillantes reçoivent un traitement de
1,200 francs par an. Quant aux contre-maîtresses,
qui sont choisies à leur tour parmi les surveillantes,
leur traitement est de 1,500 francs par an.

Les surveillantes et les contre-maîtresses reçoivent, en outre, au commencement de l'année, une
gratification fixée à 1 p. 100 de leur traitement
annuel.

Les femmes qu'un accident produit dans leur travail force à l'interrompre quelque temps reçoivent

quand même leur salaire habituel; les femmes mariées ont droit à la même faveur pendant la période de leur accouchement.

Il n'y a pas lieu de se préoccuper des conditions hygiéniques dans les Manufactures des tabacs; la façon dont elles sont organisées offre, paraît-il, les plus sérieuses garanties pour la santé des ouvrières.

Pour être admises dans les Manufactures des tabacs, les postulantes doivent adresser une demande à l'Administration centrale, et y joindre un certificat de médecin constatant qu'elles sont d'une bonne constitution. Il est bon de faire appuyer sa demande par une personne influente, car ces emplois, qui offrent une certaine stabilité, sont assez recherchés.

MATELAS (Cardeuses de)

Dans la fabrication des matelas, les hommes sont généralement chargés de battre et de trier les laines; les femmes bourrent et cousent les matelas.

L'apprentissage ne demande que quelques mois. Dans les fabriques de literie, le travail est payé aux pièces, sur la base d'environ 30 à 35 centimes l'heure.

Les cardeuses qui travaillent en ville doivent connaître toutes les parties du métier et font nécessairement un apprentissage un peu plus long. Elles gagnent environ de 50 à 60 centimes l'heure.

MODES

On sait que les modistes parisiennes donnent le

ton non seulement à toute la France, mais encore au monde entier.

Paris compte plus de 3,000 modistes établies qui emploient plus de 6,000 ouvrières.

Les principales maisons de Paris fabriquent pour l'exportation et pour les grands magasins de nouveautés.

Nombre de petits ateliers de Paris et de la province s'occupent directement de la clientèle et s'inspirent des créations des grandes maisons.

Ces dernières n'occupent qu'un nombre relativement restreint d'ouvrières, car elles s'adressent pour la plupart de leurs commandes à des entrepreneuses.

Un apprentissage de deux à trois ans, en atelier est nécessaire pour former une bonne modiste.

Les apprenties ne gagnent rien pendant la première année; la seconde année elles ont généralement droit à la table.

Dans les grands ateliers, le personnel féminin est ainsi composé : les premières, qui créent les modèles et surveillent le travail, les ouvrières, les vendeuses et les dames aux marchandises.

La première gagne de 3 à 400 fr. par mois; la vendeuse peut gagner à peu près autant et être intéressée à la vente, mais elle doit connaître tous les secrets du métier. Lorsqu'elle parle une ou plusieurs langues étrangères, elle est particulièrement recherchée.

La *dame aux marchandises* est chargée de recevoir les placiers, de soumettre leurs articles à la première et d'établir les prix de revient. Ses appointements sont généralement de 100 à 200 francs par mois. Elle touche, en outre, quelques gratifications.

Les ouvrières en chapeaux d'enfants gagnent de 4 à 5 francs par jour, selon leur habileté.

Cette partie serait assez agréable, n'était le chômage qui se répète deux fois par an et réduit presque l'année à six mois de travail régulier.

Dans quelques grandes maisons, on prend des dispositions pour ne pas renvoyer les principales ouvrières pendant la période du chômage; on se borne à diminuer les heures de travail.

La plupart des écoles professionnelles de Paris ont une section de modes. Mais un séjour à l'atelier est toujours nécessaire pour se mettre « dans le mouvement ».

Modistes en chambre. — Petits magasins de modistes. — Ce métier est un de ceux que l'on peut le plus facilement pratiquer chez soi. Pour l'ouvrière en chambre, il n'offre pas de sérieuses difficultés, car les avances sont peu importantes. Mais si l'on veut ouvrir un magasin et conséquemment avoir des ouvrières et un étalage toujours bien assorti, un petit capital sera nécessaire. Ajoutons que pour les modistes établies, la pierre d'achoppement est le long crédit que l'on est obligé de faire à nombre de clientes, sous peine de les voir s'éclipser. Les marchands de fournitures étant assez exigeants de leur côté, le problème est parfois difficile à résoudre.

En outre, l'existence des petites maisons de modistes est depuis quelque temps fort compromise par la concurrence que leur font les grands magasins de nouveautés.

ORFÈVRERIE

L'orfèvrerie emploie des femmes pour le polissage et le brunissage de l'argent et du doublé. Ce sont des travaux un peu fatigants et qui demandent une certaine force.

L'apprentissage est d'environ deux ans. Les apprenties gagnent au début 50 centimes par jour. Les ouvrières sont payées de 3 à 5 francs.

Ce genre de travail se fait presque toujours en atelier. Il offre des chômages assez irréguliers.

PAPIER (Fabrication du)

Environ 500 fabriques de papier sont installées en France. Les plus importantes sont celles d'Essonnes, la plus grande qui existe, dit-on, d'Angoulême, d'Annonay, de Paris (papiers de fantaisie), de Rives et de Sainte-Marie (Seine-et-Marne). (Cette dernière pour les papiers filigranés).

Plus de douze mille femmes sont employées dans cette industrie. Les emplois réservés aux femmes sont généralement ceux de *délisseuses*, ou tricuses de chiffons, de *réviseuses*, qui vérifient le premier travail, d'*assembleuses*, chargées de réunir en *mains* les feuilles de papier.

Les apprenties gagnent de 50 à 70 centimes par jour, au bout de quelques mois de travail. Quant aux ouvrières, qui travaillent généralement aux pièces, elles gagnent de 1 fr. à 2 fr. 25 par jour, suivant leur habileté.

PARFUMERIE

Dans la parfumerie, les femmes sont surtout chargées de l'enveloppe des produits fabriqués, enveloppe qui est parfois d'un grand luxe. Les étuis, étiquettes, rubans, prospectus et cartons leur sont particulièrement confiés, et elles doivent dans leur emploi faire preuve de goût et d'agilité. Les femmes sont souvent aussi chargées de donner la forme voulue aux savons et autres produits analogues.

Cette industrie a surtout pour siège les environs de Paris, et principalement Neuilly et Levallois-Perret.

Les apprenties reçoivent de 1 franc à 1 fr. 25 par jour; elles arrivent rapidement à être ouvrières, et gagnent alors de 2 francs à 2 fr. 50 par jour. Les premières reçoivent ordinairement 3 francs.

Il n'y a pas de morte-saison dans les grandes maisons de production.

PARAPLUIES ET OMBRELLES

En général, l'ombrelle et le parapluie sont confectionnés par des ouvrières distinctes.

Les fabricants s'adressent généralement à des entrepreneuses qui font exécuter les commandes par des ouvrières travaillant à domicile.

La façon des ombrelles riches est payée de 3 à 4 francs; une bonne ouvrière peut en faire deux par jour, parfois un peu plus.

Ce genre de travail n'est guère assuré que pendant la moitié de l'année.

Le gain est moins élevé dans la fabrication des parapluies : les ouvrières ne gagnent que 3 à 3 fr. 50 par jour; en revanche, il n'y a presque pas de chômage.

PASSEMENTERIE

La passementerie peut être divisée en quatre catégories principales : la plus importante est la passementerie pour vêtements de dames; viennent ensuite la passementerie pour ameublement, puis la passementerie militaire, où sont principalement employés l'or et l'argent, et enfin la passementerie pour voitures et livrées.

Les deux principaux centres de fabrication de la passementerie française sont Paris et Lyon. A Marseille se fabriquent diverses passementeries genre oriental et africain, qui sont exportées dans le Levant et vendues comme produits indigènes. A Saint-Étienne, Nîmes et Saint-Chamond se fabrique la passementerie dite « classique », parce qu'elle n'est point sujette aux variations de la mode.

PASSEMENTERIE HAUTE NOUVEAUTÉ

La passementerie haute nouveauté ne se fabrique guère qu'à Paris. Son importance comme industrie est considérable; le chiffre d'affaires y dépasse annuellement 100 millions.

Cette fabrication se fait au métier à la Jacquard

ou à la barre et au métier haute lisse; elle comprend aussi le cousu à la main et l'établi.

Le *cousu* se fait à la main sans autre outil qu'un morceau de bois appelé moule, pour l'article classique, ou d'un dessin piqué sur papier pour l'article de luxe. Le cousu est généralement fait par des femmes et des jeunes filles. La plupart des ouvrières travaillent chez elles, et non à l'atelier.

Le travail est souvent livré aux ouvrières par l'entremise d'une entrepreneuse. C'est surtout aux environs de Paris, dans le Nord de la France et dans l'Auvergne que les ménagères font de la passementerie pendant les loisirs que leur laissent le ménage et les travaux des champs.

Le travail de l'établi consiste à terminer les *cousus*, à y faire des franges et des cordelières en pendeloques, etc. Il se fait surtout à Paris, en atelier, et exige un apprentissage assez sérieux.

PASSEMENTERIE POUR AMEUBLEMENTS

La passementerie pour ameublements se fait chez les fabricants mêmes. Ils se servent des métiers à basse lisse et à haute lisse, du métier à la Jacquard, et, pour les articles de grande consommation, du métier à la barre. Les articles pour rideaux, draperies de fenêtres ou de lits, tentures, etc., se comptent par centaines et par milliers de modèles.

Paris emploie de préférence les hommes pour manœuvrer les métiers, mais en province ce sont souvent les femmes qui sont chargées de ce travail. Elles s'occupent, en outre, un peu partout de la confection des franges.

PASSEMENTERIE MILITAIRE

La passementerie militaire est surtout exécutée à Lyon. Elle emploie l'or, l'argent, la soie, la laine et le coton. Les principaux articles sont les galons, les cordelières, les aiguillettes, les épaulettes, les torsades, les brandebourgs, etc. Elle se divise en *fin, demi-fin* et *faux*.

Le fin et le demi-fin sont seuls employés pour l'armée; le demi-fin et le faux pour les vêtements et ornements du culte catholique.

Le *fin* est en argent doré, le *demi-fin* en laiton recouvert d'argent, puis d'or. Le *faux* est en laiton. L'argent qui sert au fin est plus pur que l'argent des monnaies, sans cela il serait impossible de le tréfiler de manière à lui faire acquérir la finesse qu'il obtient : celle d'un cheveu et même d'un fil de soie.

PASSEMENTERIE POUR VOITURES, CHEMINS DE FER, ETC.

Cette passementerie emploie comme matières premières la soie, la laine, le coton, le fil et le jute.

Elle produit surtout des bandes ou galons de diverses largeurs, ornés de dessins presque toujours en camaïeu, ressortant en velours épinglé sur fond lisse. On n'y emploie guère que des couleurs mortes. Les galons et rubans pour livrées appartiennent aussi à cette catégorie, qui est surtout fabriquée dans la Somme, dans l'Oise et un peu à Paris.

Les ouvrières à la main ou couseuses font généralement leur apprentissage dans leur famille. Quant aux ouvrières à l'établi, elles doivent passer au moins deux ou trois ans en atelier avant d'être acceptées comme ouvrières.

Dans la passementerie pour voitures, les apprenties sont payées presque dès le début, et gagnent de 50 centimes à 1 fr. par jour.

Les ouvrières faisant le cousu gagnent de 2 à 3 fr. par jour pendant la saison de production, mais, en morte saison, leur salaire se trouve fort diminué.

Les ouvrières à l'établi gagnent de 3 fr. 50 à 7 fr. par jour, selon leur vivacité et leur capacité. Les dévideuses, réassortisseuses et plieuses gagnent de 3 à 4 fr.

Chez les passementiers-tisseurs de la Somme, les femmes gagnent de 2 fr., 2 fr. 25 à 2 fr. 50 par jour.

PATES ALIMENTAIRES

L'industrie des pâtes alimentaires paraît venir d'Italie, mais la France lui fait aujourd'hui une concurrence sérieuse.

Lyon marche en tête dans ce genre de production; Marseille et Valence viennent ensuite, puis Clermont et Bordeaux. Plusieurs autres villes du Midi possèdent également des usines de pâtes alimentaires.

C'est au moyen de blés durs, qui viennent de l'Algérie et de la Russie, que se fabriquent ces pâtes. Le blé, moulu en gruau ou semoule, est arrosé et malaxé dans des appareils spéciaux. La pâte est ensuite jetée dans des mortiers où elle subit une compression hydraulique, et sort par des ouvertures de formes diverses, selon qu'il s'agit de fabriquer tel ou tel genre de pâte.

Les pâtes sont enfin coupées, séchées et pliées par des ouvrières.

Un apprentissage de quelques mois suffit généralement aux femmes qui s'adonnent à ce métier. Les apprenties gagnent environ 1 fr. par jour, les ouvrières 2 francs, et souvent ces dernières sont payées au mois.

PATISSERIE MÉCANIQUE

La pâtisserie mécanique, consacrée principalement à la biscuiterie dite anglaise, n'emploie que très peu d'ouvriers. La farine, le lait, le beurre, la graisse et l'eau sont livrés à des pétrins mécaniques; puis la pâte est laminée sur des cylindres et divisée par une machine dite découpeuse. Les biscuits découpés sont placés sur des plaques de tôle, mises dans un four spécial et sur des chaînes sans fin qui les entraînent après la cuisson et les livrent à l'ouvrier ou à l'ouvrière chargés de les recueillir. Il ne reste plus qu'à les ranger dans des boîtes de fer-blanc pour pouvoir les expédier aux commerçants.

Les femmes employées pour le service de la machine découpeuse et pour la mise en boîtes et en paquets gagnent de 3 fr. 50 à 4 francs par jour.

PLUMES POUR MODES

On comprend dans cette industrie la préparation des plumes, le nettoyage, la teinture et l'apprêt.

Les plumes d'autruche sont celles qu'on emploie le plus communément pour les modes. Leur préparation se fait de la manière suivante : on les attache les unes à côté des autres à une petite tringle; on les plonge dans une dissolution de potasse pour les dégraisser; on les laisse baigner dans cette dissolution, puis on les retire pour les plonger dans un nouveau bain après les avoir fait sécher. Cette opération est répétée trois ou quatre fois, jusqu'à ce que les plumes soient complètement débarrassées de l'espèce d'enduit huileux qui les rend imperméables. On les lave ensuite dans une eau légèrement colorée avec une boule d'indigo enveloppée dans un linge, qu'on y trempe pendant un instant. Au sortir de ce dernier bain, on fait sécher les plumes, on les peigne, on les frise et on les livre enfin au commerce. Lorsqu'elles doivent être teintes, on les fait d'abord passer dans des bains de potasse, puis on leur fait subir un lavage à l'eau pure pour que la potasse n'altère point les couleurs de la teinture.

Immédiatement après les plumes d'autruche, il faut placer les plumes d'oiseaux de paradis. Chacun sait combien sont vives et riches les couleurs qui parent le plumage de ces petits oiseaux. Aussi, ces plumes sont-elles fort prisées. Mais elles sont très rares; quelques îles de l'Océan peuvent seules nous en fournir.

Vient ensuite le marabout, dont les plumes nous

sont expédiées du Sénégal et du Soudan. Elles ont une longueur de 0ᵐ08 à 0ᵐ30, et sont garnies d'un duvet soyeux. Elles sont blanches ou grises, leur prix varie suivant les caprices de la mode.

L'aigrette que fournit le héron blanc mâle est classée après les plumes de marabout. Ces plumes longues, droites, effilées et garnies de deux rangs de barbes flexibles servent à faire des panaches. Elles nous viennent de Sibérie, de Guyane, et se vendent à la pièce.

Les plumes dites de vautour sont fournies par l'autruche bâtarde de l'Amérique méridionale. Ces plumes offrent trois catégories distinctes : les longues blanches, les petites blanches et les grises assorties. Les produits fournis par l'autruche de l'Amérique méridionale sont loin de valoir ceux de l'autruche ordinaire ; ils sont cependant fort prisés, et il s'en fait un commerce important. Les plumes qui ne peuvent être utilisées pour les panaches sont employées à faire de petits plumeaux légers.

Les plumes de casoar se cotent à un prix assez élevé, provenant à la fois de leur rareté et de leur beauté.

Les plumes de coq sont assez rarement utilisées pour parure ; toutefois, il se présente des saisons où elles sont recherchées pour les articles de prix modérés.

L'industrie des plumes est surtout parisienne. C'est à Paris que se teignent et s'apprêtent les plus belles plumes, et c'est de là qu'elles sont expédiées sur toutes les places de l'Europe et jusqu'en Amérique.

Plus de 3,000 ouvrières sont employées à Paris à la fabrication des plumes.

Le métier de plumassière a plusieurs avantages; il n'est pas fatigant, il est bien rétribué, il ne demande qu'un outillage d'un prix insignifiant : un couteau spécial, une pince et quelques aiguilles, ce qui permet à toute ouvrière ayant fini son apprentissage de travailler chez elle. Il est vrai que cette profession peut présenter des chômages imprévus, par suite des caprices de la mode. Aussi nombre de plumassières ont-elles aujourd'hui une autre corde à leur arc : la fabrication des fleurs artificielles, ou tout autre métier pouvant alterner avec celui des plumes.

On peut commencer l'apprentissage de plumassière vers l'âge de douze à treize ans. Une bonne vue, du goût et de l'habileté de doigts sont les qualités nécessaires pour arriver à un résultat satisfaisant dans ce travail.

L'immobilité du corps, qu'il faut garder pendant de longues journées, est le plus grand inconvénient de ce métier. Au bout de deux ans, les apprenties intelligentes savent préparer les plumes, les coudre et les friser.

Le travail des plumes d'autruche exige un apprentissage spécial, mais qui n'est pas plus long que celui des plumes d'oiseaux.

Les apprenties plumassières gagnent ordinairement 50 centimes par jour pendant la première année et 75 centimes à 1 franc pendant la seconde. Quelques-unes sont nourries ou ont au moins le repas du midi. Lorsqu'elles sont nourries et couchées pendant leur apprentissage, elles ne gagnent généralement rien. Devenues ouvrières, les plumassières gagnent de 1 fr. à 5 francs et même jusqu'à 8 francs par jour, selon la capacité, et selon le nombre d'heures de travail.

Les ouvrières plumassières ne peuvent s'établir à leur compte aussi facilement que les fleuristes. L'achat des plumes brutes exige une mise de fonds assez importante, et il faut, en outre, une grande expérience pour pouvoir faire ces achats d'une façon avantageuse.

PLUMES MÉTALLIQUES

Le personnel des fabriques de plumes métalliques est en majeure partie composé de femmes. Mais cette industrie est principalement localisée pour la France, à Boulogne-sur-Mer, où se trouvent trois fabriques. Seules les fabriques anglaises de Birmingham peuvent lutter contre elles.

Ce n'est guère que de 1830 que l'on peut réellement faire dater la fabrication des plumes métalliques, comme industrie importante, et ce n'est qu'en 1846 que la France est venue faire concurrence aux maisons anglaises d'une façon sérieuse. A cette époque, la fabrication en fut installée à Boulogne-sur-Mer par la maison Blanzy, Poure et Cie, qui depuis a toujours été au premier rang.

Certains libraires vendent des plumes portant leur nom, mais cette inscription est faite par le fabricant, et la plupart des plumes n'en sortent pas moins de la maison Blanzy, Poure et Cie.

L'usine Blanzy occupe environ 720 ouvrières et 180 ouvriers. Elle convertit en plumes environ 200 tonnes d'acier. La moitié environ de ces produits est consommée en France, l'autre moitié est exportée à l'étranger.

Les plumes métalliques sont faites avec le meilleur acier fondu de Sheffield, acier fabriqué spécialement pour l'industrie des plumes. Avant d'employer l'acier à la confection de la plume, on découpe des feuilles de tôle en bandes de largeur variable, lesquelles sont recuites, puis laminées aux épaisseurs voulues. Après le laminage de l'acier, on procède aux opérations suivantes : le découpage, le perçage, le marquage, le recuit, le formage, la trempe, l'adoucissage, l'aiguisage en long, l'aiguisage en travers, le fendage et le vernissage. Viennent ensuite les travaux accessoires, tels que le triage, le comptage ou pesage, l'emboîtage et l'empaquetage.

Toutes les opérations que nous venons d'énumérer sont nécessaires pour la fabrication des plumes métalliques de bonne qualité. Pour quelques modèles de prix élevé, le perçage, le marquetage et le formage sont répétés deux et trois fois ; les plumes passent alors dans une vingtaine de mains.

Les différentes parties de la fabrication, à l'exception du recuit, de la trempe, du nettoyage, du vernissage, etc., s'opèrent à l'aide de découpoirs, de presses, de moutons et de balanciers ; chaque plume est présentée successivement sous l'outil par la main de l'ouvrière. A plusieurs reprises on a tenté de substituer les machines aux procédés manuels, mais on a été obligé d'y renoncer pour la plupart des modèles, car leur peu de surface et leur minime épaisseur rendent très difficile leur préhension par des moyens mécaniques.

Ainsi que nous l'avons dit plus haut, l'industrie des plumes métalliques emploie surtout des femmes. Les hommes sont particulièrement chargés de diriger le travail et d'entretenir les appareils.

Les ouvrières commencent leur apprentissage dès l'âge de quinze ou seize ans. Elle doivent être douées d'une certaine dextérité.

Les apprenties gagnent de 0 fr. 75 à 1 fr. 50 par jour; les ouvrières, de 1 fr. 50 à 3 francs.

APPRÊT DES DRAPS ET ÉTOFFES DE LAINE

Ce travail se faisait autrefois dans les fabriques de draps au moyen des *moulins à foulon*, que l'on emploie encore dans plusieurs établissements. Ces moulins se composent de pilons verticaux ou de maillets inclinés qui frappent successivement sur toutes les parties du drap, lequel est placé dans une espèce d'auge circulaire contenant des eaux alcalines où l'étoffe est tournée et remuée en tous sens.

Ces machines, très anciennes, ont été presque partout remplacées par des appareils fonctionnant d'une manière continue et plus rapide, tout en dépensant moins de force. Les foulons agissant sur les tissus dans le sens de la largeur au moyen d'un conduit, par lequel s'effectue l'admission du drap, et de deux cylindres alimentaires, et dans le sens de la longueur par l'application d'un clapet de plissement de la trompe de guide et par celle d'un fouloir, qui frappe sans cesse le drap sur le tablier de foulage. La nouvelle machine fait une grande économie de savon, et produit beaucoup plus de travail que les foulons à maillets.

Les femmes employées à la manipulation des tissus et au déchiquetage n'ont qu'un court apprentissage à faire, mais elles doivent être d'une santé assez robuste, car leur travail est fatigant et exige un certain déploiement de forces.

Les débutantes gagnent de 0 fr. 15 à 0 fr. 20 l'heure; les ouvrières faites, de 0 fr. 25 à 0 fr. 30.

Peu de chômage.

ATTACHES PARISIENNES

Ce travail consiste à découper dans des bandes de cuivre, et à plier ensuite à l'aide d'outils spéciaux, les petites agrafes qui servent dans le commerce et dans les bureaux à attacher les lettres, les factures, les échantillons, etc.

C'est un travail très facile et peu fatigant. Aussi, malgré l'énorme consommation que l'on fait aujourd'hui de ces épingles, les ouvrières ne trouvent-elles pas toujours facilement de l'occupation et leur salaire est-il relativement modique.

Au bout de quelques semaines d'apprentissage,

l'ouvrière peut travailler seule. Elle est payée de 30 à 35 centimes l'heure.

BALLONS-RÉCLAMES

Cette fabrication, et celle des ballons-musettes, qui produisent des bruits si agaçants pour les oreilles des grandes personnes, est très importante à Paris et emploie un grand nombre de femmes.

Après un apprentissage de un ou deux ans, les ouvrières gagnent de 1 franc à 1 fr. 50 par jour, puis elles arrivent à gagner de 2 à 4 francs, parfois 5 francs.

Peu de chômage.

BANDAGES HERNIAIRES

La fabrication des bandages herniaires, qui a pris de nos jours une très grande importance, emploie un certain nombre de femmes pour les travaux de couture de ces appareils.

Les jeunes filles qui entrent dans les fabriques de bandages font un apprentissage de deux ou trois ans. Elles reçoivent, après quelques mois, un petit salaire d'environ 50 centimes par jour et sont augmentées graduellement selon leurs progrès. Devenues ouvrières, elles gagnent en moyenne de 3 fr. 50 à 4 fr. 50 par jour. Certaines ouvrières très habiles, chargées de travaux difficiles, arrivent à dépasser ce chiffre.

La journée de travail est en général de dix heures. Les chômages sont rares.

BISCUITS (Pâtisserie).

Dans les grandes fabriques de biscuits, les femmes sont principalement employées à l'empaquetage et au glaçage. Le travail d'empaquetage est assez facile et ne demande que quelques jours de pratique, mais il n'en est pas de même du glaçage; ici une certaine expérience est nécessaire.

Les ouvrières sont payées aux pièces. Elles peuvent arriver à gagner de 2 fr. 50 à 3 francs par jour.

Les centres de fabrication sont surtout Paris et Reims.

BOUTONS EN PASSEMENTERIE

Ces boutons s'exécutent, au moyen d'un crochet ou d'une aiguille, avec du cordonnet en soie, généralement noir, quelquefois de couleur. Sortant des mains de l'ouvrière, ils ont la forme de petites calottes. Ces calottes sont ensuite adaptées sur des moules en bois et fixées à l'aiguille.

Il faut du goût et de l'habitude pour arriver à se faire des journées passables dans ce genre de travail. Les ouvrières sont payées à la douzaine. Elles n'arrivent qu'au bout de plusieurs mois à gagner 2 à 3 francs par jour.

Ce travail a en outre l'inconvénient de chômages, plus ou moins fréquents, suivant les caprices de la mode.

Les principales fabriques de boutons se trouvent à Paris, rue d'Aboukir, et à Boulogne-sur-Seine.

BOUTONS DE NACRE

Un certain nombre de femmes sont employées à Paris au triage et à l'encartage des boutons de nacre.

Ces boutons sont fabriqués à la mécanique.

On peut se livrer à ce travail sans apprentissage préalable. Les femmes sont payées aux pièces et travaillent en atelier ou chez elles. Leur gain moyen est de 2 à 3 francs par jour.

BOURRELETS D'ENFANTS

Bien que l'usage des bourrelets d'enfants tende à diminuer, nous croyons devoir donner quelques renseignements sur ce genre de travail.

Deux sortes d'ouvrières sont employées à la fabrication des bourrelets d'enfants : les bourreuses et les couturières.

Les bourreuses sont chargées de ouater la couronne du bourrelet, les couturières en cousent les différentes pièces, soit à la main, soit à la machine.

On fait généralement ce travail à domicile. L'apprentissage est assez court pour les bonnes couturières.

Lorsqu'elles ont acquis l'habileté nécessaire, les bourreuses peuvent gagner 2 francs par jour environ ; les couturières, de 1 franc à 1 fr. 50 seulement.

PRÉPARATION DES BUSCS ET RESSORTS

L'habillage des buscs et des ressorts en acier soit pour corsets, soit pour parapluies est un travail assez facile, qui, pour une bonne couturière, n'exige pas d'apprentissage à proprement parler, et qui peut rapporter de 2 à 3 francs par jour.

Les ouvrières travaillent aux pièces, et généralement en atelier.

La journée est de 10 à 11 heures de travail. Peu de chômage.

CHAUSSONS

Le chausson en lisière étant fabriqué, il reste à y coudre une semelle. Ce travail est généralement confié à des ouvrières qui travaillent chez elles.

L'apprentissage ne peut donc se faire qu'auprès d'une ouvrière habile, à laquelle la débutante abandonne une partie de son gain comme dédommagement.

Les ouvrières sont payées à raison d'environ 2 fr. 50 la douzaine. Elles peuvent gagner de 2 fr. 50 à 3 francs par jour.

Lorsqu'on est en relations avec une bonne maison, le travail est assuré pour toute l'année.

CHICORÉE

La chicorée est surtout fabriquée dans le Nord : à Lille, Cambrai, Douai, Valenciennes, etc. Il y a cependant quelques fabriques aux environs de Paris.

Les femmes sont employées à l'empaquetage et travaillent aux pièces. Ce travail ne demandant que de l'habitude, un apprentissage n'est pas nécessaire. Elles gagnent dans le Nord de 1 fr. 50 à 2 francs par jour; aux environs de Paris, 2 fr. 50 à 3 francs.

Peu de chômage.

COLLE FORTE

On sait que la gélatine, connue dans le commerce sous le nom de colle forte, est extraite des rognures de cuir, des tendons, des cornes, des sabots et des os des animaux. Lorqu'on utilise les débris de membranes, on les fait bouillir rapidement dans une chaudière, et on décante alors qu'une prise d'essai se prend en gelée. La liqueur décantée est maintenue à 100 degrés dans une seconde chaudière, où on la laisse reposer, et quand les matières en suspension se sont précipitées, on en remplit des moules coniques en bois. Ces moules étant convenablement séchés, avec un couteau mouillé on en détache la colle, qui est ensuite coupée en tranches minces et portée sur un filet-séchoir.

Les femmes sont chargées de couper cette pâte en morceaux carrés ou rectangulaires, travail qui ne demande qu'un peu d'habitude et de dextérité.

L'apprentissage est donc rapide. Les journées de 10 à 11 heures valent aux ouvrières un salaire de 2 fr. à 2 fr. 50.

Les principales fabriques de colle-forte sont situées aux environs de Paris. Pas de chômage.

CONFITURERIE

Dans les confitureries importantes, les femmes sont principalement employées au triage et au nettoyage des fruits et à l'emballage des confitures. L'opération de la cuisson, la plus pénible et la plus délicate, est réservée aux hommes.

La journée de travail est de 10 à 11 heures. Les ouvrières sont payées à raison de 0 fr. 20 à 0 fr. 25 l'heure.

DRAPEAUX

Les drapeaux, grands et petits, dont on pavoise les façades et qui figurent dans certaines cérémonies publiques sont généralement exécutés par les maisons qui fabriquent les ballons-musettes et autres articles du même genre.

Les ouvrières gagnent de 2 à 4 fr. par jour.

EMPAQUETAGE DES LAINES

Besogne très facile, mais en général peu rémunératrice. On conçoit qu'aucun apprentissage n'est nécessaire à une jeune fille ou à une femme adroite pour mettre en écheveaux ou en pelotes, empaqueter et étiqueter les fils de laine qui viennent d'être fabriqués. Un peu d'habitude est seulement nécessaire pour arriver à travailler rapidement.

Les ouvrières chargées des travaux les plus faciles

ne gagnent guère plus de 1 fr. à 1 fr. 50 par jour;
les plus expérimentées peuvent arriver à 3 et 4 fr.

De fréquents chômages sont à craindre.

FABRICATION DES OBJETS ET VÊTEMENTS EN CAOUTCHOUC

On sait quelle variété d'objets sont fabriqués au
moyen du caoutchouc : instruments de chirurgie,
tuyaux, rondelles, étoffes imperméables, etc.

De nombreuses ouvrières sont employées dans
ces fabriques. Le travail étant très simple, les débutantes ne tardent pas à pouvoir gagner de 1 fr. à
1 fr. 50 par jour. Les ouvrières habiles gagnent de
2 à 3 fr.

Les ouvrières qui s'occupent des étoffes imperméables sont exposées à quelques périodes de
chômage.

FILS ÉLECTRIQUES

Dans les fabriques de fils électriques, les femmes
sont employées à l'habillage des fils de métal. On
sait que cette opération consiste à rouler des fils
de soie autour des fils de cuivre. Elle se fait à l'aide
de machines et de dévidoirs mus par la vapeur et
dont l'ouvrière doit surveiller le mouvement avec
la plus grande attention, afin de rattacher les soies
qui peuvent se casser, car aucune solution de con-
tinuité ne doit se produire pour que le fil électrique
puisse être utilisé.

L'apprentissage ne demande que quelques semaines à une personne intelligente et adroite. Les ouvrières gagnent de 3 à 4 fr. par jour, lorsqu'elles sont au courant de ce travail.

Quelques maisons des environs de Paris seulement s'occupent de la fabrication des fils électriques, mais en présence des progrès constants des industries ayant recours à l'électricité, on est en droit d'espérer que cette industrie deviendra de plus en plus importante.

OBJETS EN CELLULOÏD

Le celluloïd, quoique de découverte assez récente, a aujourd'hui de nombreux emplois. On sait que cette matière est composée en majeure partie de cellulose (substance ligneuse extraite des plantes) et de camphre.

On fait en celluloïd des peignes, des bille de billard, des bouts de pipe, des cols, des   et des manchettes inusables, etc.

Dans les fabriques qui produisent ces objets, les femmes sont employées au triage des déchets, à la préparation du fil, à la confection des peignes et du linge dit *américain*.

L'apprentissage est de courte durée, et les ouvrières gagnent presque en débutant. Elles sont payées aux pièces. Celles qui sont habiles gagnent en moyenne de 3 à 3 fr. 50 par jour.

En France, les fabriques de celluloïd se trouvent pour la plupart installées dans les environs de Paris.

CHAUSSURES DE POUPÉES

Ce travail lilliputien n'emploie que très peu d'ouvrières. Disons-en cependant quelques mots.

Les chaussures de poupées se font généralement en atelier. Certaines ouvrières découpent et collent les petits morceaux de cuir verni ou d'étoffe, d'autres cousent des ornements à la machine. Du soin et de l'attention, telles sont les qualités requises pour exécuter ces mignonnes chaussures qui ravissent nos bébés.

La débutante intelligente se met rapidement au courant de ce métier. Elle commence par gagner de 0 fr. 50 à 1 fr. par jour; devenue ouvrière, elle peut parvenir à gagner 2 fr. 50 et même 3 fr.

Un peu de chômage après les fêtes du nouvel an.

CHENILLE

La fabrication de la chenille, cet ornement en tissu de soie ou de laine, rond et velouté, souvent employé dans les modes, ne demande guère d'apprentissage. Le travail réservé aux ouvrières dans cette industrie est surtout celui de la préparation des matières qui doivent être livrées aux métiers ceux-ci sont mis en action par des hommes.

Les ouvrières faites gagnent de 2 à 4 fr. par jour en moyenne.

Quelques chômages, selon les fluctuations de la mode.

DOMESTIQUES

Nous n'avons à parler ici que des domestiques femmes : femmes de chambre, bonnes d'enfants, bonnes à tout faire et femmes de ménage. Nous avons parlé des cuisinières dans un article spécial.

La *femme de chambre* est particulièrement employée aux travaux de couture et à l'entretien de la garde-robe. Elle est aussi chargée de servir à table lorsqu'il n'y a pas de valet de chambre dans la maison.

La *bonne à tout faire* s'occupe de toutes les parties du ménage dans les maisons de moindre importance.

Ainsi que sa dénomination l'indique, la *bonne d'enfants* est spécialement chargée du soin des enfants. Elle fait leur toilette, les promène, les surveille et couche même généralement dans leur chambre.

La *femme de ménage* n'est pas logée dans la maison, comme les autres domestiques. Elle vient à des heures fixées soit mettre un ménage en ordre, dans les maisons qui n'ont pas de bonne, soit aider les autres domestiques dans les grandes maisons.

Les gages des domestiques sont très variables, suivant les localités. Les bonnes d'enfants gagnent de 10 à 30 francs par mois ; les bonnes à tout faire, de 20 à 40 francs ; les femmes de chambre sont en général mieux payées que les bonnes ; elles profitent souvent, en outre, de certains objets de toilette qui ont cessé de plaire à leur maîtresse, et que celle-ci

leur abandonne de préférence aux autres domestiques. De là l'élégance relative des femmes de
chambre.

Les femmes de ménage sont payées à l'heure;
pour elles il est difficile d'indiquer même un prix
approximatif; leur rémunération dépend, et de la
région dans laquelle elles travaillent, et du genre de
travail qui leur est confié.

C'est ordinairement par les bureaux de placement
que les domestiques trouvent des emplois. Le choix
du bureau n'est pas indifférent; certains n'ont pour
clientèle que les bonnes maisons; mais la plupart
se préoccupent peu de l'intérêt des maîtres et des
domestiques, et les renseignements qu'ils offrent
aux uns et aux autres sont sujets à caution.

Dans toutes les bonnes maisons, d'ailleurs, aucun
domestique n'est admis sans avoir pu procurer des
références sérieuses.

CORDES A VIOLON

Dans la fabrication des cordes à violon, les femmes
ne s'occupent que de l'arrangement des chanterelles,
qui ne sont que des fils d'archal garnis de soie; les
cordes de boyau sont préparées par des hommes.

Les ouvrières chargées soit du dévidage, soit de
l'enroulage de la soie gagnent de 2 à 2 fr. 50 par
jour.

L'apprentissage demande de 12 à 18 mois. Il y a
chômage pendant presque toute la saison d'été.

CHALETS DE NÉCESSITÉ (Surveillantes de)

Paris occupe environ cent cinquante de ces employées. Elles doivent être présentes de 7 heures du matin à 10 ou 11 heures du soir (selon le quartier).

Leurs appointements fixes ne sont guère que de 30 à 60 francs par mois ; mais les « pourboires » les augmentent notablement, paraît-il.

On exige des candidates qu'elles soient d'une bonne santé et que les travaux du ménage ne les détournent pas de leur assiduité.

Leur recette est vérifiée chaque jour par un contrôleur, au moyen du cadran placé au-dessus de chaque porte et qui constate les « entrées ».

FABRICATION DES CARTES A JOUER

Le glaçage, le coloriage et l'empaquetage des cartes à jouer sont généralement réservés aux femmes. Un apprentissage de dix-huit mois à deux ans est nécessaire à celles qui veulent se livrer à ce genre de travail. Les débutantes reçoivent de 0 fr. 50 à 0 fr. 75 par jour, puis sont augmentées progressivement.

Les ouvrières sont payées aux pièces et gagnent de 3 à 4 fr. 50 par jour.

Ce travail dure toute l'année, mais avec un léger ralentissement de janvier à mars.

ENCRES

Les femmes sont employées pour boucher, cacheter et étiqueter les bouteilles avant la livraison. Elles gagnent à ce travail de 2 fr. 50 à 3 francs par journée de dix heures.

Peu ou pas de chômage.

PEINTURE DES ENSEIGNES ET DES STORES

Ces travaux exigent un assez long apprentissage. Ils consistent à enluminer des lettres moulées en plâtre ou en stuc, des ornements en relief, etc. Les ouvrières sont généralement assises devant de longues tables sur lesquelles sont placés leurs accessoires.

Elles sont payées aux pièces, et gagnent de 2 fr. 50 à 3 fr. 50 par jour.

MAROQUINERIE

On classe dans cette industrie la fabrication de nombreux articles, tels que portefeuilles, calepins, porte-monnaie, étuis à cigares et à cigarettes, sacs et trousses de voyage, etc.

Les femmes sont employées à la confection de ces objets, soit chez elles, soit en atelier. Les différentes pièces leur sont livrées découpées; elles les collent ou les cousent à la machine. Ce travail est donc relativement facile. Il faut cependant une certaine habitude pour arriver à produire rapidement et d'une manière irréprochable.

Le gain est très variable, selon l'habileté de l'ouvrière et l'importance des travaux qui lui sont confiés. Les débutantes ne gagnent guère que 3 à 5 francs par semaine, mais les ouvrières faites gagnent facilement 3, 4, 5 et même 6 francs par jour.

Pas de chômage pour les bonnes ouvrières, vu la variété des articles que comporte la maroquinerie.

MASQUES EN CARTON

Ces masques sont fabriqués avec une pâte de carton et à l'aide de moules.

L'apprentissage est très court ;quelques semaines suffisent. Les ouvrières travaillent aux pièces. Elles commencent par gagner 1 franc par jour et peuvent arriver à 2 francs. Ce chiffre est rarement dépassé.

Les grandes maisons de fabrication de Paris fournissent du travail à leurs ouvrières pendant toute l'année.

MANNEQUINS POUR COUTURIÈRES ET TAILLEURS

La fabrication des mannequins pour tailleurs et pour couturières a atteint aujourd'hui une certaine importance. Les maisons qui s'occupent de cet article sont pour la plupart situées dans les environs de Paris.

Les femmes sont principalement employées au modelage et à la couture des mannequins. Le modelage se fait en collant des couches de papier épais dans des moules en plâtre qui forment la moitié du buste. Les deux moitiés sont ensuite réunies par un nouveau collage.

Après ce premier travail, les couseuses recouvrent les formes en carton d'une étoffe spéciale.

L'apprentissage est peu long ; quelques semaines suffisent. Les ouvrières gagnent ensuite de 3 à 4 fr. par jour. Les interruptions de travail sont très rares.

OUVRIÈRES AGRICOLES

Nous avons parlé plus haut, à l'article *Agriculture*, des femmes appelées par leur situation ou leur mariage à contribuer à la direction des exploitations agricoles. Il nous reste à donner ici quelques renseignements sur les ouvrières des fermes.

Ainsi qu'on le devine, il n'est pas besoin d'apprentissage spécial pour ce genre de travail. De bons bras, du courage et de l'attention suffisent aux débutantes, car elles n'ont qu'à exécuter ce qu'elles voient faire auprès d'elles.

Leurs gages ne sont pas très élevés, mais on sait qu'à la campagne la vie est bon marché, et souvent ces ouvrières se trouvent plus à l'aise que celles des villes, qui éprouvent d'autres besoins et rencontrent de plus nombreuses occasions de dépenses.

Les ouvrières de ferme, nourries, gagnent de

100 à 350 francs par an; les enfants, de 65 à 200 francs environ.

Les ouvrières non nourries sont ordinairement payées à la journée. En été, elles gagnent environ 2 francs par jour; en hiver, elles ne dépassent guère 1 fr. 50.

Les enfants non nourris gagnent en été 1 franc à 1 fr. 30 par jour; en hiver, 80 à 90 centimes.

Dans les environs de Paris, les ouvrières employées chez les maraîchers touchent des gages plus élevés, mais leurs travaux demandent généralement plus d'assiduité et d'intelligence.

PAPETERIE

Dans plusieurs fabriques de papiers, un certain nombre de femmes sont employées à la préparation du papier à lettres et à la confection des enveloppes.

Tous ces travaux se font au moyen de machines très ingénieuses et très rapides. L'apprentissage est donc de peu de durée, sauf pour l'impression de la bordure noire du papier de deuil, qui exige, paraît-il, une certaine habileté. Aussi l'apprentissage des ouvrières chargées de ce travail demande-t-il dix-huit mois ou deux ans, pendant lesquels elles sont payées proportionnellement à leurs progrès.

Les ouvrières chargées de mettre au format le papier à lettre et de coller les enveloppes gagnent en moyenne de 2 à 3 francs par jour. Celles qui impriment les bordures noires peuvent arriver à gagner 3 et 4 francs.

Peu de chômage.

PASTILLEUSES

On désigne sous le nom de pastilleurs les ouvriers qui exécutent les petits ornements et les petites figurines qui décorent les pièces de pâtisserie. Ces ornements sont obtenus au moyen de pâte amidonnée, que l'on applique dans des moules; on les colorie ensuite.

Des femmes sont employées à ces travaux; l'apprentissage se fait rapidement et ne demande qu'un peu de soin et de goût. Les ouvrières travaillent en atelier et gagnent de 2 à 3 francs par jour.

PERRUQUES DE POUPÉES

Les perruques de poupées forment une spécialité qui occupe à Paris un certain nombre de femmes. Les ouvrières cousent sur des coiffes en étoffe des fils de soie préparés à cet effet et qui imitent les cheveux blonds ou bruns, de façon à s'y méprendre.

Le travail se fait soit à l'atelier, soit à domicile, et, en ce dernier cas, par l'entremise des entrepreneuses. En deux ou trois mois, une jeune fille intelligente peut arriver à gagner 1 fr. 25 à 1 fr. 50 par jour. Devenue ouvrière, elle peut atteindre les chiffres de **2 fr. 50** à 3 francs pour dix heures de travail.

Un peu de chômage, ou du moins de ralentissement de travail au commencement de l'année.

PILOU OU FLANELLE DE COTON

Ce tissu a été inventé à Valenciennes, il y a près d'un siècle, par la maison Place, mais il a depuis lors été très perfectionné. Il est très apprécié par la classe ouvrière, à cause de sa solidité, de la facilité du lessivage de l'étoffe et de son extrême bon marché.

Les pilous sont principalement employés pour peignoirs et vêtements de dames, mais on fabrique aussi des genres destinés spécialement aux vêtements d'hommes, et que l'on désigne sous le nom de satins, moleskines, draps américains, etc.

Les principaux centres de fabrication du pilou sont, aujourd'hui, Valenciennes et les communes environnantes, et Rouen.

Le coton employé à la fabrication du pilou est filé, puis tissé et sort des métiers sous la forme de flanelle écrue. Les pièces subissent ensuite diverses opérations de débouillissage, de râpage, etc., pour les préparer à la teinture et à l'impression. De nombreux produits chimiques sont employés à ces dernières opérations, qui doivent donner au pilou l'apparence des étoffes les plus variées.

Dans cette industrie, les femmes sont employées à toutes les opérations de tissage, bobinage, ourdissage, etc. Leur salaire dépend de leur habileté, car elles sont payées à la tâche. La moyenne est d'environ 2 fr. 50 par jour.

Il n'y a point d'apprentissage à proprement parler, mais une sorte de stage auprès des ouvrières, afin de s'habituer au travail des machines.

ACCESSSOIRES DE PARFUMERIE

La fabrication des houppes et des différents accessoires de toilette employés dans la parfumerie constitue un travail propre et agréable. Il s'agit, en effet, dans la plupart des cas, de coller sur des montures d'os ou d'ivoire, des tampons de satin, puis des touffes de duvet, de confectionner de petits sacs destinés à contenir les houppes, et cent autres petits objets analogues.

L'apprentissage est court et ne réclame que de l'adresse et une certaine dextérité. Dès le début, l'ouvrière peut gagner de 1 fr. à 1 fr. 50 par jour, et, lorsqu'elle a l'habitude de ces petits travaux, elle arrive facilement à gagner de 2 à 2 fr. 50.

Les ouvrières habiles et en relations avec une bonne maison n'ont guère de chômage à redouter.

FABRICATION DES PIÈCES D'ARTIFICE

Dans les fabriques de pièces d'artifice, les femmes sont employées aux opérations les moins dangereuses, et surtout au cartonnage et à l'empaquetage. On ne saurait toutefois conseiller ce genre de travail qu'aux personnes prudentes et possédant de la dextérité et du sang-froid.

Il n'y a pour ainsi dire pas d'apprentissage dans cette industrie, où tout est affaire d'habitude et d'adresse. Les débutantes gagnent de 0 fr. 50 à 0 fr. 75 par jour; les ouvrières faites, de 2 à 3 fr.

Peu de chômage; diminution de travail seulement à certains moments.

PORTEUSES DE PAIN

C'est un métier assez pénible, et qui exige une robuste constitution. Les porteuses de pain ne sont guère employées qu'à Paris et dans quelques grandes villes. Elles sont occupées de quatre ou cinq heures du matin à midi, et gagnent une vingtaine de francs par semaine. Elles reçoivent en outre environ deux livres de pain par jour.

PRODUITS PHARMACEUTIQUES

Dans les fabriques de produits pharmaceutiques, les femmes sont employées à la mise en boîte, à la mise en bouteilles, à l'étiquetage et à l'emballage des produits.

La journée de travail est de 10 à 11 heures. Pas d'apprentissage.

Les ouvrières gagnent en moyenne de 2 à 2 fr. 50 par jour.

Pas de chômage.

SACHETS

Ce travail consiste à emplir des sachets de poudre parfumée et à les coudre ensuite. Il est donc extrêmement facile et peu fatigant.

Les maisons qui s'occupent de la préparation des sachets sont situées dans les environs de Paris, et notamment à Levallois.

Les ouvrières débutent à 1 fr. 50 ou 1 fr. 75 par jour, puis arrivent à gagner de 2 à 2 fr. 50, mais elles ne dépassent guère ce chiffre.

Pas de chômage.

TALONS POUR CHAUSSURES DE DAMES

La plupart des chaussures de luxe vendues dans les grands magasins ont des talons fabriqués à l'aide de moules spéciaux et au moyen d'une composition dans laquelle entrent des débris de cuirs et d'autres matières.

Ce sont des femmes qui sont chargées de ce travail. Leur apprentissage est très court. Au bout de quelques jours, elles peuvent gagner 1 ou 1 fr. 50 par jour, et après quelques semaines, 2 fr. 50 à 3 fr. par jour.

Chômages rares.

TRIAGE DES CHIFFONS

C'est un travail très pénible, et que ne sauraient aborder les femmes un peu délicates.

Trier et assortir des chiffons de toute provenance, selon la qualité et la couleur, tel est le rôle que ces malheureuses ouvrières ont à remplir.

Leur travail leur rapporte de 10 à 15 francs par semaine.

HORLOGERIE

Les principaux centres de fabrication pour l'horlogerie sont en France : Paris, Cluses et Morez, Montbéliard et Besançon.

Afin de lutter contre la concurrence étrangère, la fabrication française s'est divisée. Seules, quelques rares usines fabriquent la montre tout entière ; les unes s'occupent des mouvements, d'autres des échappements, etc.

C'est surtout à Besançon et dans les environs de cette ville que se trouvent les établisseurs qui réunissent et assemblent les divers organes de la montre.

Un grand nombre de femmes et de jeunes filles sont employées dans les usines d'horlogerie du Doubs. Elles gagnent de 1 fr. 25 à 2 francs par jour.

PRODUITS CHIMIQUES

Les femmes sont employées dans les fabriques de colle et d'engrais. Dans les fabriques de produits pharmaceutiques, elles sont occupées à l'empaquetage et à la mise en bouteilles.

Le salaire est de 2 francs à 2 fr. 50 par jour.

RELIURE

A Paris et dans quelques grandes villes, telle
que Lyon, Rouen, Poitiers, un certain nombre de
femmes sont employées dans les ateliers de re
liure.

Elles sont spécialement chargées du pliage et de
la couture des cahiers, du vernissage et de la
dorure des couvertures de luxe. Les autres partie
du travail sont réservées aux hommes.

Dès l'âge de treize ou quatorze ans, une jeune
fille peut entrer en apprentissage dans ces ateliers
Elle commence par gagner 50 et 60 centimes pa
jour; mais, devenue habile ouvrière, elle arrivera à
gagner de 2 fr. 50 à 4 et 5 francs, selon ses capacités et le nombre d'heures de travail.

La journée est ordinairement de dix heures
mais à la fin de l'année, elle peut être portée à 15
et 16 heures. En revanche, la journée n'est souvent que de huit heures en février et mars.

RÉPARATION DES DENTELLES

La réparation des dentelles de prix exige un
apprentissage spécial, beaucoup de soin, de goût
et de patience.

Cet apprentissage se fait généralement en atelier. Pendant la première année, la jeune fille ne
gagne rien; mais la seconde année, elle reçoit
3 francs par semaine.

Une ouvrière faite gagne de 3 à 5 francs par jour, selon son habileté.

Dans cette partie, le chômage est irrégulier.

RÉPARATION DES VÊTEMENTS
ET DES TENTURES DE PRIX

La réparation des vêtements et des tentures de prix ne peut faire l'objet d'une spécialité que dans les grands centres. Ce travail exige une grande habileté et une excellente vue, car les reprises faites pour dissimuler les accidents arrivés à ces étoffes doivent être presque invisibles.

L'apprentissage ne peut être fait qu'auprès d'une bonne ouvrière. Les reprises sont généralement payées suivant la valeur de l'objet réparé. Mais il n'est pas rare de voir les ouvrières habiles en ce genre de travail et ayant une bonne clientèle gagner de 5 à 6 francs par jour.

RUCHÉS ET PLISSÉS

Les ruchés et plissés se font à la machine au point de chaînette. Au bout de quelques mois de pratique, l'apprentie intelligente peut devenir ouvrière.

Ce travail est malheureusement irrégulier. Quand la commande « bat son plein », une bonne ouvrière peut gagner de 4 à 4 fr. 50 par jour, mais cela ne dure guère que trois ou quatre mois par an ; le gain se trouve ensuite considérablement diminué; il s'arrête presque complètement en janvier et février.

SOIE (Fabrication de la)

Dans la fabrication de la soie, les femmes sont principalement employées comme *fileuses* et comme *moulinières*.

On sait que les procédés généralement employés pour le traitement préparatoire de la soie consistent en deux opérations principales : l'ouvraison et le tirage de la soie du cocon, et le moulinage. Cette dernière partie comprend le dévidage, le doublage et la torsion que l'on fait subir à la soie grège pour la transformer en fils propres à être employés au tissage.

Le filage de la soie comprend : 1° l'immersion des cocons et la recherche du bon brin de chaque cocon, qui doit être réuni à un certain nombre d'autres, et être engagé sur le dévidoir pour former la soie grège; 2° le battage, qui a pour but de saisir le fil du cocon, de manière qu'il puisse se dévider jusque vers l'extrémité par laquelle le ver en a terminé le dépôt. Cette opération offre une certaine difficulté, à cause de la manière dont les fils sont enlacés et confondus. Le procédé généralement adopté est celui-ci : les cocons qui flottent sur l'eau de la bassine sont frappés légèrement avec un petit balai de bruyère fine, des filaments s'accrochent ainsi aux brins du balai, la fileuse les en détache avec les doigts et les attire ensuite jusqu'à ce que la masse finisse par se réduire à un seul fil sur lequel s'opère le dévidage. La fileuse sépare ce fil de la bourre en le cassant, puis elle l'accroche et le tient en réserve. Les brins ainsi obtenus sont ensuite engagés sur le dévidoir en nombre voulu pour former le fil. La réunion des différents brins de cocons pour former le fil est, dans le filage de la soie, l'opération qui exige le plus de dextérité de la part de l'ouvrière.

Les fileuses et les moulinières gagnent de 1 franc à 1 fr. 50 par jour.

Pour le tissage mécanique des étoffes de soie, on emploie surtout des femmes. L'apprentissage de la jeune fille commence de treize à quatorze ans.

Les ouvrières reçoivent un salaire de 40 à 80 francs par mois.

Le dessin des soieries est aussi une branche importante de cette industrie; il comprend : la composition, la mise en carte et le lisage ou analyse du dessin ayant pour but de procéder au perçage des cartons.

Un certain nombre de jeunes filles sont employées au lisage. Leur apprentissage commence généralement à seize ans et dure quatre années. Les apprenties doivent être douées d'une bonne vue et d'une bonne mémoire. Les ouvrières liseuses sont généralement pensionnaires chez leur patron. Elles gagnent environ de 5 à 600 francs par an.

Les principaux centres de fabrication de la soie sont : Lyon, Tours et Nîmes. Paris fabrique surtout des étoffes d'ameublement. Le Nord, l'Ain, l'Isère, la Savoie, l'Ardèche et la Loire concourent à la production à des degrés divers. Mais l'industrie lyonnaise est sans rivale ; sa production atteint, dit-on, environ quatre cent millions de francs, plus du quart de la production du monde entier.

TABLETTERIE

Cette industrie comprend, outre la tabletterie proprement dite (objets d'or, d'ivoire, de bois fin), les articles pour fumeurs et priseurs, les peignes, la brosserie d'écaille, les jeux de billes, de billards, etc. Elle a pour centres principaux de fabrication Paris et Saint-Claude, dans le Jura, lieu où se fabriquent la plupart des pipes de bruyère.

Les femmes sont employées dans les deux plus importantes branches de la tabletterie : les articles pour fumeurs et les peignes.

Elles gagnent de 2 fr. 50 à 3 fr. par jour dans la fabrication des pipes (finissage et polissage), et de 3 fr. à 3 fr. 50 dans la fabrication des peignes.

TAPIS (Fabricant de)

Les principales matières employées dans cette industrie sont : le chanvre, le coton, le lin, le jute, mais surtout la laine cardée et peignée.

Aubusson tient la tête comme centre de fabrication : 3,000 ouvriers et ouvrières y sont employés. Viennent en second lieu Tourcoing, Beauvais, Amiens, Abbeville et Persan (Seine-et-Oise).

Les jeunes filles commencent généralement vers 14 à 15 ans à trouver une occupation dans la fabrication des tapis. Elles sont employées, tout en faisant leur apprentissage, à la confection des canettes pour le tissage mécanique, à l'approvisionnement des laines et des canettes chargées de fils de trame, pour l'alimentation des métiers.

On emploie les femmes dans le bobinage, le montage des chaînes, les apprêts et les diverses opérations accessoires qu'on fait subir au tissu.

Les apprenties gagnent de 0 fr. 75 à 1 fr. 25 par jour.

Les ouvrières travaillent à façon et se font un salaire moyen de 1 fr. 50 à 3 fr. par jour.

TAPISSERIES ANCIENNES (Restauration de)

La réparation des tapisseries anciennes se fait principalement à Paris et dans les environs de la capitale. Les femmes sont généralement chargées de ces travaux; les hommes s'occupent plus spécialement des dessins.

L'apprentissage peut être commencé de bonne heure, vers 13 ou 14 ans. Les apprenties gagnent d'abord 0 fr. 50 par jour; la seconde année, leur salaire s'élève ordinairement à 1 franc.

Devenue ouvrière, au bout de deux ans environ, la jeune fille gagnera de 2 à 4 fr. par jour.

Le chômage n'est, paraît-il, pas à redouter pour les bonnes ouvrières.

TAPISSIER DÉCORATEUR

Le tapissier-décorateur est, comme l'on sait, celui qui entreprend la décoration des appartements, qui fabrique et vend les tentures, rideaux, fauteuils, etc., destinés à les meubler.

Les principaux centres de production sont pour cette branche d'industrie, outre Paris, qui fait plus de quarante millions d'affaires par an, Lyon, Marseille, Bordeaux, Lille, Rouen, Nantes, Tours et Nancy.

Dans les ateliers des tapissiers-décorateurs, les femmes sont surtout employées aux travaux de couture des rideaux et draperies. Il n'est guère besoin d'apprentissage pour celles qui sont bonnes couturières.

Les salaires des différentes ouvrières atteignent, approximativement, les chiffres suivants :

Ouvrières, 3 fr. 50 à 4 fr. par jour;

Mécaniciennes, 5 fr.   —

Premières, 6 à 7 fr.   —

La journée est de 9 à 10 heures de travail.

Il y a deux à trois mois de chômage pendant l'été.

TISSAGE

Voir *Draperie*.

VANNERIE

La vannerie comprend non seulement la fabrication des vans ou tamis, mais encore celle de tous les ouvrages d'osier.

L'osier employé par les vanniers provient en grande partie du saule têtard; on se sert aussi de jeunes branches d'acacia ou de sureau auxquelles on a conservé leur souplesse par des lavages prolongés.

La grosse vannerie est particulièrement fabriquée dans l'Aisne, la Marne, le Loiret, la Meuse, le Vaucluse et la Haute-Saône. Dans certaines régions, telles que la Picardie et la Lorraine, la vannerie fine se fait dans les ménages. Hommes, femmes et enfants y sont occupés. Le gain de la femme est d'environ 1 fr. 50 par jour.

La grosse vannerie se fait généralement en atelier et n'emploie que des hommes.

La vannerie artistique est une spécialité parisienne. Elle consiste dans la décoration des paniers, corbeilles, etc., pour les confiseurs et fleuristes.

Les ouvrières travaillent chez elles ou en atelier pour des entrepreneurs.

Leurs salaires sont de 3 à 4 fr. par jour pour les ouvrières ordinaires et de 5 à 10 fr. pour les garnisseuses.

VERRERIE-GOBELETTERIE

Les femmes sont employées dans les verreries-gobeletteries pour le coupage au chalumeau à gaz ou au diamant de la calotte qui surmonte la pièce.

Chez les tailleurs de cristaux, la femme remplit souvent le rôle de polisseur. Dans cet emploi, elle peut gagner de 2 fr. à 2 fr. 50 par jour, après quelques mois d'apprentissage.

Les graveurs sur cristaux et sur verre par l'acide fluorhydrique font imprimer et décalquer les dessins par des femmes. Ces ouvrières gagnent 3 fr. par jour.

Dans les fabriques d'ampoules pour lampes électriques, instruments de physique et de chimie, le travail à la lampe d'émailleur est aussi fait par des femmes dont le salaire moyen est de 0 fr. 60 à 0 fr. 75 l'heure.

Les souffleuses de perles gagnent environ 2 fr. en atelier, et de 1 fr. 50 à 2 fr. 50 chez elles.

Les principaux centres de fabrication pour la verrerie sont en France, par ordre d'importance, les départements de la Seine, de Meurthe-et-Moselle, du Nord, de la Seine-Inférieure, du Rhône, de la Loire, de la Marne, de Seine-et-Oise, de l'Aisne, de l'Allier, des Vosges, de l'Orne, de la Gironde et du Cher.

VESTES EN COUTIL POUR CUISINIERS, PATISSIERS, ETC.

Ces vêtements ne se confectionnent qu'à domicile et au moyen de la machine à coudre. L'étoffe est remise toute coupée à l'ouvrière.

Le travail est payé aux pièces. Les ouvrières peuvent gagner de 2 à 4 fr. par jour, selon leur habileté et le temps dont elles disposent.

SOCIÉTÉS DE PROTECTION DES APPRENTIS

Parmi ces sociétés philanthropiques, qui rendent les plus grands services aux jeunes apprentis des deux sexes et à leurs familles, nous citerons :

La *Société de l'Assistance paternelle des enfants employés dans les fleurs et plumes*, dont le siège se trouve rue de Lancry, 10.

La *Société pour l'Assistance paternelle aux enfants du papier peint*, 10, rue de Château-Landon.

La *Société de Protection des apprentis et enfants employés dans les manufactures*, 44, rue de Rennes. (Cette société ne se borne pas à s'occuper du placement des enfants, elle fournit la literie à ceux qui sont logés dans les établissements où ils travaillent, et accorde des récompenses aux institutions et aux personnes qui se font remarquer par leur dévouement pour les enfants qui leur sont confiés.)

L'*Association pour le placement en apprentissage des Orphelins des deux sexes*, 3, rue de Turenne.

La *Société d'Apprentissage des jeunes Orphelins*, 10, rue du Parc-Royal. Outre l'appui et les secours qu'elle procure à ses protégés, elle leur fait suivre, le dimanche, des cours d'enseignement primaire et de dessin professionnel.

La *Société de l'Orphelinat de la Seine*, 48, rue Saint-Lazare. Les enfants sont reçus, dès l'âge de huit ans, dans son établissement de Saint-Maur-les-Fossés, et elle les place plus tard en apprentissage.

L'*École israélite du Travail*, rue des Rosiers. Elle comprend un internat et des cours professionnels et de dessin.

———

PROFESSIONS DIVERSES

BUREAUX DE PLACEMENT

A Paris et dans les grandes villes, un certain nombre de dames dirigent des bureaux de placement. Inutile de dire que ces bureaux s'occupent spécialement du placement des femmes : professeurs, institutrices ou domestiques.

Depuis 1852, nul ne peut ouvrir un bureau, sous quelque titre ou pour quelques professions, places ou emplois que ce soit, sans une permission spéciale délivrée par l'autorité municipale, et qui ne peut être accordée qu'à des personnes d'une moralité reconnue. Par exception, à Paris, c'est le Préfet de police qui délivre cette autorisation, et à Lyon, c'est le Préfet du Rhône.

Les personnes qui désirent ouvrir un bureau de placement à Paris ou dans le département de la Seine doivent adresser leur demande à la Préfecture de police. Cette pièce doit être accompagnée de l'acte de naissance de la postulante et d'un certificat de résidence et de moralité délivré par le commissaire de police de sa section ou le maire de sa commune.

La postulante doit indiquer dans quel local elle

se propose d'installer son bureau. Ce local doit remplir toutes les conditions voulues dans l'intérêt de l'hygiène, de l'ordre et de la sûreté.

L'arrêté portant autorisation est personnel; le bureau autorisé ne peut avoir de succursales. En cas de changement de résidence, le nouveau local doit être agréé par l'Administration.

Les registres de la directrice du bureau doivent être tenus constamment au courant et être représentés à toute réquisition.

Toutes les personnes qui s'adressent au bureau de placement pour obtenir un emploi doivent être inscrites sur le registre à ce destiné; cette inscription mentionne les noms, prénoms et âge, lieu de naissance, profession et domicile des personnes inscrites, ainsi que l'indication des pièces qu'elles ont produites pour établir leur moralité et leur identité. Ces pièces ne peuvent être retenues sans l'assentiment des postulants.

Les droits de placement sont réglés par l'arrêté d'autorisation, lequel indique également toutes les conditions imposées à la gérance du bureau.

La directrice du bureau est tenue de délivrer gratuitement à toute personne inscrite, et au moment même de l'inscription, un bulletin portant le numéro d'ordre de cette inscription, les conditions du tarif fixé pour le bureau et, s'il y a lieu, quittance de la somme qui aurait été perçue à titre d'avance sur le droit de placement. Cette avance doit toujours être restituée à la première réquisition du déposant qui renonce à être placé par l'entremise du bureau.

Le droit de placement n'est dû qu'autant que la placeuse a procuré un emploi, et il ne lui est définitivement acquis qu'après un délai déterminé par l'arrêté d'autorisation. Il est interdit d'exiger aucune autre somme, sous quelque dénomination que ce soit.

Le droit de placement peut être payé à la gérante par le maître ou patron, et imputé sur les gages ou salaires de la personne placée.

Il est défendu aux directeurs et directrices des bureaux de placement d'annoncer, d'une façon quelconque, des places ou emplois qu'ils ne sont pas chargés de procurer.

Un tarif des droits et un exemplaire de l'ordonnance de 1852 doivent être affichés ostensiblement dans les bureaux.

Sur les trois cents bureaux de placement qui existent à Paris, les deux tiers sont gérés par des femmes.

Ainsi que nous l'avons dit plus haut, le tarif des droits de placement peut varier selon les bureaux, et il est déterminé pour chacun par l'arrêté d'autorisation. Mais il est en moyenne de 3 0/0 sur les gages annuels des domestiques, et de 5 0/0 sur les appointements annuels des employés.

Le droit de placement n'est acquis au directeur ou à la directrice du bureau de placement qu'après un délai déterminé. Ce délai est de huit jours pour les domestiques.

HOTELS (Gérance des)

A Paris et dans les communes suburbaines, les personnes qui veulent ouvrir un hôtel doivent en faire la déclaration à la Préfecture de police.

Aux termes de l'ordonnance du 25 octobre 1883, cette déclaration doit être accompagnée :

1° De l'acte de naissance du déclarant ou de la déclarante ;

2° D'un certificat de résidence ou de moralité délivré par le commissaire de police de sa circonscription ou par le maire de sa commune ;

3° D'un extrait de son casier judiciaire ;

4° D'un état indiquant le nombre de chambres devant être louées en garni, avec leurs dimensions exactes, ainsi que le nombre de lits contenus dans chacune d'elles.

L'administration fait alors procéder à une enquête, puis délivre son autorisation, si aucun motif ne s'y oppose.

L'autorisation peut être retirée en cas de non exécution des prescriptions de l'ordonnance.

En province, la déclaration doit être faite à la mairie, et l'autorisation est délivrée par elle.

Créer un hôtel est une entreprise fort scabreuse, mieux vaut en reprendre un possédant déjà une clientèle. Mais alors les conditions d'achat deviennent une affaire délicate et que l'on ne saurait entreprendre sans le conseil de personnes expérimentées.

Une fois installée, la personne qui se trouve à la tête d'un hôtel doit se préoccuper sérieusement de

l'observation des règlements de police, et particulièrement de ceux relatifs à la salubrité, car en les
enfreignant, on risque de s'attirer de sérieux ennuis,
et même de faire fermer l'hôtel que l'on dirige.

Les hôteliers ou logeurs sont tenus d'avoir un
registre pour l'inscription immédiate des voyageurs.
A Paris, ce registre est coté et paraphé par le commissaire de police du quartier. Ce registre doit être
représenté à toute réquisition, soit aux commis-
saires de police, soit aux officiers de paix ou autres
préposés de la Préfecture de police. Il est, en outre,
soumis, à Paris, à la fin de chaque mois, au visa du
commissaire de police du quartier.

Aux termes de l'article 2953 du Code civil, les
aubergistes ou hôteliers sont responsables du vol
ou du dommage des effets des voyageurs, soit que
le vol ou le dommage ait été causé par les domestiques et préposés de l'hôtel ou par des étrangers
allant et venant dans l'hôtel. La loi du 18 avril 1889
a limité cette responsabilité à 1,000 francs pour les
espèces monnayées et les valeurs ou titres au por-
teur de toute nature non déposés réellement
entre les mains des hôteliers.

Nous ne pouvons examiner ici ni les bénéfices
que peuvent recueillir les personnes qui dirigent
des hôtels, ni les frais généraux qu'elles ont à subir.
Ces chiffres varient à l'infini, selon l'importance et
la situation des établissements. Disons seulement
que parmi les femmes employées dans les hôtels,
la maîtresse lingère a la meilleure situation. Elle
est ordinairement logée et nourrie et reçoit de
1,000 à 1,200 francs d'appointements fixes par an.

Les dames d'office chargées spécialement des desserts gagnent de leur côté de 8 à 1,200 francs par an.

***

DÉBITS DE TABACS

Un certain nombre de débits de tabacs étant accordés à des femmes, filles ou veuves de militaires ou de fonctionnaires de l'État, nous croyons bon de donner ici quelques indications pour les personnes qui se trouveraient dans ces situations.

En principe, les débits de tabacs sont accordés, en France, aux personnes qui, par elles-mêmes ou par leurs parents, peuvent justifier de services rendus à l'État, et dont les ressources sont notoirement insuffisantes.

Les débits de tabacs dont le produit ne dépasse pas 1,000 francs sont à la nomination des préfets.

Ceux d'un produit supérieur (débits de 1re classe) sont à la nomination du Ministre des Finances.

Toute postulante à un débit de tabacs doit produire :

1° Une demande au Ministre des finances (ou au préfet pour les débits de 2e classe) formulée sur papier timbré, indiquant son âge, son domicile et ses titres ;

2° Un état authentique ou une copie dûment certifiée des services militaires ou civils invoqués, indiquant leu durée et leur importance ;

3° Un certificat délivré par l'autorité municipale du lieu de sa résidence, attestant sa moralité, sa situation de famille, et faisant connaître quels sont ses moyens d'existence (ce certificat est établi sur un imprimé de service délivré par l'Administration);

4° Un extrait des rôles indiquant le montant des contributions payées par la postulante ou un certificat de non-inscription sur les rôles ;

5° Son acte de naissance ;

6° Son acte de mariage ou celui de ses père et mère, suivant que les services invoqués sont ceux du mari ou du père ;

7° L'acte de décès du mari ou du père, suivant la même distinction ;

8° Un certificat du receveur de l'enregistrement faisant connaître, autant que possible, le montant de son loyer d'habitation, et les renseignements qui auront pu être recueillis lors de l'ouverture et de la liquidation des successions qui lui sont échues.

Peuvent postuler pour l'obtention d'un débit de tabacs de 1re classe :

Les femmes, veuves ou enfants des officiers supérieurs.

Les femmes, veuves ou enfants des officiers des grades inférieurs qui se sont signalés par des actions d'éclat.

Les femmes, veuves ou enfants des fonctionnaires ou employés supérieurs des services publics.

Peuvent postuler pour l'obtention d'un débit de tabacs de 2e classe :

Les femmes, veuves ou enfants des anciens officiers des grades inférieurs.

Les femmes, veuves ou enfants des anciens fonctionnaires ou agents civils inférieurs.

Les personnes qui ont accompli dans un intérêt public des actes de courage ou de dévouement dûment attestés.

Les demandes doivent être adressées au Ministre pour les bureaux de la 1re classe, et au Préfet pour les bureaux de la 2e classe.

Nous devons faire remarquer qu'il ne suffit pas que les demandes soient agréées et classées pour que les postulantes obtiennent un débit, il faut encore que des vacances se produisent, et elles se font parfois longtemps attendre.

FIN

TABLE ALPHABÉTIQUE

IMPRIMERIE DE SAINT-DENIS. — H. BOUILLANT, 20, RUE DE PARIS

Paris — Imp. P. Mouillot, 13, quai Voltaire. — 63208

www.ingramcontent.com/pod-product-compliance
Lightning Source LLC
Chambersburg PA
CBHW072008270326
41928CB00009B/1587